★ 云南省“万人计划”文化名家专项资助项目成果

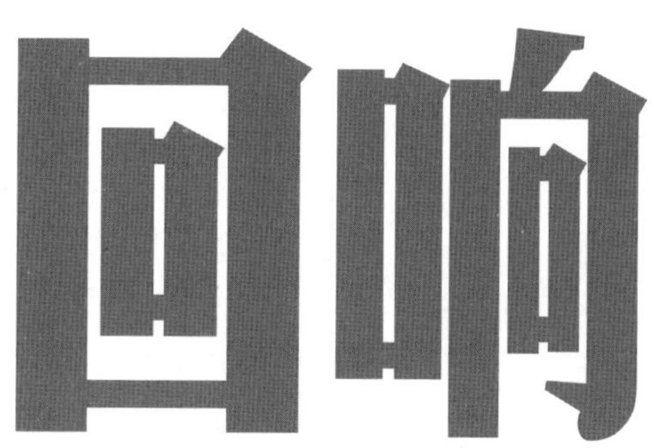

回响

丁武超　著

人民日报出版社

北京

图书在版编目（CIP）数据

回响 / 丁武超著 .—北京：人民日报出版社，2023.1

ISBN 978-7-5115-7610-1

Ⅰ.①回… Ⅱ.①丁… Ⅲ.①时事评论－中国－文集
Ⅳ.①D609.9-53

中国国家版本馆 CIP 数据核字（2023）第 137119 号

书　　名：回　响
　　　　　HUIXIANG
作　　者：丁武超

出 版 人：刘华新
责任编辑：张炜煜　霍佳仪
封面设计：观止堂

出版发行：人民日报出版社
社　　址：北京金台西路 2 号
邮政编码：100733
发行热线：（010）65369527　65369509　65369512　65363531
邮购热线：（010）65369530　65363527
编辑热线：（010）65369514
网　　址：www.peopledailypress.com
经　　销：新华书店
印　　刷：北京鑫益晖印刷有限公司
法律顾问：北京科宇律师事务所　010-83622312

开　　本：710mm×1000mm　1/16
字　　数：370 千字
印　　张：25.25
印　　次：2023 年 12 月第 1 版　　2023 年 12 月第 1 次印刷

书　　号：ISBN 978-7-5115-7610-1
定　　价：88.00 元

自 序

坚守评论的传统基因

干新闻难，难就难在太“简单”了，尤其是在媒体边界消失的年代，似乎人人都能干！不过，一位学者曾精辟地概括干新闻的特点：“很少有哪个专业比新闻更加需要多学科的知识结构和深刻的思维训练，很少有哪个职业比干好新闻更需要健全的人格和多方面的能力素质。”

一位新闻前辈也常说，新闻工作是需要出产品的工作，光耍嘴皮子不行，切勿把平台当本事，只动口不动手；对新闻从业者而言，离开作品什么都不是。这是由媒体的特性决定的。只有俯下身、沉下心，多出产品、出高质量的产品，才能体现新闻工作者的职业价值，才有存在感、才对得起自己；要不，这与干其他工作有什么区别呢？

再从业务管理者的角度来说，只有干在前面、走在前列、淬炼本领，感悟采编评摄等各环节的不易，拿出点“有说服力”的东西，才能避免“外行领导内行”的尴尬。如果不带头弄出点货真价实的“公认”产品，怎么带领团队干活？有什么资格要求和指导别人？谈什么专业精神？拿什么来作舆论引导或引导舆论？

当然，这是底层的“干活逻辑”，而干新闻恰恰需要深入底层、深入现场、深入生活——我深以为然，并感激前辈的指导！一直认为，在媒体工作了十几年甚至几十年，如果搞不出一点像样的东西，有愧于心——初心！

因此多年来，我怕忘了记者初心、丢了新闻理想，不管有多少事情缠身，始终不敢偷懒，自觉践行脚力、眼力、脑力、笔力“四力”。从时政编辑到一线记者，从首席编辑到总编室副主任……始终激情澎湃地冲在业务一线，捍卫我存在的信念、坚守心中的执念、积累最核心的职业资本。

也可能是我姓丁的缘故，有20年像钉子一样钉在夜班，凌晨三四点下班是家常便饭，还要确保报纸无差错、能出彩。长年累月黑白颠倒、如履薄冰、如临深渊的工作状态，导致再大的狠劲和韧劲也可能患上“强迫症”。当夜班实在“熬”不下去的时候，加上舆论引导工作的需要，报社安排我负责理论评论工作。

把思想变成评论，干直接的舆论引导工作，于我的思想储备和能力水平而言，又有点像赶鸭子上架，只能硬着头皮干。这一干，又是8年。这8年，既当指挥员，又当战斗员，更多时候是充当“生产队长”的角色。8年我写稿1000多篇，每周至少2篇。这是我对自己不曾放松的要求。

没有比行动更有力的语言。工作28年，我和满腔热血的同事们一道，为信仰和情怀熬过了一个个不眠之夜，打赢了一场场硬仗，攻克了一道道难关，交出了一份份答卷。

时光如流，岁月如梭。28年，新闻事业已融入我的血脉。初心如磐，使命在肩。忠诚、坚守、执着、创造，业界也给予我很多温暖而又崇高的认可，至今获奖100多个。

回望心路历程，岁月沉淀下的，除了几百万字的作品和几大摞获奖证书，仿佛再无他获。一篇篇作品诠释着我对新闻事业的热爱与执着，标注着一名职业新闻人的情感底色。这些作品和奖项也算是对我从事了28年、也抚育了我28年的这个行业的回报。

我一直在写作，也常常反思写作。写作，除了把时间年轮拉长，流淌着记忆，似乎还收获着什么……

28年，忙忙碌碌，日夜奔波，不管是干新闻业务、搞新闻研究，还是做新闻教学，我实际上只干了一件事：实践并实现着自己的新闻理想。

（一）

从上中学开始，我就有一个记者梦。其间，开始舞文弄墨。不时在国家级、省级、市级报刊上发表小说、散文、随笔等文学作品。这给予我巨大的鼓励，也常常孤芳自赏，占用了不少学习时间。

梦想成真。一转眼工作快30年了。记得28年前，我参加报社的“诚招贤能”考试，按规定要带上公开发表的作品。面试老师看了我的一篇评论作品，认为很棒，遂推荐给总编室主任。主任看后，面带喜色，认为写得不错，问我什么时候能来上班。我受宠若惊，也感到纳闷：笔试成绩都还没出来，怎么就“被看上了呢”？成绩出来后，排名第一。

第一名，倒不是我有多大本事，而是因为考的内容大都是我课余在校报编辑部经常干的。采访、写稿、编稿、划版、出样、校对、清样、印刷、发行……各环节都轻车熟路。

走上新闻工作这条路，源于梦想，很大程度上得益于校报编辑部老师的关心厚爱、精心指点和悉心传帮带。平时跑各院系处所、深入校园的每个角落采访，写消息、通讯、散文、随笔、短评等。不拘于文体，多写多练，不仅提高了自己的写作水平，每月还能挣几百元稿费。坚定的新闻理想在那时扎下了根，毕业后，顺利走上了“职业媒体人”之路。

这是上世纪九十年代初的事情了！

进报社不久，我被安排进总编室（编辑部）上夜班。这一干就是20年，从23岁的青葱小伙熬到白发渐长的中年大叔，其中有短暂轮岗当记者的时期。

这期间，我白天采访，晚上写稿；上午采访，中午写稿。周一到周五写动态新闻稿，周六周日写热点透视、深度观察类稿子，往往一篇就是一个整版，七八千字甚至上万字，比如《擦亮滇池泛清波》《让历史在我们手中留住》《用挚爱点燃圣火》等。若实在没有采访的动态新闻，就在经济版上开了一个栏目——经济杂谈。一周两篇，每篇五六百字。

当记者期间，最多一个月见报46篇稿子。本想一直做记者，不料被报社领导轮番谈话，要我回到夜班岗位。作为党员，我只能听从召唤、服从安排，回到编辑部，干起“老本行”。

我编过除证券版以外几乎所有的版面，包括国内国际、地州潮汛、文化体育、理论纵横等版面，但主要还是“固定”在要闻版（一二三版）上。在编要闻版时，每碰到一个“好新闻”，总有“几句话想说”的冲动，总想把自己的思想观点和情感态度表达出来，便尝试写编后、随评、短评等。慢慢地，也在不知不觉中，摸出了一点新闻评论写作的门道，积累了一点文本经验。

评论写作是抒发感情、表达观点、阐述见解。评论与消息、通讯等文体不同，新闻报道是信息传播的主要方式，而评论是直接的舆论引导。也因之，评论被称为新闻的宝塔尖、新闻皇冠上的明珠、党报的航标灯。评论写作需要有习惯独立和深度的思维方式。

记得我的导师反复讲过三个字：读、思、写。三者的关系是：读启发思，思指导写，写促进思。读书—思考—写作—积累—提升，是一个相互促进的循环过程。

文章是现实生活的反映，写作是思维的表达方式，是一种创造和文本呈现。要想写出好文章，就要舍得在“读、思、写”上下功夫。因为作品藏不了拙、骗不了人。

许多年后，我在给研究生、本科生上课和单位、企业培训讲座时也常说：不写，就怕写；怕写，就永远写不好！

（二）

新闻工作是需要上紧发条、付诸心智、挥洒汗水的工作，是一份特殊的工作，特殊就特殊在需要即刻拿出公共产品（精神文化产品）并接受大众品评。记者、编辑、评论员的每一篇稿子、每一个标题、每一块版面，都能直接反映出他的理论素养和专业水准。

作为一名党媒新闻工作者，面对传播格局的变革，传播生态的变化，抱怨无益，焦躁无用，唯有深刻意识到“本领恐慌”，锲而不舍地坚持学习，才不至于陷入新常态下的“新平庸”。

学习是做好新闻舆论工作的原动力，是做好其他工作的第一需要和终身任务。只有与时俱进地学习，才能体悟党的创新理论和思想伟力；才能领会党中央的决策部署；才能从根本上提升做好新闻舆论工作的理论自信、文化自信、业务自信；才能增强长年累月、熬更守夜做新闻不出错的智慧；才能跟上时代前行的步伐，进而走向更加美好的未来。

作为媒体人，一天不学习是失误，三天不学习是错误。尤其是对于需要“无中生有”出产品的评论员来说，学习是工作的“营养餐”。如果不加强学习，哪怕放松了学习，就算空洞的说教、枯燥的说理也无从下手，更别谈以高质量的思想产品给人以启迪——以思想优势赢得话语优势。

多年的新闻从业实践，让我深深体会到：无论媒体形态和舆论格局发生怎样变化，有高度、有深度、有分量的评论作品仍然是舆论场的“刚需”。评论是思想的载体，评论往往最能体现新闻人的思想、彰显新闻人的水平——它需要触摸社会脉搏、拨开纷繁表象、把握事物本质、跳脱思维惯性，以科学的见解影响人、以深刻的思想启发人、以正确的舆论引导人，在聆听时代、观察时代、把握时代中形成明晰洞见。

而这一切的背后，隐藏着两个字：学习。

在新媒体环境下的媒体生态，越发要求媒体人有较强的学习能力和与时俱进的思维、眼光。学习不是为学而学，而是为了武装头脑、指导实践、给力工作。换句话说，是为了避免本领恐慌、精神缺钙、思想僵化。

新闻舆论工作是治国理政、定国安邦的大事，要肩负起职责使命，唯有学习；要提高媒体的传播力、引导力、影响力、公信力，唯有学习；要推出有思想、有温度、有品质，冒着热气、带着露珠的作品，唯有学习；要成为全媒型、专家型、复合型人才，唯有学习。

学习是第一位的事情。发出主流之声、响亮之声、权威之声，提高舆论引导能力，对新闻舆论工作者的能力水平提出严峻考验和挑战。如果不真学、学深、学透，何以放大声量?

比起刷视频、玩游戏，学习是一件苦差事。坚持不断学习，某种意义上也是由工作性质决定的。多年来，不管任何时候，不管有没有要求，我和其他同事都在第一时间学习党中央决策部署和党的创新理论，深入理解其背后的认识论、方法论，从整体上和关键处把握精神实质。还实时跟进省委、市委主要领导的调研、出席的会议、参加的活动，以及省委、市委的执政思路、中心工作、安排要求等。否则，工作将无从下手，必定“两眼一抹黑”。

做好党的新闻舆论工作，需要“站在天安门上想问题，走到田间地头找感觉”，即上“接天”，下“连地”，才能把“最新的东西”贯穿到每一篇稿子中，发挥舆论引导作用。而只有站得高、看得远，才能说得深、说得透。

（三）

“文章合为时而著，歌诗合为事而作”。呈现在广大读者面前的这本作品，是从近年来撰写发表在《昆明日报》及其新媒体平台“昆报头条”上1000多篇稿子中选编而来的，不敢说篇篇都写得深刻，反而不少是浅层次上的重复表达；囿于主流媒体的功能主义以及“主流叙述”的传统范式，语态灌输与说教的成分较浓一些。

尽管如此，这些稿子紧紧围绕党和国家的大政方针、昆滇经济社会发展实践、老百姓关注的现实问题撰写。有的是聚焦社会热点难点发表看法；有的是针对某种现象进行主观阐述；有的是对真人真事真情实感的流露……

工作节奏使然，这些稿子大多是“急就章”，是需要“倚马可待”、无法经过太多酝酿就拿出的东西。新闻的时效性决定了“命题作文”的快餐化，是两三个小时就必须出炉的“产品”。很多时候，来不及精雕细琢，就“被迫”见报了。

天下武功，唯快不破。由于自己的“功夫”有限、积淀不够、才疏学浅，有的稿子瑕疵不少，有的稿子泛泛而谈，有的稿子是一个模式的观点输出，可能贻笑大方。很多时候，谈不上思想锐度、视野广度、思维深度，只能在保证导向正确、尚有价值、有点意思的前提下，就匆匆与受众见面了。很多时候，苦于“心中有、笔下无”，“难产”是常有的事，烧脑就更不用说了。

好在，从事新闻工作的同行常常自我安慰：只要稿子见报或推送，就是一份遗憾的事业！

遗憾归遗憾，有一点问心无愧。面对重大事件、重要节点、重大活动的时候，自己都提前准备、学习在先、持续关注。尤其是每一篇政论稿子，都花费了大量的时间和精力，经过无数次加班加点的修改加工，才得以成稿。推翻重来、另起炉灶是常有的事。

尤其是一些“命题作文”，费力费时费神不说，“既要又要还要”的管束体系，令我和其他同事很头大，也很无奈。有时，一肚子的苦水无处倒。谁叫我们“水平有限、内功不够”呢？

文中有导向，笔下有千钧。这些年来，每接到一个重头活计、每一篇政论稿子、每一个调研课题、每一个研究项目，都是一次新的出征、一场新的战斗、一次新的考验，常常会有一种无形的巨大压力，感到笔下有千钧之重。大多数时候是在崩溃的边缘度过，总期望拿出更高质量的产品，每篇稿子里都能飘逸出文化情怀，透射出责任担当，以不辱“党的新闻工作者”这一光荣称号。

经年累月，不管有多苦多难，工作总是在加班加点、分秒必争、迎难而上中交卷。唯有热爱可抵岁月漫长。工作不时有一些亮点和小惊喜，受到出乎意料的认可和好评。

一直认为，作为党的新闻舆论工作者，只有提高政治站位，善于从意识形态的高度思考问题，才能在媒体工作中忠实地体现党的政治路线。讲政治是对评论写作者的根本要求，评论不讲政治，就等于没有灵魂。

从认识论的高度看，传递党和国家的声音，传递主流媒体的主张，传递社会主义核心价值观，新闻评论肩负着重要责任，也因此评论被称为定盘星、金话筒、压舱石。新闻舆论工作处在意识形态斗争最前沿，舆论环境越复杂，越需要有穿透力的声音、有洞察力的思想表达。

在当今信息“爆炸”、众声喧哗的时代，每天打开手机，各种各样的新闻信息扑面而来，而稀缺的恰恰是观点鲜明、敢于直言，有思想含量、有针对性、有战斗力的原创作品。

这，或许是从事新闻舆论工作的价值所在、本质要求和发展需要。

笔墨当随时代。新时代新征程新使命，要求职业媒体人把政治意识、专业精神和评论能力结合起来，多打造有说服力的观点，不断拓展提升评论写作的新范式新高度，在媒体激烈竞争格局中保持评论的核心优势。这是党媒集团占领舆论主阵地的迫切需要，也是媒体自身转型发展的内在要求。

文章千古事，得失寸心知。作为党媒人，站位、格局，远见、情怀，学养、笔力，缺一不可。于我而言，一直在路上，也一直在努力！

作品付梓之际，回想镌刻在记忆里的点点滴滴，有些许感动，更有职责和使命激荡在心间！

是为序。

目 录

舆论聚焦 …………………………………………………………………… 001

■评论是思想的载体，思考是制胜的法宝。舆论环境越复杂，越需要有穿透力的声音、有洞察力的表达。无论媒体形态和舆论格局发生怎样的变化，有思想含量、有高度、有深度的原创作品仍然是舆论场的“刚需”

在昆明，遇见未来 …………………………………………………………… 003
一棵树：一个站着的灵魂 …………………………………………………… 007
踏着春天的节奏砥砺奋进 …………………………………………………… 009
城市改造莫把花鸟市场改“飞”了 ………………………………………… 011
滇池眼里容不得半粒“砂子” ……………………………………………… 013
“河长制”如何保证河长治？ ……………………………………………… 015
“限塑令”升级为何依然“我行我塑” …………………………………… 017
为何外卖“净”是问题 ……………………………………………………… 019
让“黑代驾”付出代价 ……………………………………………………… 021
肉价菜价，要稳才好！ ……………………………………………………… 023
科学谋划好“国际昆明”的成长坐标 ……………………………………… 025
城市规划建设要补课更要上新课 …………………………………………… 028
“一带一路”建设需要文化浸润 …………………………………………… 031
借南博旋律奏好“一带一路”乐章 ………………………………………… 034
生态文明建设的“三个维度” ……………………………………………… 036
借缔约方大会提升昆明“国际范儿” ……………………………………… 039
“抢人大战”：实现城市理想的一招好棋 ………………………………… 041

"美颜大炮"：作业能否"美"些？ 043
"车让人"固守的是文明底线 045
伸出手，帮帮"盲" 047
城市体检：为"城市病"开药方 049
力建海绵城市　告别"逢雨必淹" 051
老旧小区圆"电梯梦"需迈几道坎 054
桥，真的不能承受之"重"！ 056
莫让"垃圾围村"困扰乡村振兴 058
体育100分，"第一棒"要跑好！ 060
找人"代写作业"折射出什么？ 062
"碎片化阅读"：如何释放阅读力量 064
让"光盘行动"成为一种社会自觉 066
以优雅的力量对吸烟者说"不" 068
为快递业黑马再加把"料" 070
让走私冻肉"动"不得 072
"无车日"恐沦为"作秀日" 074
握好车改的"方向盘" 076
以权谋"赞"就是绑架民意 078
干部要干事　为官要有为 080
问责的"板子"要打在疼处 083
发展是解决一切问题的总钥匙 085
把发展的基点放在创新上 087
把责任担当刻进发展坐标 089

热点话题 091

■聚焦热点事件和公众关切，贴着人心作评论，围着舆情作引导。有言道：评论是引领导向的锐利武器，以正确的舆论引导人，才能引导舆论

放开“外摆位”激发新消费……093
物管：是“大管家”还是“大当家”……095
摘掉职业教育“低人一等”标签……097
对快递暴力分拣说“不”！……099
为个人信息安全上把“锁”……101
“农民业校”要贴合群众需要……103
暴力伤医引发社会之“痛”……105
物管营收，业主想看“明白账”！……107
大喇叭“声”入民心值得点赞！……109
“2.5天”弹性作息制会否“遍地开花”……111
老年代步车，是禁行还是放行？……113
档案很重要　别当“弃档族”……115
高速公路为何难“高速”……117
来，我们一起消费扶贫！……119
“禁补令”能否管好校外培训……121
校园App泛滥“成灾”何时休？……123
入职需要打造“面子工程”？……125
买优惠票：不用再叫孩子蹲着点了……127
特色小镇不能“凑特色”……129
做家政，需要读到本科吗？……131
广场舞扰民，真的“伤不起”！……133
孩子是否需要“两个学校”？……135
别让手机偷走你的梦想……137
用公德“拴住”你的爱犬……139
莫让车窗抛物成“创文”痛点……141
谨防一些农村孩子患上“手机病”……143
别让“隐形套路”偷走你的个人信息……145
靠高品质把游客留下来……147

莫让总理再为农民工讨薪“发怒”！ …… 149
爱心不能被滥用 …… 151
刹住“整酒风”为人情负担松绑 …… 153
高校“个性专业”只为博眼球？ …… 155
“小官巨贪”折射的是权力裸奔 …… 157
食品安全是“管”出来的 …… 159
把利益装进每个群众的“口袋” …… 161
“天价教师”走红，不必羡慕嫉妒恨 …… 163
保护令：筑牢“家暴防火墙” …… 165
好风凭借力　助我快发展 …… 167
别让“路怒症”成绝症 …… 169
别把“微权力”当成敛财敲门砖 …… 171
热衷“饭局”也是一种权力寻租 …… 173
让百姓走出“办证迷宫”也是保障民生 …… 175
滇池“保护红线”划得好更要守得住 …… 177
带薪休假还要再迈许多“坎” …… 179
娃娃洗碗扫地就奖钱，不可取！ …… 181
不妨把预防艾滋纳入“开学第一课” …… 183
激活“僵尸网站”要先唤醒服务意识 …… 185
别让“有毒跑道”再伤害孩子 …… 187

主流声音 …… 189

■致力于打造团结鼓劲、凝聚共识、激浊扬清、求正辨误、解疑释惑的品牌栏目，以思想优势赢得话语优势，彰显主流媒体引导舆论的主导价值

把“三牛”精神装进春天的行囊 …… 191
筹备好缔约方大会是“一号工程” …… 193

COP15开启人与自然新未来 …… 195
治好滇池母亲湖　给美丽春城加分 …… 197
用“绣花功”雕刻城市文明细节 …… 199
系统认识马克思主义中国化新的飞跃 …… 201
从百年党史中汲取智慧力量 …… 203
甩掉贫困帽要拔“思想穷根” …… 205
厚植民营经济的一方沃土 …… 207
唱好招商引资“春天的故事” …… 209
依法管住吃野味的“嘴” …… 211
激活健康消费的一池春水 …… 213
让舌尖上的节约成为新“食”尚 …… 215
脱贫既要看成绩也要看成色 …… 217
抓项目就是抓发展　抓投资就是抓未来 …… 219
共同画好社会治理同心圆 …… 221
擦亮世界知名旅游城市品牌 …… 223
不辱使命　擂响加快发展最强音 …… 225
割除腐败毒瘤需加大“拍蝇”力度 …… 227
从严治党：构建跨越发展精神高地 …… 230
“功成不必在我”传递为民务实新理念 …… 233
把握为民造福这一从政根本 …… 235
做爱党爱国爱家乡爱民族的表率 …… 237
干部就是要有政治定力 …… 239
抓好党建就是最大的政绩 …… 241
以便民之心行简政之道 …… 243
昆明迎来会展业发展“第二春” …… 245
以良好政治生态激发发展内生动力 …… 247
合力打造社会管理创新“升级版” …… 250
把创新活水引入发展的田间地头 …… 252

用“能上能下”利器涵养政治新生态……255
激发跨越发展的文艺力量……258
以人为本提升城市管理水平……261

政论社论……263

■在一次次重大事件、重要关头、重大节点发出“昆明声音”，以深刻的见解、雄辩的逻辑、思想的力量占领舆论制高点，放大主流舆论声量

党的光辉耀春城……265
——致敬中国共产党百年华诞

天翻地覆慨而慷　风雨无阻谱华章……271
——昆明70年历史巨变启示录

喜看春色满昆滇……277
扬帆奋进开新局……281
——写在昆明市第十二次党代会开幕之际

扫黑除恶：高擎利剑保安宁……289
在高质量建设区域性国际中心城市道路上笃定前行……293
奏响“国际昆明”新华章……296
——写在第4届南博会暨第24届昆交会开幕之际

融媒特稿……299

■以高质量的思想产品给人以启迪、启发、启示，要求立意新、视角新、语态新，让内容更符合传播规律、更契合现实脉动、更贴合受众需求

收假首日，省委书记、省长调研滇池治理深意何在？……301

市委书记为何要在这件事上给基层干部“撑腰鼓劲”？ …… 305
疯狂的渣土车谁来管？多个部门为何“驯服”不了一只“大黄蜂”？ …… 308
“创文”时间过大半，昆明能否交出新答卷？ …… 311
岁末严冬，能否让农民工吃下“定薪丸”？ …… 314

两会快评 …… 317

■聚焦关键领域关键内容设置议题，主动发声精准发声，让人透过两会窗口，感知世界春城花都、历史文化名城的前行步伐、发展方略、治理之道

直面问题彰显担当意识 …… 319
70%以上财政投向民生折射出什么？ …… 321
振兴实体经济要“实打实” …… 323
提升城市品质要从“根子”入手 …… 325
抓文明创建就是抓生产力 …… 327
把任务清单变成美好现实 …… 329
为高质量提案“点赞” …… 331
民生安排充满更多“获得感” …… 333
内外兼修方能彰显“国际范儿” …… 335
谋求改革最大公约数 …… 336
答好更好更快发展这份“考卷” …… 338
让春城和谐宜居更美好 …… 340
民生提案永不过时 …… 342
报告是“干货”　传递“好声音” …… 344
共同装扮昆明“国际范儿” …… 346
发展仍是新常态下第一要务 …… 348

实时关注 351

■紧盯热点焦点难点表达观点，接地气、说人话、有态度，做到既关注宏大主题，也观照小事难事烦心事；从小切口切入，有的放矢，短小精悍

未来，学习是最好的养老 353
环保假整改是另一种“污染” 354
城市步道不能“霸道” 355
用搜题App好不好，答案在哪？ 356
安装“天眼”关乎“头”等大事 357
窨井“吃人”要追查“职务犯罪” 358
让工地围挡绽放美丽“表情” 359
“车窗抛物”应从重处罚 360
为狂奔的电单车上把“锁” 361
“反向扫码”是个暖心操作 362
无人机“盯”违建值得点赞 363
留守儿童要真正“有人守” 364
毕业聚餐：撕掉攀比外衣 365

“字”得7乐 367

■把好舆论时机和节点，一字一议，共情共鸣，把理说到人心里去；融媒时代，提供有力量、有温度、有情怀、有特色的产品，是新闻人的“看家本领”

吃，重在品尝浓浓的“年味” 369
喝，用节日的力量改变陋习 371
住，把文明留在酒店 373
行，平安是最美的风景 375

游，文明“行囊”随身携带…… 377
购，如何不那么“猴”厉害？…… 379
娱，玩出味道 为快乐“加分”…… 381

舆论聚焦

■评论是思想的载体，思考是制胜的法宝。舆论环境越复杂，越需要有穿透力的声音、有洞察力的表达。无论媒体形态和舆论格局发生怎样的变化，有思想含量、有高度、有深度的原创作品仍然是舆论场的“刚需”

在昆明，遇见未来

金秋时节，天高云淡，绿意盎然。漫步昆明街头，《生物多样性公约》缔约方大会第十五次会议（COP15）宣传标语和形象标识不时映入眼帘，一个个造型别致、形态各异的立体花坛露出秀美的容颜与迷人的笑靥，喜迎国际盛会的热烈氛围扑面而来。机场、高铁站、地铁站……到处都可看到“美丽春城”的身影，846万昆明人正张开热情的臂膀——欢迎全世界！

从今天开始，昆明成为世界瞩目的焦点，正式开启“COP15时间”。盛会如约而至，全球嘉宾相聚“春城”、共襄盛举，共商全球生物多样性治理新战略，共建万物和谐的美丽世界，共绘地球“人与自然和谐共生”的新图景。

2016年12月，在墨西哥坎昆举行的COP13上，中国取得COP15举办权。2019年2月13日，在中国4个候选城市中，昆明一举夺魁，成为COP15举办地。

一年前，国家主席习近平在联合国生物多样性峰会上发出“春城之约”，再次将世人的目光聚集到昆明；一年后，一座城市的独特韵味和别样精彩，正在彩云之南、滇池湖畔盛情绽放。

从’99世博会到南亚博览会，再到COP15，昆明一直有着举办国际盛会的“基因”。“天气常如二三月，花枝不断四时春。”COP15在美丽春城拉开帷幕，昆明再次站在世界的舞台，全面展示“中国春城”的独特魅力与美丽风采。

以会为媒，联通世界。这是一扇昆明与世界直接对话的窗口，也是昆明这座千年古城拥抱世界、走向未来的最好舞台。

COP15花落美丽春城，是昆明的一件盛事，也是一件喜事，既能全面展示“中国春城”“历史文化名城”“国际大健康名城”风采，也能充分展示昆明乃至云南生物多样性保护、全面建成小康社会以及经济社会发展历史性成就，让世界感知云南、感知中国发生的翻天覆地变化。

这两天，一句公益广告上了“热搜”：中国有多美，昆明告诉你！昆明市正以最充分的准备、最靓丽的风采、最诚挚的热情，欢迎来自五湖四海的嘉宾，也让全球嘉宾在中国切身感知体验生态文明建设结出的硕果，天更蓝、山更绿、水更清的美丽图景将不断展现在世人眼前。

筹备这样一场规模大、出席政要多、会期长的国际盛会，时间紧、任务重、要求高。领受任务以来，参与筹备的所有人员上下同欲、不舍昼夜，加班加点、披星戴月，借盛会东风“跑”出昆明加速度。

筹备国际盛会千头万绪，是一次“没有补考机会的大考”，也是一次顺势而行的城市建设行动。以崭新的面貌迎接国际盛会，力争把COP15办成一届万众期待的全球环境治理盛会，是办会城市期待的目标和努力的方向。

两年多来，昆明举全市之力有序开展COP15筹备工作，抓住提升昆明和云南国际知名度、影响力的重大机遇，着力按“国际水准”办会，努力把COP15办成彰显习近平生态文明思想，具有里程碑意义，彰显中国气派、云南特色、春城风貌、惊艳世界的国际盛会。

两年多来，昆明市各级各部门站在讲政治的高度，站在展示我国生态文明建设成就的高度，深刻认识筹备好COP15的重要意义，把筹备COP15当作昆明市的“头号工程”、头等大事，加快实施城市环境整治、生物多样性保护示范工程等，向世界展示“中国春城”、智慧城市、生物多样性示范之城的良好形象。

两年多来，昆明市牢固树立“一盘棋”思想，以高度的历史责任感、良好的精神状态、扎实的工作作风，按照国际化、规范化、精细化标准，着力改善市容市貌，持续完善城市功能，全面提升城市品质，持续推进标识国际化改造，城市形象和景观颜值有了大变样、大改善、大提升。

两年多来，本着绿色、智能、节约、安全的办会理念，打造昆明绿色城市品牌，彰显“中国春城”独特魅力，开展了绿色城市建设，实施绿色交通、绿色住宿、绿色会场、绿色宣传等一系列减排措施；持续做好COP15“碳中和”工作，将可持续发展理念贯彻到会议筹备、举办和收尾全过程，打造“宾至如归”的春城温度。

下足“绣花”功夫，力求完美，追求极致，向世界展示云南之美，为美丽中国增添光彩。在筹备过程中，昆明这座有着一千多年建城史的城市，每一天都在发生着变化，经历着由内而外的蜕变，用全新的容颜迎接世界的目光。

今天，我们可以底气十足地说，“城市客厅”扮靓了，盛装穿戴好了，场馆布置完成了，各项保障到位了……昆明圆满完成各项筹备任务。昆明，请你打分！

为了“春城之约”，为了把春城昆明、七彩云南的美丽形象呈现给全世界，春城人民踌躇满志、期盼已久，昆明人民准备已久、努力已久！

文明、有礼、热情、好客的昆明人，是昆明所有风景中最美的风景。而这道最美的风景，不仅是昆明的，也是云南的、中国的，世界将透过昆明这个“重要窗口”，领略新时代中国特色社会主义精神文明建设的伟大成就，感受昆明这座全国文明城市释放的动力、活力、温暖和力量。这，或许才是一座古城最美的注脚。

生态兴，则文明兴；市民好，则城市好。环境改造、会务接待、安全保卫、酒店服务、交通保障、食品安全、志愿服务……作为普通市民，每一个“你我”都是盛会的参与者、亲历者、建设者，都用贴心服务点亮城市，都用“一己之力”为呈现这份“别样的精彩”凝聚合力。

当我们以健康、文明、靓丽的姿态去展示一个个“我”的时候，汇聚的就是所有人的风采，就是用最灿烂的笑脸和真诚的双手，去迎接来自世界各国的嘉宾和每一位远方的朋友。每一位市民的行动与付出，就是让那些来自五湖四海的朋友，感知昆明人与蓝天匹配的文明、与阳光匹配的笑脸、与鲜花匹配的热情。

尽力展示一个国际范儿的昆明、温暖包容的昆明、花香四季的昆明、人人向往的昆明，让国内外宾客充分体验生态环境之美、民族风情之美、历史文化之美，让“春城昆明”这一美名被更多人所传颂——

这场盛会，必将举世瞩目；这座城市，也将绽放光芒。COP15，将成就一座新昆明，淬炼一个新云南。

请记住昆明、记住云南、记住中国！

（2021年10月11日）

一棵树：一个站着的灵魂

树是最懂得回报的，只要你挖个坑、浇点水、施施肥、除除虫、松松土，它就会给你千百倍的回报：为你遮风挡雨，为你防风固沙，为你调节气候，为你净化空气，为你涵养水源，为你减少噪音，为你改善环境……可以说树是一座城市的绿色空调，是一座城市的天然氧吧。种上一棵树，等于装上一架小“空调”；种成一片林，等于建起千万个天然“氧吧”。

同时，树又是一座历史文化名城不可或缺的“精灵”，是一座城市的见证者。上海、苏州、深圳、南宁等城市提出，一座城市“没有大树就没有历史，没有绿化就没有文化”，保护树木同保护文物一样重要。

保护树，这是世界各国的共识。有部电视剧说，法国发明制造了世界上第一辆汽车，为纪念这一成就，政府准备建造一座汽车博物馆，选定了一个地方后，只因建馆将会破坏十几棵大树，不得不另选一处馆址。这说明法国人是多么爱树！

保护树，也是全人类的共识。然而在我们生活的城市中，毁绿事件却接二连三地发生。前些年，在昆明市区的一些地方，昔日郁郁葱葱的绿地，没几个月，一座座大厦便拔地而起；翻来覆去地开挖道路，不停地折腾着一棵棵行道树；一些居民小区仅有巴掌大的绿地和屈指可数的小树，还被莫名其妙地“蚕食”……所有这些，不能不让人感到纳闷！

当记忆的闸门被彻底打开，我想起了当年站满银桦树的东风东路，它曾经是昆明人的骄傲，昆明最美的街道；我回想起金碧路上的梧桐树，它总在不知疲倦地划分着春夏秋冬的季节更替，我试图找回昔日从遮阴蔽日的风景下骑着单车穿梭时的情景。然而，这一切的一切，都离我远去了——离我们远去了！

有时，面对这些境况很多人已熟视无睹、麻木不仁。然而我们生活在同一座城市，呼吸着同样的空气，面对各种极端天气现象，我们岂能袖手旁观？岂能无动于衷？爱护每一棵树，维护这座城市的绿化，是每一个生活在昆明的人都能献出的一份爱心、一个善举。

记得从'99世博会以后，昆明发生了翻天覆地的变化，绿地多了，街道靓了，唯独树木依旧，江河依旧。前几年，一位来昆明旅游的园林工作者感言：世博会把昆明变成花的海洋，却未能把昆明变成森林之城；很遗憾，昆明仍然是一座被钢筋水泥和玻璃幕墙包裹着的城市……我们可以不在乎外地人的评价，但生活在这座城市的人却不能不正视我们的绿化现状：我们有多少绿色“欠账”未补上？

可喜的是，近年来，昆明对城市绿化进行了不懈努力，尤其是2008年以后，我们城市的执政者强烈地意识到绿化带来的不仅仅是一个宜人的环境，更重要的是城市品质的提升、生活质量的改善、投资环境的回报……仅2008年一年，昆明的植树量就是过去10年的总和。如今的昆明，已经可以用“无处不是绿”来形容了，“见缝插绿”摆脱了“春城不绿”的尴尬。在2009年荣膺“国家园林城市”之后，昆明痛下决心创建国家森林城市，建成地球上最适宜人类居住的最美丽的城市，让来自五湖四海的人“来了不想走，走了还想来”的城市！然而，要把口号变成现实，需要从爱绿护绿的每一个细节做起。

写到这，我想起一位老园林专家说过的一句话：“善待每一棵树。”这句话让我心潮起伏，不时地回味与感悟。因为，这是一位老园林绿化工作者奋斗了一辈子的肺腑之言，闪耀着金子般的光辉……一棵树不就是一个站着的灵魂吗？“灵魂”在召唤：为了不愧对子孙，为了春城的明天，为了我们共同的家园，多种树、种好树、善待树吧！

（2011年8月14日）

踏着春天的节奏砥砺奋进

街上还挂着火红的灯笼，屋外的烟花还闪着幸福的光芒，家里醇香的美酒还没有见底，节日的喜庆气氛还没有散尽……不过，收假的时间到了，不要绝望地感叹“好日子已经过到头了”。为了更好的日子，为了今年有个好收成，为了小康路上的一份家国情怀，在声声祝福中，带着亲情慰藉积蓄的力量，该上路了——只有追梦的脚步踏出铿锵，才能奏出事业与未来的华美乐章！

不管你做什么工作，辛苦了一年，停下奔忙的脚步，我们在团圆中回望奋斗的艰辛，分享收获的喜悦。长假7天，饱尝浓浓幸福的年味，让你收获了满满的温暖与惬意，每一天都沉浸在美酒美食美景的愉悦中，尽情享受着与家人团聚的欢乐时光。

7天的大假，7天的放松，我们开启的是“休假”模式，整个身心处于极度的松弛状态。7天的放松，相信你的生活作息规律已被打乱，“无精打采”不由自主地捆绑上来。如果你犯困烦躁、焦虑郁闷、打不起精神，那么你可能沾上了“节后综合征”。不过，不要紧张，只要上班第一天从心理上想着进入工作状态，开启“工作模式”，梳理一下节前安排的工作计划，着手做一些难度较小的工作，就可让松弛的神经逐步“调适”到正常状态。

新春佳节，既是普天同庆的时间，也是每个家庭和个人辞旧迎新的节点。7天的大假，是劳碌之后的休整，是休整之后的再出发。7天的大假，也正是为了蓄足能量，迸发昂扬向上的激情与干劲。时序更替，去年的收获与不足已经盘点反思，太多令人振奋的记忆已经贴上封条，新的一年需要努力规划与实践。长假过后，不管你是公务员，还是自主创业者，或是做生意的……从事任何行业的人，节过了，假完了，就该收心了，就要进入正常状态，让自己精神焕发地去工作。

常言道，一年之计在于春，良好的开端是成功的一半。一座城市也好，一个单位也好，一个个体也好，猴年注定需要苦干实干、砥砺奋进。新常态下，经济发展形势错综复杂，各种不确定因素增多，发展动能转换需要时间……新常态下，"难"是常态，亦考验着我们的智慧和信心。所有这些"困惑"，都需要拿出"猴劲"，以时不我待、只争朝夕的紧迫感，牢牢抓住机遇，突破难关，巧解困局，锐意进取，一步一个脚印地干下去。到年底，才可望结出丰硕的果实。

人勤春早。"春种一粒粟，秋收万颗子。"面对发展的差距和不足，我们别无选择，只有迎难而上、振奋精神、坚定信心、负重奋进，拿出务实管用的思路和举措，在迎接挑战中把握机遇，在攻坚克难中脱胎换骨，用改革的办法破除前进路上的"拦路虎"，打开发展的"通天大道"，努力实现弯道超车、争先进位、跨越发展。"春无遗勤，秋有厚冀。"只有统筹做好各方面的工作，把上半年当成下半年干，下半年才不至于被动，才能为完成全年的硬指标奠定坚实的基础，也才能为"十三五"开好局、起好步。

春风送来吉祥，阳光洒满大地。万象更新之际，正是新梦想开始的时候。每一个普通人都有机会描绘属于自己的精彩，只要锲而不舍地前行，总能驶向理想的彼岸。有付出，就会有收获。2016年是全面建成小康社会决胜阶段的开局之年，是贯彻落实"四个全面"战略布局的深化之年，也是推进结构性改革的攻坚之年。站在时空交汇点上展望昆明，只要我们用创新、协调、绿色、开放、共享发展理念搭建好攀爬未来的阶梯，以改革引领前行征程，借云南省委、省政府推进昆明改革发展的东风，就一定能迎来猴年"开门红"，为谱写中国梦的云南篇章展现应有的责任和担当，交出一份完美的答卷。

让我们带着梦想向春天进发吧！

（2016年2月14日）

城市改造莫把花鸟市场改“飞”了

春城无处不飞花。这个花，不仅指道路两旁四季不败的鲜花、街市上造型别样的花雕、驰名中外的斗南鲜切花，或许还指城市里大小不一的花鸟市场。作为首批全国历史文化名城，花鸟市场自古就是昆明的“标配”，也是昆明人的“独特记忆”，更是另一份抹不去的乡愁。

前些天，一名居住国外的朋友问起昆明一大型花鸟市场还在不在，得到的回答是不在了时，不无遗憾地感慨：这个花鸟市场繁盛时，每天人流量达万人，太热闹了！城市再怎么更新改造，也不能把“花草虫鱼”一锅端地“撵”到郊外，甚至搬到哪儿都打听不到。朋友的感慨不无道理。近年来，随着城市更新改造步伐的加快，一些有名的花鸟市场被拆了，一些有特色的花鸟市场被撵到城郊，令人多少心生遗憾。

花鸟市场是很多老昆明人心里的一块宝地，周末闲暇之余独自或邀上三五好友，钻进超大遮阳网下面的“闹市”逛逛，堪称一大乐事。置身于绿意盎然的花草、抑扬顿挫的吆喝声中，听听此起彼伏的鸟鸣犬吠声，逗逗憨态可掬的猫咪，与老板一遍又一遍地砍价杀价，跟着熙熙攘攘的人群绕来绕去，一天半天就在不知不觉中度过了。

城市更新改造是必然趋势，也是提升城市品质的必要之举。改造的目的是推动高质量发展、提升人居环境和城市品质，更好满足群众对美好生活的需要。但城市更新改造不能把花鸟市场越改越少，或者“改到”城边上，让城市变得既熟悉又陌生。

再说，把花鸟市场“搬”到城郊，市民的出行成本增加，有私家车的还好说，如果乘公交倒地铁，绕来绕去，大半天就消耗掉了。一些上了年纪的人想去家门口的花鸟市场逛逛，或许成为一种奢望。甚至有些人嫌远干脆不去了。长此以往，对繁荣市场没有任何好处。如果经营方难维持收益，这样的花鸟市场迟早会“飞”了。

一座城市有一座城市的专属浪漫，一座城市有一座城市的独特风景。让市民能方便地买到一盆绿植、挑选到娃娃喜欢的金鱼小虾、淘中一套纸砚古玩、直接与“肉肉”密切对话……这不就是春城的独特魅力和吸引力吗?

如何在城市更新改造中留下花鸟市场，或者说如何让花鸟市场成为城市改造的“加分项”，这是一道整体性的民生难题，期待早日破解!

（2022年8月3日）

滇池眼里容不得半粒“砂子”

“绿我涓滴、会它千顷澄碧”——滇池作为一颗高原明珠，她的眼里容不得半粒“砂子”。滇池作为昆明的母亲湖，它的污染犹如一块“城市伤疤”，是昆明人心里的痛。要把这块伤疤早日治好，需要综合施治，其中就包括点源污染、面源污染和一些潜在污染。比如，关停滇池流域的采石采砂行为等等。

日前，昆明市政府下发通知，要求立即停止在滇池流域和西山重点保护区域内的一切采石采砂点开采行为，今年内完成矿山证照注销、断水断电、人员撤出、设备拆除、尾矿清理等工作。通知对滇池流域范围和西山重点保护区域范围作了明确界定，同时还对“五采区”治理作出明确要求，提出治理原则，规定治理时限，倒逼治理结果。这样强硬的通知无疑是关乎滇池流域发展保护的一件大事，是推进昆明生态文明建设祭出的一记重拳。

滇池治理看决心，更看行动。没有强有力的督查措施，没有挂图作战的决心，没有倒排工期的压力，没有敢动刀碰硬的勇气，光断水断电、人员撤出、设备拆除就会受到不少阻力，更谈不上完成“五采区”的治理修复。众所周知，滇池流域的采石采砂行为由来已久，关停呼声也一直没有停过。随着滇池治理力度的加大，关停已到了动大手术的时候。关停采石采砂行为，最直接的效用就是助力滇池综合施治，堵住水土流失给滇池带来的污染，修复和改善生态环境。

对昆明而言，生态文明建设的头等大事就是把滇池治理好，把生态环境保护好。必须以滇池治理为突破口，提升昆明生态能力建设水平，推动生态文明水准向更高层次迈进。要把生态环境保护放在更加突出的位置，像保护眼睛一样保护生态环境，像对待生命一样对待生态环境，在生态环境保护上算大账、算长远账、算整体账、算综合账，不能因小失大、顾此失彼，寅吃卯粮、急功近利。

滇池是昆明的生命线，滇池治理是整个城市转变发展方式的一面镜子，时时在照着我们，检验我们是不是真正转变了发展方式。当前，在建设“国际昆明”共同愿景的牵引下，唯有把滇池治理作为一项重大的政治任务和“一把手”工程，加大投入力度，强化工作措施，合力攻坚克难，才可望实现“还滇池一湖清水”的新突破，给美丽春城加分；也才有底气当好云南生态文明建设的排头兵。更为重要的是，才能让老百姓分享到更多生态红利。

经过多年努力，滇池治理取得了阶段性成效。尤其是近年来滇池水体水质明显改善，周边生态环境明显改观，为进一步治理打下了良好基础。按照既定方略，就是要坚持依法治理、科学治理、社会治理的思路，增强治理的科学性、系统性和针对性，在坚持已有好经验、好做法的基础上，突破重点难点，推动滇池保护治理不断取得新突破。尤其要抓住治理的“牛鼻子”，着力解决彻底截污、河道综合治理、滇池周边生态建设等重点难点问题，促进滇池治理提速增效。

滇池治理不可能一蹴而就、立竿见影，既没有捷径可走，更没有后路可退。唯有以等不起、慢不得、坐不住的紧迫感和责任感，以高度负责的使命担当，下最大的决心，花最大的功夫，尽最大的努力，啃下诸如关停采石采砂这样的“硬骨头”，打赢诸如截污治污这样的持久战，才能让母亲湖早日焕发光彩。

（2017年8月7日）

“河长制”如何保证河长治?

滇池是昆明的“母亲湖”，滇池清则昆明兴。然而，滇池保护治理是一项系统性工作，单靠滇管、农业、水利和环保等部门，力量有限，需要全体市民的参与和支持。近日，本报征集36个“市民河长”的消息见报后，数十名市民及社会团体纷纷报名担任“市民河长”。欣喜之余，萌发了谈谈“河长制”这一话题的想法。

“治湖先治河、治河先治人、治人先治官。”意思很明显，人人都是排污者，又都是环境污染治理的参与者、监督者和潜在的受益者。治理河湖，最终要靠人，关键在领导带头，负起责任。对昆明而言，滇池水质好坏直接影响着昆明的生态环境，关系着市民的生活环境，因此昆明环境治理的头等大事，就是保护和治理好滇池。基于这样的战略考量，“河长制”在昆明推行已有好多年头了。

全国部分省市也推行“河长制”，不少县市或流域水系更是同步实行“河长制”。记得当年太湖蓝藻暴发，深受水危机之痛的无锡市立即推出“河长制”，引起社会广泛关注。实施一年后，辖区79条河流考核断面指标率就从53.2%提高到71.1%，无锡市从“河长制”中尝到“甜头”，初步实现了河湖有人管、管得住、管得好的目标。

“河长制”的推行，无疑是一个催生水清岸绿的可行制度，能有效解决一些突出问题：一是解决“多龙治水”、责任不清、责任不明的问题。有矛盾时由“河长”来协调、调度、沟通，解决问题有了总抓手。二是解决常态化管理的问题，改变突击式、运动式的治理现象，把功夫下在平时，最终只看结果，绩效由“水环境”说了算。三是能够形成一河一策、每条河道都有人管有人治的机制，从市县领导到乡镇领导、到村社负责人，每一条河（段）都有“主”，都有责任人。再加上河道保洁员，层层负责，河道反复治却治不好的顽疾会一步步好转。四是通过加强河道监管，盯住水质，提高环保标准，改变地方发展思路，倒逼河道沿岸产业转型升级，走绿色发展之路。

当然，在“河长制”逐渐“成长”的背后，一些问题亟需引起重视。比如，目标任务、责任边界、监督检查、考核评价以及责任追究等制度就应深化完善，河道保护应当与政绩“捆绑”，等等。如果没有配套的机制跟进，河道的保洁就会大打折扣，“河长制”就会流于形式。河道功能的恢复、水资源保护、水域岸线管理、水污染防治和水环境治理反而会在一阵热热闹闹的宣传中走下坡路，“河长制”极易成为一个有效而非长效的制度，与建立的初衷渐行渐远。

说到底，“河长制”是从领导督办制、环保问责制中衍生出来的水污染治理制度。当好“河道保姆”，重要的是责任、是坚守，需要长效机制的建立和完善。依靠制度法规有序推进“河长制”，“河长制”才可望行稳致远、释放生命活力！

（2016年11月20日）

“限塑令”升级为何依然“我行我塑”

自从奥地利科学家马克斯·舒施尼在1902年发明塑料袋以来，受到人们的普遍赞赏，在当时甚至被称为是一场科技革命。但“时过境迁”，由于塑料袋的大量使用，全世界每年要产生数亿吨的塑料垃圾，不仅污染环境，还危害鱼类等海洋生物。种种“罪行”，导致塑料袋被广泛认为是20世纪人类最糟糕的发明。

人们与塑料袋的“爱恨情仇”，从另一视角看，是社会发展进步的一个表现。试想，在物质匮乏、缺衣少食的年代，谁会想到塑料袋会污染环境这样的事情。时至今日，社会发展进步了，人们的生活品质提升了，环保意识也就增强了；反过来，只有下大力气解决白色污染问题，人们的日子才会越过越好。

白色污染既然成为世界难题，解决起来必然不可能“塑战速决”。为什么这么说？不扯国外，就拿国内来说，2008年国家就施行了“限塑令”，试图从源头上减少对塑料袋的使用。应该说，取得了一些成效，但时间一长，“限塑令”形同虚设。不得不承认，时至今日，塑料袋仍是全国人民使用最方便的“方便袋”。如果倡导使用牛皮纸袋、布袋、编织袋等环保产品，一方面随身携“袋”不方便，另一方面，很少有商家免费提供。更为重要的是，提供这些袋子，不管是生产商，还是购买方，都大大增加了成本。在这样的现实背景下，显然收不到理想的效果。

进入新时代，经济社会要实现高质量发展，绿色生活方式成为人们的普遍追求，国家层面及各地“顺时应势”再次出台限塑新方案，开启限塑新模式。2020年8月26日，云南省发布实施方案，明确2020年率先在昆明市等地禁止或限制塑料制品的生产销售和使用。

几个月过去了，这个被称为最严的“限塑令”发挥的效果如何？本报记者采访看到的现状难言乐观：商场、超市、农贸市场仍是塑料袋使用的“重灾区”，免费塑料袋处处可见；外卖、快递等新业态越来越成为塑料制品的“消耗大户”；一些大型超市有偿提供可降解塑料袋或环保购物袋。作为塑料袋生产企业，“转产”面临原料成本翻倍等难题。

看来，“限塑令”升级，政策效应依然有限，落地见效任重道远，新时代需要新的塑料污染治理思路和手段。专家指出，要想从根本上止住白色污染，需要全链条制度设计，从源头上遏制，寻找“替代品”。既然“限塑令”是由政府推行，就不能停留在倡导说教层面，更不能完全依靠商家自觉来实现，需要环保、发改、市场监管等部门多方发力，在审批、监管、执法环节中出狠招、抓落实，不让违规产品流入市场。期待未来，“限塑令”能系统地形成长效机制，让各方都愿意为环保“买单”。

（2021年2月19日）

为何外卖“净”是问题

随着互联网技术的发展和生活节奏的加快，外卖已经成为都市人生活中不可或缺的一部分。而在动动指尖就点外卖的时候，你考虑最多的是什么？价格、口味、分量……这些都有可能；而有一样东西是否被你忽略了，那就是卫生。当然，你可能会说，别人吃得自己也吃得，眼不见为净！点外卖，图的就是一个方便快捷，不干不净吃了不生病！

然而，除非外卖食品内有异物，一些不干净的食品，肉眼是看不出来的。一项问卷调查显示，一半以上的调查对象表示曾遇到所购食品不新鲜、包装破损和食用后身体不适等问题。可怕吧！有一则报道更可怕：某地一女士，由于长年累月叫外卖，吃出病来，最后不治身亡。这不是危言耸听，也不是夸大其词，若不信，从网上搜搜看！

如果点到“黑餐厅”制作的“黑外卖”或线上线下同餐不同质的食品，你会怎么办？投诉、拒收、以后不订，这些都可能也都可以。但如果接二连三地出问题，你对得起自己的胃吗？你还敢放放心心地吃“美食”吗？

为何外卖“净”是问题？这背后有监管的问题，也有商家自身的问题。由于外卖食品交易的虚拟性和跨地域等特点，监管必须创新方式，才能守住群众舌尖上的安全，打好市民的“保胃战”。作为餐饮店，做外卖就是在做良心饭、干良心活。你想想，食客看不见摸不着，也不可能“明厨亮灶”，你做什么就吃什么，这不是做良心饭是什么？

民以食为天，食以安为先。降低外卖食品卫生安全隐患，需要持之以恒下大力气。比如昆明一些网络订餐平台推广使用“食安封签”，就是监管的一个新举措。而这仅是监管的一个环节而已，只可能避免人为和意外因素对食物造成污染，同时保证餐品的完整性和安全性，不可能为食品安全“全链条”监管提供保障机制。

当然，网络食品安全监管有其自身的特点和难度。目前，昆明市共有36000余家实体餐饮经营单位，截至2018年8月，共有12002家次餐饮食品经营单位入驻“美团”“饿了么”第三方平台。网络外卖存在数量庞大、分散分布等诸多难题，要从根本上为外卖食品卫生系上安全带、装上安全锁，亟待加强对外卖商家和订餐平台的常态长效监管，织牢食品安全防护网。

外卖食品安全是群众普遍关心的事，做好外卖监管工作，犹如打开食品安全监管的一扇新窗户，有助于放大食品安全治理效应。而昆明正在创建食品安全示范城市和全国文明城市，建立完善有效的监管体系，是迫切需要的“加分项”和长远发展的必然要求。

（2019年6月25日）

让“黑代驾”付出代价

自酒驾入刑后，“酒后找代驾”已成为普遍的消费习惯，也是车主安全文明意识提升的表现，但有人花钱找“代驾”却成了找“代价”。11月9日，昆明的刘先生醉酒后准备回家，于是在路边叫了一个代驾。可第二天，酒醒后的刘先生却发现，17.84公里的路程，这名代驾竟然向他的朋友和家人索要了596元的费用。更为无奈的是，刘先生怎么也联系不上这名代驾。此人像“人间蒸发一样”，他只能选择报警。

和刘先生的遭遇一样，近年来，车主遭遇“天价”代驾费的情况并不鲜见。本想找个代驾解除后顾之忧，却上演很多奇葩事情。比如：喝酒后找代驾，却来个喝了酒的代驾；有人冒充代驾司机“趁醉打劫”，在快到目的地时借故离开，等到车主一开车，同伙便驾车“碰瓷”，以报警相威胁向车主索要高额钱财。更有甚者，请的代驾却遭冒名顶替，车上财物不翼而飞……

作为消费者，如何避免上当受骗？很多人首先给出的办法是找正规代驾公司，但在一帮人酒酣耳热、意识不清醒之际能准确地找到正规公司吗？换个想法，如果代驾行业足够规范，还会给“黑代驾”以可乘之机？遗憾的是，相较于“黑代驾”的暗流涌动、野蛮生长，近年来对于代驾市场的监管，似乎“原地踏步”，没有什么“大的突破”。加上山寨App、私人计价软件的泛滥，给“黑代驾”有了可乘之机。

如何避免上当受骗，固然需要多个心眼，但关键问题还是如何监管。君不见，代驾市场上，“无主管单位、无准入门槛、无统一标准”的“三无”问题，至今仍然没有彻底解决。如果监管主体缺失或履职不到位，必然使代驾陷入“裸奔”状态，乱象频出，消费者维权谈何容易！更何况，万一出了车祸等问题只有扯不完的皮。

从代驾行业的生长环境来看，同许多行业一样，规范总是滞后于市场行为。多年前，当我们在为“醉驾入刑”的强大威慑力和社会效应拍手叫好时，是否想到，在巨大市场需求催生下，一个相关的服务行业正应“运”而生并迅猛发展。而法律法规的滞后，当是需要正视和反思的问题。代驾对应着相对特殊的服务场景，行业发展迅猛，监管步子必须快速跟上。正是由于代驾市场“三不管”的混乱局面，才导致一些消费者因“代驾”而付出“代价”。

莫让“代驾”变“代价”，当务之急是加强规范和整饬，让“黑代驾”付出代价，给飞快前行的代驾行业装上一个法治导航！

（2022年12月3日）

肉价菜价，要稳才好！

商品价格受供求关系影响，当供大于求，价格降低；当供不应求，价格上涨。这是简单的经济学原理。商品价格涨跌原本都是正常现象，但如果大起大落，就不是一件好事，说明市场供需出现问题。

进入10月以来，从南到北，多地菜价持续上涨，昆明也不例外。农贸市场蔬菜价格都有不同程度涨价，个别蔬菜品种更是“身价”翻倍，稀有一点的茼蒿、菠菜等卖到十几二十多块一斤。市民感叹：“菜比肉贵。”

事实虽不全是这样，但一段时间以来，肉价确实有些“跳水”。“去年猪肉30多元一斤现在降到不到10块，原来买两根排骨要花100多元，现在只需40多元。”肉价“跌跌不休”，市民觉得有些不可思议：总不能猪肉价格降下来，蔬菜却一天比一天贵，这不是“长发事”！

菜价接连上涨，主要是由于蔬菜产地相继受灾，部分地区持续低温阴雨天气，导致产量减少或延期上市，供需失衡，放大了蔬菜价格的季节性波动。而一般情况下，每年10月份以后，也是蔬菜“青黄不接”的时候，市场供应量减少，必然带来菜价上涨。批发价上涨，零售价也跟着涨。

不管是肉价还是菜价，批发商、消费者都希望不涨才好。但从生产者的角度看，如果种子、化肥、油价都涨，必然拉高种植成本和运输成本。这也是前不久蔬菜价格明显上涨的重要原因。如果价格一直维持在一个低位运行，利润空间缩小，没有多少赚头，就会影响菜农种菜的积极性，随之带来市场供给萎缩，即“供给侧”出现问题。正所谓“菜贵伤民、菜贱伤农”。

因此，肉价菜价，不是不涨才好，而是要运行在盈亏平衡点，保持相对稳定才好。以价格稳促供应稳，以供应稳保价格稳。价格受市场调节影响，这是市场运行规律。但为了保民生，某些商品出现猛涨猛跌，就要把价格控制在合理范围内。长期看，靠市场自发调节；短期看，靠保供稳价举措，及时投放储备，补充市场供应。

蔬菜是市民的生活必需品，一日不可或缺。确保市场供应、菜价稳定，是市民最愿意看到的情形。业内人士分析，菜价涨跌是市场叠加因素使然，是正常现象。近期，秋菜上市，供应总量充足，价格涨幅收窄，未来一段时间会保持价稳态势。不管何时，如果出现严重供应短缺，政府“有形之手”会发挥作用，保障“菜篮子”产品供给无忧。

（2021年11月15日）

科学谋划好“国际昆明”的成长坐标

国际化是城市发展到高级阶段的产物，是经济全球化的结果，也是现代城市发展的动力。昆明提出建设区域性国际中心城市不是一个口号、一个概念，而是大手笔、大战略、大布局。随着“一带一路”倡议和长江经济带建设向前推进，加快建设“国际昆明”可望成为城市建设史上一个重要的里程碑。那么区域性国际中心城市的内涵、指标、形态是什么？方向和路径咋选择？建设过程中需要注意些什么问题？……有必要厘清和引起重视。

区域性国际中心城市的定义多种多样，解释的维度和侧重点也各有不同，但从概念意义上看，区域性国际中心城市包含三个关键词，区域性、国际化、中心城市。目前较一致的认识是，区域性国际中心城市一般是指在某一国际区域内，与其他城市之间具有较高经济、政治、文化交往程度的国际化城市。挂上国际中心城市这个名头，意味着这座城市具有明显的国际关联性特征，辐射半径超出国界，具有明显的国际影响力，或者说国际化程度较高。主要体现在城市功能辐射效应、资源配置效应、综合实力排位、城市基础设施、第三产业、交流合作甚至外国人口在本城市的数量等方面，都要一些“硬指标”。

研究表明，区域性国际中心城市处在某一国际区域内经济体系的连接点上，是全球城市网络体系中的重要节点，在区域资源配置中起关键作用，突出对周边地区经济社会发展起辐射、引领和带动作用。不论在国内还是在某一国际区域内，其经济、文化、科技等方面的综合实力都应位居前列或排位靠前。区域性国际城市需要一些“硬件”设施作支撑，也需要具备一些“标志性”的东西，比如完善的基础设施和市政服务设施，与区域内城市互联互通、通达性方便快捷；多个国际政府组织和非政府组织、跨国公司、著名高校、知名文化机构聚集于此；交流合作、涉外经济、商务和民事管理法规，管理手段符合国际通行惯例……

纵观巴黎、新加坡、香港和北京、上海、广州、深圳等公认的国际中心城市不难发现，其城市定位、城市规划、城市建设、城市发展战略目标都具有较强的战略眼光和突出的文化视野，基础设施建设大多有几十年甚至上百年的适应性和耐用性。因此有专家建言，昆明要建区域性国际中心城市，需要确立几十年的发展战略规划和目标，而且在建设过程中，要尊重规律，切忌“盲人摸象”。要寻求全新的平台或支点，科学谋划好“国际昆明”的成长坐标，彰显“春城”的历史文化底蕴，注重城市内涵、城市品质、城市形象、城市文明等“内外兼修”，才能提高城市的知名度、美誉度、影响力和辐射力，才有希望摘得“国际昆明”这顶沉甸甸的桂冠。

昆明是中国面向东南亚、南亚开放的门户枢纽。得天独厚的区位优势、历史文化积淀和旅游资源，把昆明推向了“一带一路”建设的潮头。国际空港运营、轻轨建设提速、国际大通道建设高潮的掀起，构筑“国际昆明”具备了一些发展要件，但仔细“考量”，昆明建设区域性国际城市任重道远，仅就城市基础设施建设就有许多亟待破解的难题。城市规划建设管理存在明显短板，产业结构有待清晰完善，长期遗留下来的“城市病”等等，从根本上制约了城市品质和城市面貌的快速提升。要在短期内整体提升城市品质和国际水准，无疑是一项非常艰巨的系统工程。

“国际昆明”建设不可能设定目标就能速成，但国际视野和战略眼光无疑最为重要。国际中心城市建设既不是大拆大建，也不是修修补补，需要从观念、思路和理念上“国际化”，才能破解城市规划建设中的难题。国际城市建设在某种程度上是一个改革创新和思想解放的过程。国际城市建设最忌急功近利、盲目跟风、做表面文章，建设过程中要多些科学态度和人文意识，少些盲目决策和浮躁心态，不能为短期内实现国际化而国际化。一个核心的问题是寻找突破口，通过城市“国际化”解决人、财、物、信息和整体文化的跨国界交融问题，让城市的辐射力和吸引力通过跨国界交融得到提高，方能彰显昆明的“国际范”和核心价值。

（2016年1月25日）

城市规划建设要补课更要上新课

城市设计的面貌，城市建造的整体水平，体现了一个国家或地区的社会文明发展水平，也显示出国民生存家园的面貌和生存的整体质量。现代新昆明建设十余年来，昆明的城市面貌发生了巨大变化，初步形成“一湖四环”“一湖四片”“一主四辅”的空间格局；城市基础设施不断完善，绕城高速、新机场建设、轨道交通等重大项目顺利建成或加快推进；城市品质不断提升，荣获“国家园林城市”“国家卫生城市”“国家节水型城市”等称号，但在昆明快速发展的过程中，也存在着这样那样的问题，城市规划建设水平亟待提高的问题就需要严肃关注，并拿出实实在在的举措逐步解决。

如何做好城市规划建设工作，深刻反思昆明城市建设中存在的问题，是当前和今后一个时期需要着力破解的一道整体性的民生难题。的确，做好规划建设这篇大文章需要以问题为导向，树立问题意识，这是解决问题的始点。如何提高规划建设水平，擦亮“春城”品牌，建设宜居宜人新都市，是城市建设管理者的首要责任。

要把城市规划建设作为各级政府的重要职责，纳入工作日程，定期进行研究，及时解决规划建设中的重大问题，切实推动城市规划水平上台阶。为了少些抱怨、少走弯路、少留遗憾，有必要借助“外脑”，引进世界知名专家团队进行高水平规划设计，对城市发展进行全面系统研究，前瞻性规划，高标准设计，高品质建设，拿出大手笔和拳头产品，从单体建筑入手，从细节抓起，出精品、出亮点，让老百姓看得见、摸得着、感受得到。

城市规划建设决策要科学合理，项目上马须自觉接受群众监督。规划设计既要听取行家的意见，加强科学论证，又要广泛征求群众意见，强调公众参与。“建设—拆迁—再建设—再拆迁”的恶性循环是很多城市的通病，也是业界诟病已久的沉疴。为此，要把城市建设中遗留的拆迁问题处理好，取信于民，政府说过的话要算数，对老百姓承诺过的事要不折不扣地兑现。今后的建设也要这样遵循，任何时候都要考虑到群众的切身利益，老百姓该得到的利益，要依法办事，坚决保障，毫不含糊，决不能让老百姓吃亏。

树立“以文立市”的理念，增强文化自觉和文化自信。昆明有着一千多年的建城史，文化积淀十分丰厚，要坚持特有的文化基调，提高审美水平，突出规划的特色性。作为国家级历史文化名城，传承与创新、保护与开发有时是一对矛盾，需要正确面对处理。要想方设法保留具有历史文化价值和审美价值的设施，彰显城市的文化个性与独特魅力。

城市规划建设是一项系统工程，要把城市的功能、布局和产业发展有机结合起来，推进产城一体化、文旅一体化、城乡一体化发展。要突出规划的科学性和统一性，坚持新城和老城并举，中心与次中心城区、主城与辅城相结合，拓展昆明的城市发展空间。

要树立正确的政绩观和科学发展观，不唯GDP论英雄，制定合理全面的绩效考核指标体系。克服城市设计弊病，杜绝主观随意性，必须从反对官僚主义和形式主义开始。

规划犹如法规，要依法办事，规划一经批准就具有刚性，就是指导城市建设和发展的法定依据。规划涉及千千万万户居民，一项规划的确定、一项建设的实施往往会影响几代人，因此必须严格依法实施。确需变更“蓝图”的，一定要按法定程序严格进行，维护规划的权威性和严肃性。

规划是龙头，龙头要舞好，龙尾才漂亮。规划是一门既古老又年轻的学问，要补课更要上新课。城市规划要与经济社会发展水平相适应，既要体现现代城市的定位和发展方向，又要传承城市历史与文化，更要注重城市功能的配套设施建设。眼下，就是要改变昆明城市规划建设中的积弊，如城区“摊大饼”、交通拥堵、排水不畅、地下管网老化易损、地上网络纵横蔽空、大开大挖、大拆大建等；长远看，方向只有一个，就是建设最具魅力，最有幸福感、归属感、自豪感和安全感的宜居宜人新都市，努力朝着以美丽家园城市方向规划设计和建设管理，让生活在昆明的人们，切实感受到这是一座春城、花城、阳光之城、幸福之城、快乐之城，满足人的生存发展期待！

（2014年11月19日）

“一带一路”建设需要文化浸润

“一带一路”倡议一经提出，应者云集。报道称，已有近60个国家明确表示支持和积极参与建设。仅仅一年多时间，倡议就变成了实实在在的行动。一系列务实合作，结出了早期的果实。而“一带一路”不光要有经济领域的务实合作，还要深度拓展人文领域的交流，而且人文合作在“一带一路”建设中可为深化合作奠定坚实的民意和情感基础，有利于参与国国实现多元、自主、平衡和可持续发展，为古老的丝绸之路焕发新的勃勃生机插上翅膀。

事实上，丝路通道不仅架起了中国与中亚、西亚、东南亚、南亚、非洲之间的经济之路，还因道路联通、贸易畅通、货币流通、民心相通，搭起了一条文化之路和友谊之路。古老的丝绸之路上，和平合作、开放包容、互学互鉴、互利共赢的丝路文化精神薪火相传，早已成为多国人民友好往来的见证与纽带。丝路沿线各民族互通有无、互融共进，通过文化的交流交融交汇，中国文明从古代丝绸之路走向西方。可以说，通过丝绸之路，中国影响了世界，世界也影响了中国。

如今，“一带一路”建设将打通中国与欧亚大陆的经济新通道，而经济的繁盛，恰恰需要新丝路文化的浸润。因为经济活动通过人来实现，人是文化的主体，任何经济的发展都离不开文化的支撑。经济场上的比拼，实际上是文化自信的竞争。“一带一路”倡议可看作中华文化思想的一种当代体现，因此挖掘好文化资源，打好文化交流牌，提升国际话语权和影响力，必将对新丝路经济发展产生直接的引领作用。将所有人凝聚在一起的黏着剂一定是文化认同，因此也可以说，“一带一路”不仅是一条“经济发展带”，更应该是一条人类文明交融创新的“文化认同带”。“合作共赢，文明互鉴”即是对“一带一路”建设的最新最好诠释。顺利推进“一带一路”倡议，离不开中华文化所蕴含的博大、包容、共存精神。通过文化认同才能更好更快地串联起“一带一路”上一盏盏发展明灯，照亮沿线国家的前进之路。

专家建言，在“一带一路”建设中，要充分挖掘历史文化资源，开掘现代文明对丝绸之路的影响，讲好“一带一路”精彩故事，创作一批有特色的影视及其他文艺作品；与“一带一路”共建国家广泛开展文化交流合作，多形式呈现“一带一路”人文色彩，传播好中华民族的优秀文化，让文化“走出去”。比如，互办文物和商业艺术展览、举办高规格的学术研讨会、开展文化节庆活动，向沿线国家和人民展示和共享当代中国发展成果，使沿线国民了解中国的和平发展愿景与行动计划；加强历史文化资源的开发利用，促进历史文化产品与现代旅游融合发展，与沿线国家和地区联手打造国际精品旅游线路和拳头产品……

“一带一路”倡议吹响了前行号角，昆明要借机推进建设区域性国际中心城市和世界知名旅游城市，无疑需要更加彰显历史文化特色，挖掘历史文化内涵，以文立市，给文化让路。因为历史文化是城市的灵魂，城市的魅力在于特色，特色的基础在于文化。历史上，昆明是古代南方丝绸之路上的重要枢纽，是内地和西南地区通往东南亚、南亚的重要门户，中原文化、少数民族文化与东南亚文化、南亚文化在这里交融。形成了“汇东方与西方、融传统与现代”开放包容的文化气质，为昆明建设区域性国际中心城市和世界知名旅游城市奠定了文化基础。

伴随着大开放的节奏和步伐，昆明有必要以高度的文化自觉和文化自信加强与东南亚、南亚等国家的人文交流及科教合作，不断提升昆明的文化软实力。在加大对“一带一路”历史文化内涵的挖掘力度、包装培育一批具有世界影响力的文化品牌的同时，更要注重融合东南亚、南亚文化元素，打造独特性与包容性兼具的文化环境，在提升城市品位和影响力中使历史文化获得新生，以满足区域性国际中心城市对人口多样性的文化需求；重视和服务于人的全面自由发展，努力把昆明建设成为既有历史文化内涵，又具鲜明时尚色彩，功能设施完善的区域性国际中心城市和世界知名旅游城市。

（2015年5月11日）

借南博旋律奏好“一带一路”乐章

“一带一路”构想的宏伟蓝图已经绘就，顶层设计完成之后，“一带一路”建设就是一项巨大而复杂的系统工程，需要深入推进经贸、产业、能源、人文交流等各领域的务实合作。而南博会为我国与南亚东南亚国家之间的经贸交流搭建了一个良好的合作平台，为云南成为面向南亚东南亚辐射中心搭起了一座重要桥梁，也成为昆明市融入“一带一路”建设的重要抓手。

前两届南博会的成功举办，为昆明积累了不少好的经验，也迎来了发展道路上的新飞跃，南博会成为昆明又一张闪亮的国际名片和对外开放的金字招牌。筹办好第三届南博会，不仅仅是一项政治任务，更为重要的是，作为省会中心城市，昆明要借南博会东风，进一步提升“一带一路”的品牌影响力和中国昆明“国际范”，打好“一带一路”倡议先行牌，助推云南成为对外开放的新高地。

云南在“一带一路”和长江经济带发展战略、孟中印缅经济走廊以及国家周边外交和对外开放格局中的独特地位和作用，为昆明加强区域合作、扩大对外开放提供了千载难逢的机遇。借力南博会，主动融入国家发展战略，当好云南“一带一路”建设支点的先行者，昆明具备了其他地区无可比拟的优势。比如，昆明浓缩了云南的区位优势；昆明正力推航空、铁路、公路、轨道交通等基础设施的交通优势，昆明要建设成为具有一定经济影响力的国际区域性交通通信枢纽城市；昆明将加快建设世界知名旅游城市……可以说，昆明手握区位、交通、产业、开放、文化五张“一带一路”建设好牌。打好这副好牌，既是战略选择，也是现实需求，对推动昆明经济社会的发展将产生积极和深远影响，关键是如何打好这副先行牌、如何旗开得胜。

南亚东南亚是“一带一路”的重要组成部分，多个国家已表示将参加第三届南博会，表明这些国家以实际行动支持“一带一路”建设。而且，一些国家是世界重要新兴经济体，经济发展较快也很有特色，昆明需要进一步加强与南亚东南亚经济体的合作，这些合作与交流都将为昆明融入“一带一路”建设和云南成为面向南亚东南亚辐射中心创造条件。而在“一带一路”建设布局上，昆明可谓重要的节点城市，需借力南博会的东风，不断提高开放型城市建设水平，推进对外开放的广度和深度，当好“一带一路”建设的排头兵和主力军，发挥好战略基地和支点作用，形成融入国内、联通周边、接轨国际的大开放格局。

在新的发展方式和对外开放格局的大背景下，昆明要建设区域性国际中心城市和世界知名旅游城市，试图从偏安一隅谋求国际化城市的跨越，需要清晰定位新的坐标系：一方面需要下大力气打造引商、宜商的营商环境，为昆明深度参与“一带一路”建设奠定重要基础；另一方面，中国与东盟正在打造自由贸易区升级版，从周边国家的资源禀赋、产业特点、发展趋势出发，寻找产业发展的契合点和共振点，通过南博会搭建的合作与交流平台，鼓励有条件的企业“走出去”，进军东南亚、南亚市场，谋求更大发展。

“一带一路”将是高水平开放、高标准改革和高质量发展。专家建言，云南将是“一带一路”建设的主角之一，南博会作为云南承载“辐射中心”定位的一个重要平台，其重要性将更为凸显，昆明应该全面深化改革开放，努力在行政管理体制机制改革、探索试行负面清单管理、金融创新等方面先行先试，在互联互通、人员往来、通关便利化等方面取得实质性进展，着力构建交通联动、产业联动、市场联动的合作机制，让“一带一路”串联起一盏盏发展明灯，照亮区域深化合作之路，率先走出一条跨越式发展的新路子。

（2015年4月22日）

生态文明建设的“三个维度”

党的十八大以后，生态文明建设成为人们热议的话题被广泛关注。我们平常谈论的生态往往局限于自然生态，就自然生态谈自然生态。其实，如今的“生态”不仅指一切生物在一定的自然环境下生存发展的状态，以及它们之间环环相扣的关系，还拓展出多种含义并渗透到各个领域，生态一词涉及的范畴越来越广。生态至少包括自然生态、社会生态和文化生态三个维度，生态具有显著的整体性特征。

为什么这么说呢？首先人是自然的一部分，人与自然具有协调统一性，自然是人类生存的自然，自然是人类保护下的自然，自然是人类生命的依托，自然的消亡必然导致人类生命系统的消亡。我们的祖先担心后人陷入困境要求我们保护自然，保护自己的生存环境，依托自然生存发展；而社会也是自然，因为人是自然的一部分，人与自然是统一的、和谐的、一体性的关系；我们需要重点关注的是人类在大自然和社会自然中如何生存、如何实现价值、如何健全自由发展的问题……这就涉及社会生态、文化生态、生存理论探究。所以，生态文明建设，自然生态是外层，思想文化是内层，社会生态依存于自然生态，社会生态又作用于自然生态。近年来，不少地方环境遭到不同程度的污染，表面看是自然生态失衡的问题，仔细分析是深刻的文化问题和社会问题。因此，要修复自然生态，改善人居环境，需要以整体的生态观为导向来思考问题。这也是长远生存对整个社会提出的问题。

与其他地区相比，昆明的生态建设任务十分繁重。滇池是昆明的母亲湖，滇池治理是昆明未来生存和发展的基础。只有通过自然、社会、文化三个维度结合、三大生态审美交相辉映；从生态意识文明、生态制度文明和生态行为文明三个方面加快推进环境建设；建立生态保护机制，提高民众的文明水准，“治湖先治人”，使地方政府保护环境的意志在滇池治理中真正得到体现，才谈得上“攻坚”生态文明建设。换言之，就是要通过若干年的努力，增强昆明的生态力（即生态系统为民众服务的能力），进一步探寻昆明科学发展、和谐发展、可持续发展的实践路径。

就自然生态而言，自然生态有着自在自为的发展规律。人类社会改变了这种规律，把自然生态纳入到人类可改造的范围之内，这就形成了文明。栽树种草、绿化美化、保持水土、治理河湖、建造湿地、节能减排……都是在努力维护良好的自然生态。自然生态维护需要一种理念，也需要一种责任——社会责任与个人责任的相互融合。社会责任要具体落实到政府部门，个人责任则要使每个社会公民增强生态文明意识，遵从生态规律，形成自觉行动，从身边的小事做起，从点滴节能做起。提倡“有限福祉”的生活方式和消费方式。这种生活方式，是对未来人负责的自律意识，是对人与自然和谐发展、永续发展、友好发展的约束和规范。

再说社会生态。社会生态是人类生存与发展所依赖的外部环境，包括自然环境和社会环境。社会是自然进化的产物，社会本身也是自然的一部分。人与自然要和谐相处，善待自然，自然才会慷慨地反哺人类。因为人是自然的一部分，某种程度上，人与自然互相依赖、互相制约、共生共存。江河湖泊被污染，环境被破坏，谁之过？毫无疑问是人——是人的社会行为使然。人的“本质力量”惹恼了自然，自然就无情地报复和惩罚人类。因此要维护好生态、治理好环境，先要增强“社会面上”的生态意识。同时，人是生态建设的主体，只有通过人类社会的进化，才能推动生态文明水准向更高层次迈进。生态文明是人类社会文明的高级形态。

最后谈文化生态。文化生态是现代社会中的一个新概念。文化生态具有不可再生性。人与自然和谐发展，就是要在发展中保护，在保护中发展，又好又快发展。保护好文化生态不被污染，才是更高层次的发展。发展是集社会、科技、经济、文化、环境等多项因素于一体的完整现象。环境污染严重，归根结底是人的文化生态意识一段时期处于沉睡状态使然。在“生态危机”严重威胁着人类生存与发展的今天，是对粗放发展模式亮起红灯的一种反思。生态文明也可以理解为可持续发展循环的文明，人的文明程度提高了，生活方式转变了，生活观念健康了，综合素养提升了，深层次的审美意识被唤醒了，即人的文化解放了，人才会自觉、积极、主动地投入到爱护环境、保护自然的行动中来。因此，生态文明思想的核心要素是思维方式与价值观念的生态化。

人又是社会的人，良好的生态环境是全人类的共同追求。人类数千年的生存经验、集体记忆，形成了社会的行为规范。人类必须遵循人与自然、人与人、人与社会和谐共生、良性循环、全面发展、永续繁荣为基本宗旨的文化伦理形态；突出科学主体精神，树立符合自然生态法则的文化价值需求；从物质生产层面、社会制度层面、思想观念层面把发展与生态保护紧密联系起来，在保护生态环境的前提下发展，在发展的基础上改善生态环境，实现人类与自然的协调发展，使自己的生活空间变得更加美满和谐，更富勃勃生机，为子孙后代留下天蓝、地绿、水清的生产生活环境。

（2014年12月7日）

借缔约方大会提升昆明“国际范儿”

2020年，对昆明而言是具有非凡意义的一年——联合国生物多样性大会和国际友城大会将在昆明举办，这为向全世界展示昆明形象、扩大国际影响力带来了难得机遇。日前，《生物多样性公约》秘书处代理执行秘书伊丽莎白·穆雷玛在云南与新闻媒体见面时表示，大会的举办对云南省和昆明市来说是一次绝佳的机会，希望昆明市作为新一届大会主办地，抓住机遇，让昆明这个名字被世人所铭记。

如何以举办国际盛会为契机，进一步提升市容环境，展现城市魅力，是全市上下需要群策群力、共同做好的一件大事。而首要的是提高政治站位，充分认识办盛会的重大意义。筹备好生物多样性大会，事关国家形象，体现大国担当。在昆明举办，是中央交给云南省的一项重大政治任务，对展示云南省生态环境保护工作成效、推进中国最美丽省份建设、争当生态文明建设排头兵等将发挥重要作用，也是让云南走向世界、让世界了解云南的一次十分难得的机遇。

生物多样性大会规模大、层次高，时间紧、任务重，需要进一步增强做好筹备工作的责任感、紧迫感，举全市之力高标准、高质量、高水平做好筹备工作，确保办成一届具有中国气派、云南特色、春城风貌、惊艳世界的国际盛会。只有周密部署、精心组织，细化责任分工、明确任务时限，强化统筹协调，定期开展调度，才能确保各项筹备工作按照“时间表”有序推进。

全力以赴做好筹备工作，要细化、美化、净化、绿化、亮化、治乱、治污、治差、治堵等专项行动方案，坚持国际化、规范化、精细化标准，从城市交通、广告路牌等细节入手，扮靓“城市客厅”，给全世界留下深刻印象和美好记忆。具体说来，就是要在提升城市品质上下功夫，着力解决市容和生活环境“脏乱差”等突出问题，实现“环境净化、交通顺畅、生态优美、舒适宜居、安宁和谐”的城市管理目标；要在提升景观颜值上下功夫，改造提升一批重点街道绿化美化景观，提高街巷、公园、广场等公共空间绿化美化品质，提升“世界春城花都”美誉度；要在营造浓厚氛围上下功夫，切实当好东道主，做好盛会知识的视频图片和公益广告宣传，营造昆明传统文化氛围，把昆明人热情好客的氛围多层次、多角度地呈现在世人面前。

筹备好生物多样性大会是“头号工程”。务必站在旗帜鲜明讲政治、全面展示我国生态文明建设成就的高度，严格落实承办职责，精心做好各项工作，并切实用好盛会平台，充分展现云南生物多样性保护、脱贫攻坚乃至经济社会发展的历史性成就，让世界感知云南、感知中国发生的翻天覆地变化。对昆明市而言，正如伊丽莎白·穆雷玛所说，希望昆明抓住机遇，全面展示本地居民的文化多样性，展示传统文化和传统资源互利共享成果，让昆明被世人铭记，让国际社会认识到2020年的确是生物多样性的超级年。

（2020年2月17日）

“抢人大战”：实现城市理想的一招好棋

一座城市人口的多少，体现这座城市的生机与活力；人口流入情况，也能代表一座城市的吸引力——人多人气旺，人口与经济是相辅相成的关系，有人进来才有发展。如果冷冷清清，用专业术语说，叫作“人口净流出”。长此以往，那么这座城市的发展可能要打上一个“?”。

人从何处而来，一靠城市吸引力，二靠“引人”政策。日前，昆明放出大招，全日制大专及以上学历和留学归国人员到昆明就业创业，可先落户口再择业。至于全日制硕士、博士或副高以上职称来昆工作的，可“零门槛”落户。不愿将户口迁入昆明的，可办理居住证，享受本地居民同等待遇。

除此之外，本科、硕士、博士生还可领到2000～5000元不等的住房补贴。可以说，政策够“吸睛”、举措够诱人。昆明之所以下大力气甚至通过“真金白银”的补贴来吸引人才，一方面是加大对高校毕业生就业创业政策扶持力度；另一方面，也是为了高质量发展，毕竟人才是第一资源，发展需要人才支撑。

更为重要的，是参与外部人才竞争、提升昆明国际范的现实需要。要在激烈的人才争夺中占有一席之地，必须以更大的决心、更有力的举措吸引和留住人才。抛出橄榄枝，花大力气补短板，就是为了“投资未来”。近年来，形式多样的“抢人大战”层出不穷，直接拉动了当地经济社会发展。比如，2017年，武汉提出“五年内留住百万大学生计划”等人才政策，吸引了不少大学毕业生“投身”武汉。

昆明正在推进区域性国际中心城市建设，而要按照“时间表”逐步实现“国际昆明”的宏伟目标，首要条件之一就是吸引和留住大量优质人力资源来昆明工作生活，逐步扩大全市人口规模，打造二次人口红利和活跃的消费市场。从宏观角度看，“新居民”的到来，对消费品市场、服务业市场等将起到一定拉动作用，直接刺激经济增长。新引进人才创造的价值和产生的消费，对于昆明财政增长也会起到积极作用。

作为建设中的区域性国际中心城市，目前全国有9个人口超过1000万的中心城市，昆明现有常住人口约685万，而且常住人口平均年龄约为45.2岁，全市主要劳动年龄人口中受过大专以上高等教育的比例仅为28.5%，远低于成都、武汉等省会城市。虽然在西南城市群中，昆明在人才吸引上具有一定的优势，但如果“坐等人才上门”，将会失去争夺人力资源红利的大好时机。

只有尽快引进一批受过高等教育的年轻劳动力，优化全市人口年龄结构、知识结构，才能有效延缓人口老龄化进程，提高人力资源质量，为昆明的可持续健康发展注入内生动力。人力资源与生俱来的创新性、创造性是带来更多可能并支持区域经济长期可持续发展的重要支撑。因此，昆明“加码”争夺人才，无疑是推进区域性国际中心城市建设的战略举措，是实现城市理想的一招好棋。

（2020年4月19日）

“美颜大炮”：作业能否“美”些？

城市管理一旦出问题，往往是缺乏统筹、各吹各打造成的。就说下雨天洒水这样的奇葩事，就很典型。迄今为止，这一现象仍没有“绝迹”，此前媒体的报道有图有真相！更为奇怪的是，一条路如果分作上中下三段，常常可见只有某一段喷洒，其他路段悄无声息。有人说这是长期以来“铁路警察，各管一段”形成的管理弊端。

自从昆明引进“高射炮”洒水车以来，媒体曾多次报道“美颜大炮”在主城区频繁喷水扰民的新闻。雾炮车乱“放炮”，成为“攻击”对象。市民在网上怨声载道，吐槽声不断，而环卫部门不厌其烦地回应和解释。

客观而言，引进先进设备，对区域内降尘应该是有效的，可为守护“昆明蓝”做点事。按常规，为避开交通高峰期，道路清洁时间一般安排夜班和早班作业。不管早班还是夜班作业，如果操作不规范，路面湿滑、噪音扰民就成为必然。

如果只是一时的路面湿滑或噪音扰民，相信市民也能理解体谅。问题是，不分昼夜地任性作业，就多少让人有些困惑了，至少说明对人的关怀不够！让人百思不得其解的是，明明是阴雨天或正下着不小的雨，雾炮车还不知疲倦地在布满积水的道路上，一遍又一遍地“冒雨作业”。反复来回地喷洒，浪费水资源和人力物力不说，关键是有没有这个必要？

市民之所以多次吐槽，因为这样的情况并不止一次两次。“见不得”这种做法的人干脆致电市长热线，而得到的回复是：近期昆明市大气污染防治工作任务较重，许多辖区加大了洒水降尘工作力度，但未能注意规范作业、文明作业。

答复可谓简洁明了！但如何做到规范作业、文明作业恐怕就不是一件简单的事情。规范作业、文明作业既是一个专业化、科学化的问题，也是一个管理方法手段及职业素养的问题。好在，有问题并不可怕，以问题为导向，往往不难发现问题背后的问题。一位网友直言：一边下雨，一边喷水，都是绩效惹的祸！你想想，工作是不是有个任务量，如果每月每天喷不足次数，或者不按合同洒水，不影响绩效吗？

这位网友的“直言”有些难听，也没拿出依据。但如果所言有点道理，那就该立行立改，破除一些机械的、教条的、不合具体情况的管理制度。退一步说，如果不找到问题的根源，又如何做到规范作业、文明喷洒？

城市管理出现问题，不能一概而论，必须弄清楚其中关节。市民是城市的主人，虚心听取市民的建议和意见，正是改进工作、提高工作质量的有效手段，也是确立以人民为中心的工作导向。只要把群众的“真话”当一回事，跳出惯性思维，城市管理难题就不难破解。

（2018年9月2日）

“车让人”固守的是文明底线

斑马线是最能体现城市文明程度的地方。在加拿大等一些汽车文明程度较高的国家，如果车不让人，即是违法行为，司机将会受到很严重的处罚；而且行人通过十字路口时可以享有优先权，只要按动路口的“优先开关”，转换指示灯，任何车辆都必须无条件停车，等行人通过后再走。

而在国内一些城市，斑马线上车不让人、车不让车、人车相抢、行人集体闯红灯等不文明行为几乎每天都在上演。远的不说，2016年1月至2017年5月31日，近一年半时间，昆明涉及人行横道未按规定让行发生的交通事故就达77起，造成23人死亡，71人受伤。23条鲜活生命在“你争我抢”中戛然消逝，十分惨痛！

因此，斑马线是文明礼让的底线，突破底线，可想而知，还有多少生命要失去？还有多少健全人要致残？还有多少家庭要受到伤害？作为文明社会的公民，真该管住自己的任性！当然，对听不进“呼唤”的人只能依靠法规强制规范。为此，昆明市开展“礼让斑马线行动”，自7月21日起，对机动车过斑马线未减速行驶、遇行人通过未停车让行等行为，将祭出“罚款+记分”重拳。

处罚不是目的，只是手段而已。维护交通安全，确实需要强硬执法，但很多时候，需要“另一只手”来帮忙，那就是公共意识的培养。靠公民守住内心不能逾越的底线，通过高度自律，把规则意识镌刻进脑海里，自觉约束自身行为。公共意识的培养靠教育和倡导，而作为教育最直接的一方，驾校承担着重要的社会责任。应把车让人的理念灌输到每位学员的头脑中，把车让人作为开车上路的第一课，强化生命意识、安全意识，潜移默化，久久为功，才可望从根子上有所改观。

车让人是一个基本的交规常识。虽然车有车的路权，人有人的通道，但碰到十字路口，斑马线就是路口的红绿灯。而且不管任何时候，车与人相比，人是弱势一方。更何况车是人驾驶的，是人控制车，而不是车掌控人。从这个意义上说，车让人是天经地义的事情，“车不让人”“车吓唬人”“车与人争抢”都是不文明行为，都应该受到“道”与“德”的谴责。

从另一方面看，行人过斑马线虽然享有优先路权，但不意味着不受任何法律法规约束。行人随意横穿马路、翻越交通设施、闯红灯、抢黄灯等行为是违法行为，也是不文明行为，也是将自己置于危险境地的行为。因此行人乱穿马路、我行我素、漠视法律也将受到处罚和谴责。

开展礼让行动，很多人寄希望于通过严管重罚，罚出一片新天地。实际上，行动的价值更多在于倡导教育层面。通过倡导车让人，强化尊重规则、尊重他人、尊重生命的意识，对积习已久的交通陋习产生一定的矫正和降解作用，逐步养成礼让行人的文明自觉。昆明正在创建全国文明城市，创建的过程本身就是文明意识提高的过程。斑马线上相互礼让，才能让出文明新风尚。“礼让昆明”才谈得上“文明昆明”！

（2017年7月14日）

伸出手，帮帮“盲”

在国际盲人节和国际残疾人日，昆明同其他地方一样，也会开展丰富多彩的爱心助残宣传活动。宣传倡导固然重要，但更重要的是长期坚持为残疾人做一些好事实事。从政府层面讲，增加助残补贴、关爱残疾人的心理健康、鼓励企业接纳残疾人就业、科学合理建设盲道等等，都是需要下功夫做好的事情。从个人来讲，伸出手，搀盲人过街、拉残疾人上下公交车、帮盲人下台阶等等，都是力所能及的事。

伸出手，帮帮“盲”，折射的是一座城市的文明水准和城市温度。尽管近年来各地在助残方面做了一些实事，但离残疾人过上更好生活的愿景还有一定差距。就拿盲道建设来说，一些街路不是没有盲道，就是盲道设计不科学不合理。一些盲道被占用的情况非常普遍，流动摊贩随意摆摊设点不说，一些沿街小商铺直接把桌子、凳子搬上盲道。

另外，一些新建道路和公园周边，盲道形同虚设，基本发挥不了作用。有些盲道七弯八拐，让视障人士很难“探”到路；有些盲道本来可以修成“捷径”，却让盲人兜圈子，盲道不仅帮不上忙，反而帮倒忙，你说急不急人？

没有盲道或盲道被占，安全上路无保证，一些视障人士不敢出门、不愿出门，整天闷在家里，春日的花香感受不到，冬日的阳光享受不了，何谈高质量的生活？一位按摩师坦言，因为路况太复杂，自己不敢轻易出门，单独出行等于拿生命开玩笑。请人帮忙吧，还是少麻烦别人——坦言的背后是无奈！

如果有社区人员或志愿者伸出手，哪怕抽出一天时间，去帮帮“盲”，众多视障人士的愿望不就可以实现了？如何让视障人士走进“光明”的世界，需要社会各界主动伸出手，“做盲友的眼睛”。除改善提升硬件设施、让盲人回归盲道外，还要利用科技手段，比如在公交车站安装语音提示、在红绿灯路口安装智能软件等。

盲人群体普遍自感处于社会边缘，内心有很多痛楚和无奈，但对美好生活的向往人人一样。全社会应共同努力，有意识地帮他们一下，拉他们一把，更加理解和包容那些身体残疾却依然坚强美丽的生命，努力让他们有尊严地出行，让更多残疾人回归社会，共同创造同一片蓝天下的美好人间。

（2018年12月19日）

城市体检：为“城市病”开药方

以往，逢雨必淹、大雨“看海”，成为一些城市见怪不怪的事情；今年，突发的强降雨似乎有些“残酷”，让不少城市猝不及防，有的被淹得很惨。由此引发出一个话题：能不能给诸如城市内涝这样的“城市病”开个药方，给“城市病”做做大手术；实在不能做的，就对症下药，作长期的精细化治疗，让城市一天天健康起来，让生活在城市的人们更有安全感和幸福感。

给“城市病”开药方，就要对城市进行全方位体检。城市体检是统筹城市规划建设管理、推动城市开发建设方式转型的重要抓手。经过几年试点，我国已基本建立城市体检评估机制，建立了八方面65项指标组成的体检指标体系，内容具体为空气质量优良天数、公园绿地服务半径覆盖率、社区便民服务设施覆盖率、城市常住人口平均单程通勤时间、城市历史文化街区保存完整率等等。

城市体检除自己体检外，还有第三方体检和社会满意度调查，三方结合才能把“病症”摸清看准。公开报道显示，2020年的城市体检结果表明，体检的样本城市普遍存在中心区人口过密、地下市政基础设施底数不清、避难场地建设不足、城市防洪和排水防涝体系衔接不够等风险隐患，韧性城市建设水平有待提高。

这些“城市病”与人民群众日益增长的美好生活需要有着较大差距，也是各地在未来一段时期或者说“十四五”应该着力补好的短板。从长远来看，“城市病”需要通过综合施治，解决短板和矛盾，做到“防未病、治已病”，痛下决心解决好城市规划建设管理中的诸多问题，着力提升城市品质，才能逐步满足人民群众美好生活需要，实现城市理想和城市价值再造。

昆明要建成区域性国际中心城市，不是一蹴而就的事情。把宏伟蓝图变为现实，应有相应的“国际指标”，而人口数量又是一个“硬指标”。为此，云南省委、省政府给昆明设定了目标，那就是到2025年常住人口达到1000万左右，城市形象品质明显提升。到2035年，辐射带动力显著增强，城市宜居宜业宜游，建成区域性国际中心城市。

可以预见，随着城市人口的增加，交通拥堵、环境污染、配套设施缺乏等问题可能进一步暴露。因此必须给城市进行全方位体检，发现病灶、诊断病因、开出药方，大手笔改造建设城市，精心细致管理城市，把城市建设得更加美丽宜居，吸引更多的人来昆明工作、学习、创业、发展。

（2021年8月22日）

力建海绵城市　告别“逢雨必淹”

城市建设是一个生态系统，也是一个立体循环体系，建设过程中，应该地上地下同规划、同建设；如果“重地表、轻地下”，“重面子、轻里子”，每逢自然灾害，“城市病”就十分突出——“城市看海”成为尴尬现实。近日，不少地区连降暴雨，多个城市又在上演“水上漂”。内涝固然有防汛排涝工作存在短板问题，但“罪魁祸首”还是城市“不吸水”，水没有“去处”，城市基础设施在大雨面前不堪一击，地下管廊建设要补的“欠账”太多。

一夜暴雨，一些地段被淹，道路近乎瘫痪……这样的情况或多或少都会留在昆明人的记忆中。据统计，2012年有184座城市发生内涝，2013年234座城市内涝，2014年125座城市内涝，平均每年百座城市内涝。一方面防涝工作绷紧神经；另一方面城市中的“里子短板”未得到根本改善。多地为了防止在洪灾面前“失守”，开展了一次次的应急演练，多部门随时处于“战备状态”，但城市的基础设施“硬伤”依然摆在那里，面对大自然毫不留情的“极端天气”，显得多么的无能为力！

150多年前，法国文学家雨果坦言：下水道是“城市的良心”。在城市建设日新月异、高楼大厦如雨后春笋般拔地而起，一派光鲜亮丽、车水马龙繁华景象的今天，这句名言凸显了极强的现实意义。如果城市建设管理者不能从教训中提高认识，更新城市规划建设理念，加强城市管廊“生命线”建设，就很难真正实现未雨绸缪，防患于未然。换句话说，要真正筑好安全屏障，确保人民群众生命财产安然无恙，摆在眼下的事情就是依靠建设“海绵城市”，切实增强抵御和应对内涝灾害的能力，同时让城市水生态文明回归自然。

海绵城市其实是一个比喻，意思很明确，就是指城市能像海绵一样有“弹性”，遇到降雨时能够就地或者就近吸收、蓄藏、渗透、净化雨水，补充地下水，调节水循环；在干旱缺水时有条件地将蓄藏的水释放出来，并加以利用，从而让水在城市中的迁移活动更加“自然”。雨水通过“海绵体”（河、湖、池塘、绿地、花园、可渗透路面等）“自由行”，可提高城市排水系统标准，缓减城市内涝压力。

建设海绵城市，昆明先人一步。昆明市从2009年开始就以低影响开发建设理念为指导，开展城市雨水资源利用，先后出台了雨水收集利用规定、雨水和污水资源化利用方案，并且在国内第一个以政府文件的形式出台了城市雨水收集利用“硬规”等，这些举措都为昆明建设海绵城市打下了坚实基础。日前又出台海绵城市建设工作方案，并将“海绵指标”纳入新建项目前置条件。目标是到2020年，20%以上建成区达到海绵城市标准；到2030年，80%以上建成区达到海绵城市标准。可见政府的决心、力度、运筹前所未有！

昆明是一个资源型缺水、水质型缺水、工程型缺水和结构性缺水“四缺并存”的地区，年人均水资源占有量不足300立方米，被列为全国水资源严重短缺的城市之一。一方面是缺水容易干旱，另一方面是汛期不时发生内涝，且大量雨水白白流走，十分可惜！强大的反差，使得海绵城市建设对于昆明来说，比其他城市更为迫切。作为城市管理者，把地下建设放到公共决策、资金投向、民生重大事项的优先位置，无疑是打基础利长远的好事。

当然，海绵城市建设是一项复杂的、长期性的市政工程，告别“逢雨即涝、雨后即旱”任务十分艰巨。当前和今后一段时间，需要转变建设理念和方式，明确生态优先、安全为重、统筹建设的原则，不能“就水论水”。各部门要齐心协力、同抓共管，在城市开发建设的各个环节贯彻落实低影响开发理念，为从源头缓解城市内涝、削减城市径流污染负荷、节约水资源、保护和改善城市生态环境等提供重要保障。

人们期待，今后的昆明城，能够像海绵一样，遇雨吸水蓄水，需要时“释放”利用，“逢雨必涝，雨停即旱”的状况一去不复返。

（2016年6月13日）

老旧小区圆“电梯梦”需迈几道坎

近年来，老旧小区加装电梯的呼声越来越高，因为这关乎老百姓的切身利益，也是不少群众的现实需求，抑或是对过上更加美好生活的一种向往。上海、南京、北京、厦门、广州等城市纷纷出台政策，有效地提速了加装电梯的进程。但总体来看，大多数地方呼声高、行动慢，往往停留在“说说而已”的层面，“只听楼梯响，不见人下来”。从另外一个角度分析，说明这当中涉及的问题并不简单。

尽管有些地方加装电梯的步伐迈得快，“增梯”数量令人兴奋，但工作中都会遇到这样那样的问题，几乎不同程度地在艰难中一步一步向前推进。从已经加装电梯的地方和无法加装的小区反馈的信息来看，普遍认为，加装电梯说来容易做起来难，其中有很多“卡壳”环节。要架起“幸福之梯”至少要迈三道坎。

资金坎。加装电梯最头疼的就是资金问题，也是一只“拦路虎”。若能踢开这只“虎”，很多事情就迎刃而解。加装一部电梯的普遍报价在40万至60万元，而不少老旧小区的住户往往是不愿离开老房子的老年人、企业退休人员、中低收入人群、暂时过渡的租客，一次性支出数万元，压力不小。尽管多地出台政策“红利”，给予财政补贴，有的甚至高达50%，但居民仍需承担“大头”。此外，加装一部电梯，后期的维护保养费也是一笔不小的开支。

审批坎。加装电梯涉及住建、规划、国土、质监、消防、城管等部门，不少城市尚未出台加装电梯的规范性文件，一些小区居民和物业公司只好到处跑，非常折腾。如果私下安装，就有可能被监管部门责令拆除或暂停使用。因此，出台加装电梯政策成为当务之急。核心是政策要配套，统筹考虑技术标准、财政补贴额度、畅通审批通道、降低公共服务收费标准等。令人欣喜的是，此前云南省已颁布加装电梯指导意见。业内人士表示，指导方案具有很强的操作性。

民意坎。加装电梯需经楼道2/3以上的业主同意才能施工。然而实际操作中，只要有一户反对，就会导致加装搁浅。有些一二楼的居民虽然不用分摊电梯费，但因担心采光、通风、照明、噪音等影响，坚决反对。做不通工作，无疑会放缓加装进程，甚至“胎死腹中”。而有些一二楼居民担心加装电梯后，楼层越高房子反而越值钱，不管是租还是售，高层都比一二楼受青睐。不同楼层的业主往往诉求不同，如果意见分歧大，包括建设资金分摊等，就很难达成一致意愿。

因此，加装电梯还得政府“唱主角”，相关部门有效组织。一部小小电梯，考验着政府的智慧。加装电梯的头等大事是钱从哪儿来，前提条件是多数业主同意。多地对加装电梯给予财政补贴，还可鼓励社会资本进入，允许使用养老金、专项维修金、房屋维修金等。北京、南京等地正在探索业主自愿、企业出资、免费安装、有偿使用的“电梯租赁”模式，昆明也有老旧小区加装电梯的成功范例。不少人迫切希望，结合本地实际，借鉴成功做法，把这项便民实事持续做好，早日让群众享受到“上上下下的便利”。

（2018年10月6日）

桥，真的不能承受之“重”！

任何事物都不能超过极限，否则就有可能出问题。公路、桥梁、隧道也一样，都有承重问题，超过极限，带来的将是不可挽回的损失。10月10日发生在江苏无锡的高架桥垮塌事故，就是一个活生生的例子。

事故之殇让人非常痛心，痛定思痛之后，其他城市亟需做的两件事就是：全面排查道路桥梁安全隐患，全面查处超载超限车辆。目前，不少地方已积极行动起来，加大这两方面的工作力度。

从记者采访报道得知，近期，相关部门对昆明市区的小菜园立交桥、虹桥立交桥、朱家村立交桥、黄土坡立交桥等重要的立交桥都进行了监测。从监测情况看，桥梁环境较好，没有发现大问题。此前，相关部门还在阳宗、草甸、宜良、嵩明、马郎、羊街、团结、海口、河尾村、海丰10个收费站入口，设立治超卡点，对严重超限超载车辆尤其是“百吨王”货车进行重点整治。

按照惯例，一个地方“出事”之后，其他地方总会“以此为鉴”，火速行动起来。客观上讲，这是好事——别人感冒，自己吃药！但从根本上讲，这多少有点“应景”的感觉，抑或是常态长效机制缺失的表现。防重于治、防患于未然，如果把监管功夫下在平时，往往就不需要采取“事后补救”措施，也没有必要轰轰烈烈地开展大检查，甚至把出动多少人力物力作为“亮点”来宣传。

路桥都有使用寿命和老化过程，定期检测、维护保养是必要之举。通过监测和检查，双管齐下，路桥安全才有保障。去年昆明南二环适时“大修”，无锡桥塌事件发生后，有市民认为昆明有“先见之明”，而且在维修过程中，把对市民和州市车辆可能带来的影响降到了最低程度，得到市民群众和州市驾驶员的支持和理解。他们为昆明市的做法大大“点赞”。

由此，让人联想到，让人民群众有更多的获得感、幸福感、安全感，是政府努力的方向。增强“三感”尤其是安全感是具体的、实在的，来不得半点含糊，要融入到每一天的工作中。对路桥隧而言，日常的养护管理工作十分重要。如果增强常态化的风险跟踪管理意识，充分利用高科技手段，不定期检查，开展应急演练，就不会总是在“出事”之后花一大堆时间来反思、检讨、整改、处罚、追责等等。

（2019年10月29日）

莫让“垃圾围村”困扰乡村振兴

“垃圾靠风刮，污水靠蒸发；晴天一身灰，雨天一身泥”，这是以前乡村留给城里人的印象。实际上，现在不少乡村已经旧貌换新颜，干净卫生整洁，与城市相比并不逊色。但总体上而言，农村人居环境改善还有很长的路要走，还有很多难题待破解。

春节期间，正值广大乡村欢庆节日的时候，但在一些乡村，燃放烟花爆竹留下的垃圾在村里堆起厚厚一层，很多天无人清理，也不愿清理，更无钱清理。一位上点年纪的人介绍说，早年间大多数农家把垃圾集中起来沤成肥料，现在不少家庭的主要劳动力纷纷外出打工，有的连土地都“懒得”种了，让地彻底撂荒，垃圾没了“去处”，这种现象普遍得很。

在滇东北某小镇上，由于过节期间没有保洁人员，街面上垃圾成堆，在大风的吹拂下，塑料袋、树叶、甘蔗渣、废纸屑漫天飞舞，走在街上让人睁不开眼睛，几乎令人窒息。田野上，放眼望去，残碎地膜随处可见，不是黑的，就是白的，村庄被“非黑即白”的垃圾包围着。“垃圾围村”成了烦心事，“室内现代化、室外脏乱差”成了新的“乡愁”！

这个小镇的另类“风景”是不少村镇的一个缩影，媒体的报道似乎也发挥不了立竿见影的功效。这不禁让人感慨：这样的人居环境，乡村何时才能振兴？乡村振兴这篇大文章如何写就？农业强、农村美、农民富的美好愿望何时才能实现？

因此，乡村振兴路上亟待破解垃圾“挡道”难题，推进农村人居环境整治。而环境卫生问题最突出的就是垃圾处理、面源污染、厕所革命、农药施用等。只有下决心补齐基础设施短板，完善乡村生活污水处理设施，全面落实村庄保洁制度，确保垃圾处理设施、保洁人员、管理制度“三到位”，才能让良好人居环境成为乡村振兴支撑点。

“强、美、富”的发展蓝图为乡村振兴指明了发展方向。打造生态宜居的美丽家园，需要统筹谋划，科学推进，制度安排，在政策、资金、规划、措施、法规方面通盘考虑。当然，把乡村建设成望得见山、看得见水、记得住乡愁的升级版农村，成为生态文明大系统中的坚强屏障，并不是要倡导像城市一样，在每个村建个大广场、大公园、大图书馆等等，这不接地气，也不符合乡村特色。但农村生活设施改善、人居环境整治，已到了需要先行“突围”的时候了。

回到如何突破“垃圾围村”困局上，浙江等一些地方已进行了成功探索，提供了很多可复制的经验，成为全国学习的典范。比如整村道路硬化、生活污水截污纳管、城乡保洁一体化，形成清扫、收运、处理的完整链条；不少农民还吃上了“生态饭”，生活与城里一样舒心惬意。

良好的生态环境是最普惠的民生福祉。环境优美了、农村颜值高了、生活方便了，发展乡村旅游、休闲农业或其他产业，就有了先决条件。哪怕搞个民宿或农家乐，外地游客才乐意来，各路人才才愿意来，甚至外出打工的本地人也才愿意返乡创业。一定程度上畅通了智力、技术、管理下乡通道，乡村振兴才有“主力军”，农村才会焕发出生机活力。

（2018年6月5日）

体育100分，“第一棒”要跑好！

去年12月30日，云南发布一项新政：体育不再是“副科”，将中考体育成绩上调至100分，这一改革从2020年秋季学期入学的七年级学生开始实施。重磅政策一出，立即上了热搜，引起各方关注。

10月16日，这项改革举措受到教育部点名表扬，将在全国推广云南经验！之所以新政受到“追捧”，源于重视德智体美劳全面发展的口号喊了多年，真正落实好像总觉得差那么一口气，而云南成为第一个“吃螃蟹”的边疆民族省份。

在朋友圈，这项改革几乎被中小学生家长刷爆。热议的一个焦点在于，大多数家长赞同这项改革，认为政策的出发点是好的，目的在于提高孩子的综合素质。体育本身也是教育的一部分，有了强健的体魄，才能保证有充沛的精力投入学习，身体好了什么都好，没有好的体质，一切都是零！

另一个焦点是质疑，认为提高学生的身体素质是否一定要通过考试？分值的提高，会不会导致初衷与结果相悖、让体育又沦为应试教育？在应试教育的背景下，会不会增加学生和家长的负担？诚然，把体育分值提高，与“语数外”齐平，那么各种体育中考培训机构就会“应运而生”，针对学生补短板“开小灶”的就会多起来，学生和家长就极有可能把大把的力气花在“挣分”上，而非发展体育兴趣与体育技能上。这就偏离了改革的轨道，失去了改革的应有之义。

不过，任何一项政策的出台，某种程度上都是“摸着石头过河”，都有个多方论证不断完善调整的过程，都需要时间来检验，都有个适应和承受的过程。而摆在我们面前的一个严峻现实是，目前我国“小眼镜”人数已超过1亿人，青少年的体质健康已亮起红灯。

从长远看，这是一次“倒逼”式改革，一定程度上通过考试和体育挂钩，减轻学生过重课业负担，促使学校开齐开足体育课，让体育课不再被随意挤占；加大体育考试的权重，促进学生体质健康——很显然，要从根本上减少“小胖墩”“小眼镜”“小屏奴”的数量，需要有相应的运动强度和负荷来保证。

归根结底，改革的出发点和落脚点就只有一个：让孩子们拥有健康的体魄。当然，既然是考试，而且是一种相对特殊的考试，科学合理考核和严格把关显得十分重要。家长们最希望的是，体育考试能遵从体育学科规律、考虑个体差异、完善考核机制、在堵住人为操作空间等方面拿出举措，确保考试公开公平公正。

（2020年10月28日）

找人“代写作业”折射出什么？

做作业是巩固学习成效、保证教学质量的手段之一。学生做作业天经地义，可有的学生偏偏偷懒不做作业或不按时交作业，老师和家长都很无奈！不做作业和上网找人“代写作业”，表面看是一个诚信问题，实际上折射的是素质教育、监管辅导以及作业质与量的问题……

春节刚过没几天就迎来开学时间，学生小欣突然发现寒假作业还未摸过。情急之下，小欣想到一个“妙招”，上网找人“代劳”一下，“私人定制”，又快又省事。至于费用嘛，春节得到不少压岁钱，拿出点来“开支”一下就完事了。

上网找人“代写作业”不是小欣的“发明”，也不是什么新鲜事，前几年媒体就有过报道，中外都有。只是“代写作业”近年来不但没有销声匿迹，反而有愈演愈烈之势，已形成完整的产业链，令很多家长和老师深感忧虑！

学生找人“代写作业”表面看是学生的问题，从另一个层面看，还有家长和老师的问题。如果家长放任自流、听之任之，未尽到做家长的起码责任，孩子找人“代写作业”就没有什么值得奇怪的了。尤其是假期作业，如果家长不督促按时按量完成，难道要请老师上门来“辅导”？当然，如果条件允许，专门找人来“一对一”辅导，也不是不可以。

问题是，大多数家长请不起或不愿请老师来辅导。明摆着，一是增加开支，二是没有必要。作业是学生的事，就该学生自己完成，如果连老师布置的假期作业都懒得完成，怎么谈得上学习成绩的提高？又何谈吃苦耐劳精神、自主自律意识的培养？

学生懒得做假期作业，还有个科学合理布置作业的问题。如果布置大量同类型的或机械性的抄写，或者无需个人主观能动性参与和个性化观点表达的作业，简单地布置一大堆，试图用作业拴住一颗颗“马放南山”的心。这样的安排就没有多少意义和价值，学生找人“代写作业”也就不足为奇了。

教育学上讲教与学的“双边关系”，假期作业的布置也考验着老师的安排和家长的耐心。如果老师布置量少而精或一些创新性的作业，如果家长多操心一下孩子的作业，多留意一下作业的进度，让孩子养成自己的事自己做、按时完成学习任务的习惯，各大网站和社交平台上“代写作业”“作业帮”的业务可能会关门歇业。有需求才有市场，没有“供需”两个市场存在，谁还愿意谈论“代写作业”这个不值一提的话题！

（2019年3月3日）

“碎片化阅读”：如何释放阅读力量

信息化飞速发展的今天，仍有很多人坚持读纸质书，坚决不读电子书。他们认为，纸质书有质感，有书香味，能翻来覆去细细品味，还可做些标注和感悟，更有体验感和获得感，读纸质书才算“读书”；读电子书是时髦、是扫描、是浏览、是欣赏，是消遣性阅读，是“悦读”而不是阅读，对提高文化素养和鉴赏水平没有太多的好处，因此一概不读电子书。

刚刚过去的“世界读书日”，一个老话题又被人们翻出来议论：读纸质书好还是读电子书好？由此衍生出来的一个话题是：“碎片化阅读”“快餐式阅读”会不会影响到阅读“营养”的吸收？

一个公认的看法是，如果过分地依赖读电子书，容易造成“碎片化阅读”，对提高阅读水平没有帮助，而且会加剧浮躁之气，令人更不爱阅读。读书就要读纸质书，如果不读纸质书那还叫读书？而另一种截然相反的观点认为，正是有了电子书，才让我们的阅读方式有更加多样化的选择。如果没有电子书，阅读的人会更少。“碎片化阅读”的信息来得比较快、比较新，“碎片化阅读”是一种趋势、一种潮流、一种快节奏生活方式的选择、一种阅读常态。

两种观点虽有偏颇，但没有对错之分，也没有哪一种“占上风”。其实细想，如果对同一内容的书，通过什么“介质”阅读并不重要，关键是读不读书、读什么书！两种观点分歧在于阅览是否等同于读书——如果过多地强调“快餐式阅读”，极易造成不完整的、断断续续的阅读模式，对阅读本身会有影响。问题的出发点在于如何唤醒系统书本学习的回归，重视“深阅读”，释放阅读力量。

事实上，阅读完全是个人的事，借助什么手段阅读无可厚非。关键在于养成阅读习惯，爱读书、读好书、会读书，这对于提高自身修养和全民的文化素养才有好处。之所以出现两种观点，是基于“互联网+阅读”语境下引发的深与浅、数量与质量、系统化与碎片化的思考与碰撞。一日千里的信息化发展和大众文化消费方式的变化，本身也需要我们对阅读有重新认知。

试想：如果把读纸质书和读电子书有机地结合起来，岂不是一件美事！乐意读纸质书的时候就读纸质书，愿意读电子书的时候就打开电脑、ipad或手机。应该说，这是信息化的突飞猛进给人们阅读带来更加便利的表现；或者说，电子书的出现恰恰是对纸质书有益的补充和完善。随着电子技术的发展和媒介形态的日益丰富，阅读习惯、阅读方式难免会发生变化，读者应该坚守的是不管借助什么终端读书，多读书、读好书才是“正道”，而不是把有限的业余时间用来刷微博、玩游戏、看微信。

权威数据表明，中国人均每天读书时间不足15分钟，很多人感慨“静下来读点书是一种奢侈”。读书滋养心灵，能保持思想活力。一个民族的精神境界，很大程度上取决于全民族的阅读水平。阅读是一个民族前进的动力，是走向文明大国的推力。只有“深阅读”才能迸发出强大精神力量，才能助推经济社会又好又快发展。

（2016年5月8日）

让“光盘行动”成为一种社会自觉

四年前，以反对“舌尖上的浪费”为目的的“光盘行动”拉开序幕。一时间，“光盘行动”成为街头巷尾略带调侃意味的话题：中央从管“吃”开始，好！实际上，“光盘行动”是整治“四风”的一个切入口，因为被老百姓深恶痛绝的“奢靡之风”已到了不整不行的程度了。从整治“四风”开始，才能进一步纯正党风政风社风民风。

客观讲，四年来，通过“光盘行动”和反腐风暴，公款吃喝和炫耀性消费明显减少，厉行节约取得明显成效。可以说一定程度上堵住了大吃大喝、公款吃喝的风气，老百姓给予高度赞赏。但四年过后，吃喝风在一些地方又有所回潮，浪费现象在一些单位不同程度地反弹，被明令禁止的包厢“最低消费”依然我行我素。尤其是引人关注的公款吃喝仍然没有绝迹，有的披上隐身衣、有的转战隐蔽场，增大了治理难度，也造成新的浪费。

从近期媒体报道看，在城市，盛宴变“剩宴”的场面不难看到；在一些农村地区红白喜事大操大办的场景也不少；在一些私企，由于员工享受低价甚至免费三餐，浪费现象十分严重；在一些高校和单位食堂浪费现象就更突出，甚至成为浪费重灾区…… 一些城市餐厨垃圾量再次回升，表明食品浪费现象开始回潮。有人因此感叹：“光盘行动”又“翻盘”，行动过后，效力减弱。有人因此建议，“光盘行动”应出台更严厉措施。

不管怎么说，都表明人们关心关注“光盘行动”，想让“光盘行动”能够长久开展下去的心愿。但看似简单的事情做起来往往并不简单，持之以恒、驰而不息地做好就更难。应该理性看合力办，设法将一些好的做法留住，探索新办法新方式。比如一些饭店曾经风行的“半份菜”做法，一些餐馆将剩菜免费打包给食客带走，一些高校推出售卖“一块红烧肉”等办法，就值得大力倡导。

“贪污和浪费是最大的犯罪。”应持续不断地加大对杜绝浪费、提倡节俭宣传引导。宣传要讲究方式方法和效果，入耳入脑入心。应借助新媒体和各种社交网络平台广而告之，提倡“有限福祉”的生活方式，让不浪费成为餐饮时尚和社会自觉。比如一些中小学将“光盘行动”融入德育教育，设立就餐“零米粒”奖；一些单位食堂定期称量“餐余物”重量并进行公示等等，都是很好的宣传由头。

我国食物浪费量约为每年1700万至1800万吨，相当于3000万人到5000万人一年的口粮，餐饮行业应该在引导顾客理性消费方面扮演积极重要的角色。应秉持责任和义务营造良好“光盘”环境，一如既往地建立消费提醒提示制度，在餐馆醒目处张贴节约标识，提醒顾客避免浪费；将“半份菜”作为常态做法而非一阵风；主动建议客人合理点菜；等等。对于饱受诟病的一些餐馆包厢“最低消费”等违规行为，应建立举报制度，让浪费食物真正有人来管。

（2017年7月6日）

以优雅的力量对吸烟者说“不”

禁烟，靠什么？很多人说靠法律，因为法律有普遍的约束机制。但法律能完全管住公共场所禁烟吗？不能。那还靠什么？有人说根本上靠自律。但如果自律能管住人不在公共场所抽烟，那各地还出台那么多法规干吗？法律不能全管，施行起来有困难，自律效果又有限，那禁烟还有第三条途径吗？

有。那就是监督！然而，当看到公共场所有人吸烟，有多少人愿意出来劝阻、敢于出来制止？大多数人宁愿成为“二手烟”的受害者，也不愿、不敢站出来对吞云吐雾者说个“不”字。

为何会出现这种怪现象？对大多数烟民而言，陋习已成性，因为没人监督，也就变得旁若无人、肆无忌惮；对广大“受污染者”而言，往往抱着多一事不如少一事的心态，或者敢怒而不敢言。尤其对众多女性而言，更是“忍气吞声”，深受其害，不仅在较大的公共场所，就是在单位的会议室、办公室这种小场所，男性抽烟，也很少有女性站出来说“不”，怕伤了和气。

默许就是纵容！既然没人反对、没人制止、没人吭声，烟民随心所欲就成了理所当然的事！至于法律法规、文明礼貌、社会公德似乎与“抽支烟”这种小事搭不上，又怎能上升到道德评判的高度！正是默许，让很多人钻了“社会公德”空子，把控烟法规当“纸老虎”。

试想，如果有人站出来好言相劝，对大庭广众之下的抽烟者说“不”，举起维权的牌子，发挥监督的力量，相信大多数烟民也会掐灭手中的烟头；如果仍执意不从，群起而优雅地“攻之”，相信抽烟者也会不好意思地收敛。

公共场所吸烟是对别人的不尊重，是在污染环境，是在给城市文明形象抹黑。但对吸烟者来说，这些道理谁都懂，更何况公共场所吸烟者99%是成年人。成年人不更需要教育、普法和监督吗？监督一方面靠执法者，另一方面靠广大群众，尤其是女性公民。只有善意地监督、优雅地提醒，烟民才会“躲”在可以抽烟的角落或私人场所去“享受”。否则，公共场所吸烟者恐难“绝迹”，甚至会有增无减。

如果你是志愿者，你会发现一个比较突出的现象，在昆明，几乎没有哪一条背街道路没有散落着烟头，且烟头数量不少。有人开玩笑说，这与云南烟草大省的地位倒是十分契合了！

再从《昆明日报》“啄木鸟”栏目近期调查的情况看，餐厅、商场、写字楼、医院、学校、公园、公交站台、出租车上、娱乐场所，甚至电梯里，虽然禁烟标志随处可见，偶尔还可见保洁员弯着腰在捡烟头，但吸烟扔烟头者仍不时可见，让人有些无奈！

罚款需要执法权，说服教育显得多余，直接劝阻怕惹麻烦……怎么办？看来只能友善地提醒一下烟民了。5月31日是“世界无烟日”，希望你迈出第一步，对公共场所吸烟者说“不”！如果你张开嘴对周围的烟民说“不”，你就在为禁烟作贡献，也在捍卫你的权利，更是在为昆明创建文明城市出力。

（2017年6月4日）

为快递业黑马再加把“料”

在昆明，每天都会看到不少“快递小哥”穿梭在大街小巷，分发着各式各样的物品。快递作为一种基础服务，已渗透进我们生活的方方面面。放眼全国，快递业也是生机勃发。据统计，目前全国有1万多家快递企业，从业人员590万、国内快递专用货机67架、各类汽车23万辆，发展速度惊人，也撑起了“世界第一快递大国”这顶桂冠。也因此有人说，快递正在改变中国！

相关部门发布的一组数据更是相当“扎眼”：近些年来，民营快递始终“一马当先”——连续4年年均增幅超过50%，10年行业增速始终高于GDP增速……2014年全国人均发送快递10.2件，人均快递支出149.5元；快递行业日均处理包裹超过1亿件；快递业收入达2045.4亿元，约占国民经济总量的千分之三。今年上半年，全国邮政快递服务业务量同比增逾四成，业务收入同比增长超三成，而且，以上数字还“与时俱进”地被刷新着。很明显，快递业已成为中国经济发展中的一匹“黑马”，而且势头强劲。

作为现代服务业的重要组成部分，快递业在推动流通方式转型、降低流通成本、支撑电子商务、促进消费升级、服务生产生活、扩大就业渠道等方面发挥着积极作用。当然，快递业这匹黑马在奔跑时也面临一些羁绊和问题，发展短板显而易见。比如：低价竞争、同质化竞争、快递车辆上路受限、配送“末梢”不畅、快件安全存隐患、服务质量堪忧、安全监管跟不上、一些非法物品乘虚而入……

为把快递业这一新兴的朝阳产业培育成现代服务业的关键产业和先

导性产业，有必要给快递业这匹黑马“加料”，让它跑得更快，成为拉动经济增长的强大动力。为此，国务院日前出台关于促进快递业发展的若干意见。这是指导快递业发展的纲领性文件，提出了34项政策措施。其目标是，到2020年，快递市场规模要稳居世界首位，基本实现乡乡有网点、村村通快递；建设一批具有国际竞争力的大型骨干快递企业；国内重点城市间实现48小时送达，国际快递服务通达范围更广、速度更快，鼠标一点，“宝贝”到家；年均新增就业岗位约20万个，日均服务用户2.7亿人次以上，基本建成普惠城乡、技术先进、服务优质、安全高效、绿色节能的快递服务体系，形成覆盖全国、联通国际的服务网络。

发展蓝图已经绘就，我国快递业将迎来发展的第二春。回眸“十二五”，快递业迅猛发展，业务量年平均增速超过50%，约为同期国内生产总值增速的7倍。展望“十三五”，快递业蹄疾步稳，但需要各地落实好国家政策，进一步优化发展的政策环境，才能让这匹“黑马”跑得更快、更稳，成为一匹骏马，奔向新的增长极，为经济崛起添活力。

（2015年11月3日）

让走私冻肉“动”不得

近段时间，有这样的段子在网上疯传：“服务员，上一盘82年的凤爪。”人们在调侃之余，也对问题冻品表露出深深的担忧。据媒体披露，在全国查获的走私冻肉中，竟然发现过期多年的猪蹄、鸡翅等冻肉，这些冻肉已悄然出现在烧烤摊和餐馆里，或“设伏”于市民的餐桌上。大家害怕吃到问题冻肉的担心是完全可以理解的；也恰恰表明问题冻肉再次给食品安全监管敲响警钟。

就在7月8日，中越边境河口县集中销毁查获的670余吨走私过期冷冻肉品，这些过期冻肉从越南走私入境，原产地不明，抽查的样品没有中文标识，也没有经过任何检验检疫，查获后经检验冰冻时间最长的已达数年，有的已变质发臭。也就在月初，普洱江城边防大队在5辆打着拉香蕉幌子的大货车上，查获141吨冷冻牛肉、鸡肉，其中一些冻品已经发臭变质。据了解，这些货物是从国外偷运入境的，目的地是昆明。

走私冻肉已成为不容忽视的公共安全隐患，因此市民呼吁，为了自己的饭碗干净，希望政府部门加大对走私冻肉的查处力度，斩断走私利益链，零容忍打击，让走私冻肉“动”不得。但走私冻肉形式花样翻新，给查处增添不少难度：有的利用互联网平台“销货”，多个源头入境，有时防不胜防；有的运输时采取“躲猫猫”手段，即用小轿车或者微型车运货，乔装打扮蒙混过关；有的包装时只在整件包装盒上注明产地和出产日期，小件则一律不注明；有的冻品到达目的地，就混藏在冷库的最不显眼处，且用多个冷库分藏……这样，一些“来路不明”的走私冻肉成了小冻品店里的“主力军”，堂而皇之地重见天日，走上百姓餐桌。

走私冻肉，要么是没有检疫证明，要么就是想逃关税，获取高额利润。记者暗访调查发现，目前问题冻肉已经形成了一条走私、运输、批发、分销的利益链。问题冻肉何以能从千里之外的国外，一路畅通无阻地走上百姓的餐桌，追本溯源与监管体制和机制不无关系。“铁路警察各管一段”、“多龙治水”、各吹各打，怎么会没有漏洞？目前查处走私冻品牵涉到海关、公安、工商、食药监、出入境检验检疫等多个部门。因此，要破解走私冻肉难题，有必要成立由工商、质监、食药监等部门组成的市场监管局，职能覆盖生产、流通、消费市场。

以往的分段监管，各部门看似参与度很高，实则没有形成合力，共同监管容易导致共同不管，或者管理当中互相推诿扯皮，监管效率在扯皮当中被耗费掉。也因此，老百姓质疑：查处走私冻肉，为何五道关口全失守？成立市场监管局肯定也会带来一些新的问题，但面对现实情况，至少可以解决监管层面上的责任真空问题，或者说填补管理体制机制的缝隙和空当，更好地编织好食品安全监管网络，守护市民“舌尖上的安全”。

（2015年7月27日）

“无车日”恐沦为“作秀日”

“无车日”设置的初衷和出发点是为了鼓励市民不开车、少开车，倡导绿色出行，减少环境污染，提供良好的生存环境。然而，北京、武汉、郑州、南京、福州等多个城市“无车日”当天车流如织，堵车情形依然如常。有网友吐槽，“无车日”是在为交通添堵，该堵的地方还是堵；“无车日”效应每况愈下，与倡导绿色出行的初衷渐行渐远，目前已沦为一种“形式”，一块鸡肋，搞不搞差别不大，不如不搞……

“无车日”何以成了“堵车日”？“无车日”为何陷入“走秀日”如此尴尬的境地？据媒体报道可找到答案，主要存在以下几个方面的原因：一是划定“无车日”区域（路段）有问题，在每天车流总量大致相等的情况下，划定的区域（路段）不堵了，“无车区”周边反而超常拥堵了，此所谓“东边不堵，西边堵”，而且一些市区内已经不具备限行条件，限行难免造成拥堵；二是一些城市选择车流较少或比较偏远的区域（地段）开展“无车日”，比如某个城市的新城区，本来车流量就小，开展“无车日”等于做个样子，形同虚设，沦为“集体路演节目”，没有太多实际意义和效果；第三个可能是普遍问题，由于“无车日”开展了多年，疲态尽显，活动形式单一、缺乏特色，没有吸引力，民众参与的热情锐减，有的地方纯属为了“跟风”或响应上级号召，为“无车日”开展“无车日”，逐渐沦为一年一次的“走秀”活动，或者成为触不到城市神经的一场行为艺术。

如何让“无车日”不堵车？如何让“无车日”不再遭诟病？很多网友建议取消“无车日”。认为“无车日”倡导的理念很好，也是每个公民应尽的责任和义务，但在很多城市交通拥堵犹如家常便饭，由于公交出行不方便，让市民放弃开车不太可能。其次，政府倡导市民多选择自行车、公共交通等低碳环保的出行方式，显然只能针对部分人群，对需要较远距离出行者而言“弃车”不现实，如果市民乘坐公交、地铁、的士比开车方便、快捷、便宜，无需倡导，市民也会松开手中的方向盘。最后，车辆保有量的增加，道路建设的滞后，公共交通不完善，非机动车道、人行道被随意占用等现象，给市民的出行带来诸多不便，哪怕只推行一天“无车日”，实则也是为道路“添堵”。

因此，政府倡导绿色出行，需要从多方面“清障”，市民才会“买账”。但首要的任务是强化政府部门改善城市公共交通的责任与担当，加快城市交通体系建设，优化交通资源配置，加大公交线网密度，发展轨道交通，改善通行条件，创造更加便捷舒适便宜的出行环境。同时，要推进绿色交通蓬勃发展，除公交优惠或免费外，要促进道路空间科学分配，为自行车、步行等绿色出行创造便利条件：把更多的钱“铺”在路上，比如铺筑彩色路面，加快微循环道路改造，把挪作他用的路面还路于民，充分保障自行车路权和提高车道识别度，努力让“自行车回归城市”，让绿色出行成为社会共识。

（2015年10月5日）

握好车改的“方向盘”

公务用车改革是深化改革的顶层设计，因此被外界称为“史上最严厉车改”。车改政策性强，涉及面广，情况复杂，难度不小。比如，数以百万计的公车如何取消？各层级干部车改补贴如何制定？车改补贴会不会成为变相福利？哪些公车可以保留？保留的“机动用车”为谁而“动”？哪些驾驶员继续手握方向盘？如何防范“补贴照拿公车照坐”现象？这些问题群众都十分关注。

按照车改新规，公务用车实行“釜底抽薪”一刀切，除保留必要的机要通信、应急、特种专业技术用车和一线执法执勤车辆外，其他一般公务用车都要取消。但百万辆被取消的公车，如何消化处置好，保障国有资产不受损失，仍是一件不简单的事情。比如此前一些地方在车改过程中不乏“猫腻”，没有通过第三方市场价格评估，或未经公开拍卖程序，就将公车优先卖给领导干部，存在内部操作的“贱卖”嫌疑。这些违规违纪的行为无疑是车改路上的“红灯”，应该严禁擅闯！

另外，车改后，普通公务出行由公务人员自主选择，实行社会化提供，可乘坐公交、地铁，也可以乘坐出租车、开私家车，适度发放公务交通补贴，但不得以车改补贴的名义变相发放福利。补贴标准涉及一些干部的“既得利益”，很敏感，往往成为争议的焦点。“适度补贴”其实就是要求补贴合理，不能过高或过低。比如云南省级机关公务交通补贴保障的范围是五华、盘龙、官渡、西山、呈贡等5城区的公务出行，车改方案已确定合理的车补标准。

云南车改已经“上路”，按照时间表，今年12月底完成省级机关公车改革，明年完成州市级及全省事业单位、国有企业公车改革。目前全省109家省级机关“封车”完成，下一步，封存车辆将面向社会公开拍卖。人们开玩笑说，“屁股底下的腐败”将在一声声拍卖槌敲响之后被终结。

当然，“封车拍卖”只是车改的第一步，发放补贴则是第二步，如何从源头上防止车改后“既拿钱又坐车”的现象则是第三步。车改的目的是要改干部作风。要防止一些领导干部权力寻租，出行“变相”要车的情况，即办事要让相关单位派车接送，甚至把车辆和司机长期“借”到单位来用，这是把车改当作谋取私利的工具。便宜占惯了，难免让一些干部身上的“官老爷作风”一时难以革除，依然抱着车轮搞腐败。

公车泛滥与腐败，一直是公共行政治理的一大顽疾。中央强力推进车改，彰显的是深化改革的勇气，其本质是去除官员特权，厉行节约，提高财政资金的使用效率。建立新型公务用车制度，是国家作出的一项重要决策部署，按照已交车改答卷地方的经验表明，只要握好车改的“方向盘”，吃透政策，自上而下；妥善处理各方利益，规范补贴标准；管好留用“机动车辆”，加强政策衔接，强化监督问责，车改就能少花“油费”，一路前行。

（2015年11月11日）

以权谋“赞”就是绑架民意

一项问卷调查显示，36%的人想关闭朋友圈。为什么？烦！就拿拉票点赞来说，如果你的上司叫你为他刚上大学的女儿参选最美大学生投个票，你投不投？如果某领导为办一件私事，请你帮忙点个赞，你能不给面子？如果上级主管部门为完成某项“考核”任务，要求下属“打√”充数，你敢违抗？……

可以肯定地说，绝大部分人不敢，个别“玩气质”的人可能会装聋作哑打点折扣。为什么不敢？答案不言而喻。本来，抛开上下级关系不说，动动手指成人之美、做个顺水人情也是情理之中的事。问题是，这样的求赞拉票如果太多太频繁难免让人反感。

诸如此类的“求赞”，目前有个人的，也有单位的，而且遍及各行各业，渗透到诸多领域。一些部门举办评选活动，每每借助网络投票来扩大知晓度和参与度，这本是好事，但最终要通过票数定输赢。有的部门为了完成某项“考核”任务，随时动用行政权力，动不动向下属单位摊派任务，通过员工拉票、集赞、圈粉。

仅仅点个赞、投个票，也没什么大不了的，令人反感的是，个别主管部门，自己“开发”App，要求相关人员每天“打卡”，一定时期还要考核。有的光打卡点赞还不行，还要求点赞打卡次数，并且要在规定时间内截图上传，留下工作痕迹。尽管多数人极不愿意，但迫于无奈，只好乖乖地去做，不少人被逼成了“点赞侠”。

为什么上司会直接叫下属为自己的私事投票点赞？为什么上级主管部

门敢层层下达摊派“任务”？本质上是权力滥用、以权谋私、官僚主义的表现。随意动用权力，胁迫职员点赞、刷票，往小处说是消费友情，往大处说就是绑架民意。就拿一个网络投票来说，地球人都知道，票数多少，并不全是真实的民意表达，投票者对候选对象的事迹甚至都懒得看一眼，凑个票数而已。这样的“指尖民意”，你敢说不是“注水民意”、不是形式主义？

著名思想家孟德斯鸠说过，一切有权力的人都容易滥用权力。权力来自群众，本该为群众服务、造福百姓。因此，对各种部门发起的拉票、集赞活动当清理，对弄虚作假的圈粉、刷票等行为该查处，还朋友圈沟通感情、增强联系的社交本质，也让网络空间更清爽些！

（2018年11月22日）

干部要干事　为官要有为

破除“庸懒散”，提振“精气神”，使敢担当勇作为成为党员干部队伍的新常态——昆明市委十一届二次全会奏响了“干部要干事、为官要有为”的最强音，为奋力推动区域性国际中心城市建设给党员干部打了一支“强心剂”，上了一堂“警醒课”。

从严管理干部，打造骨干队伍，是凝聚社会力量和完成特定目标任务的政治保障。对昆明来说，是构建跨越发展精神高地、营造跨越发展良好环境、推动各项事业蓬勃发展的根本保证。在全省率先推开小康社会大门，加快推动区域性国际中心城市建设，需要一支忠诚、干净、担当、有眼界、想干事、能干事、干成事的干部队伍。

敢担当勇作为是一种时代使命，是一种政治期望，是一种现实要求。推动昆明各项事业的发展，关键在党，关键在有一支铁一般信仰、铁一般信念、铁一般纪律、铁一般担当的高素质干部队伍。因此，每一位干部必须树立敢担当勇作为的意识；具备敢担当勇作为的素质，才能锻造一支政治坚定、能力过硬、作风优良、奋发有为的干部队伍。

客观公正地说，当前昆明干部队伍主流是好的，但也有一些干部干事创业的“精气神”不足，积极性不高，只是“身在工作”、尚未“用心工作”，满足于“守好摊子、不出乱子”，甘做太平官、庸懒官，有位不作为、有责未担当。主要表现在：有的党员干部思想政治建设抓得不牢，信仰缺失、精神懈怠、不思进取，世界观、人生观、价值观出现扭曲；有的党员干部缺乏事业心、责任感和紧迫感，工作中抱着“只要不出事、宁愿不做事”的心态，回避矛盾问题，推、拖、滑、绕、躲，慢作为、不作为，不愿担当、不敢担当、不能担当；有的党员干部纪律规矩意识不强，有令不行、有禁不止，我行我素、肆无忌惮，执行决策打折扣、做选择、搞变通；等等。

干部队伍中存在的这些问题，已经成为阻碍全市经济社会发展的“拦路虎”和“绊脚石”，必须下猛药加以遏制，出重拳进行扭转。全市广大党员干部必须坚决摒弃暮气沉沉、不思进取等疲沓状态，坚决克服疑虑观望、坐而论道等消极情绪，坚决抵制不求有功、但求无过等不良风气，坚决纠正不干事、不担责、不作为等错误行为，破除“庸懒散”，提振“精气神”，迸发出干事创业的激情和攻坚克难的勇气，使敢担当勇作为成为党员干部的新常态。

如何固本培元、凝魂聚气、重振“气场”？必须对症下药，“破”然后“立”：破除信仰滑坡的“软骨症”，坚定信念、提振士气，树立“想为”的思想境界；破除明哲保身的“焦虑症”，勇挑重担、克难攻坚，强化“敢为”的责任担当；破除慢懒滑拖的“乏力症”，积极主动、只争朝夕，保持“勤为”的作风形象；破除任性用权的“成瘾症”，夙夜在公、服务为民，展现“愿为”的公仆情怀；破除看摊守业的“依赖症”，追求卓越、勇创一流，争做“有为”的样板典范；破除本领不足的“恐慌症”，勤学善思、求真笃行，增强“善为”的能力素质。

好干部的标准之一就是敢担当勇作为。作为干部来讲，无论职务大小，无论在哪个岗位，担当起该担当的责任，干好该干的事情，是最基本的履职要求和必备的政治情怀。对每一个干部来讲，不愿担当，就不该当干部；不敢担当，就不配当干部；不会担当，就不能当干部。干部只有具备敢担当勇作为的能力与素质，才能彰显共产党人的先进性和纯洁性，才能干好工作，做出成绩，赢得尊重，让组织放心，让群众满意。

敢担当勇作为不能仅停留在口头上，要落到实际行动中。干部干部，先干一步。干部就是要干事，干，可能会失误，但如果不干，任由事业停滞，才是最大的失误。全市广大党员干部要把心思和精力用到干事创业上，切实把市委对干部的最新要求转化为推动工作的强大动力，拿出“舍我其谁”“功成不必在我、建功必须有我”的责任担当，迎难而上，锐意进取，引领改革发展各项事业走向新的成功，带领群众把区域性国际中心城市美好蓝图一步一步变为现实。

（2017年1月15日）

问责的“板子”要打在疼处

“为官不为”是广为群众诟病的作风顽疾，甚至有人怒斥道：为官避事平生耻！自古以来，在其位就要谋其政，任其职就要尽其责。如果为官从政也算一种职业，尽责就是对这一职业的基本要求。作为共产党的干部，无论从践行党的根本宗旨、履行人民公仆职责的高度来审视，还是从为人操守、做事底线的角度来丈量，干部都应该走在前列，干在实处。干部干部，先干一步。只有把自己该干的事情干好，身先士卒，敢于担当，才能真正对得起“干部”这一光荣称号。

今年1—9月，昆明共查处违反中央八项规定精神问题79起，处理100人，并对223名“为官不为”、不敢担当的干部进行问责。坚决整肃懒政怠政等不作为行为，凸显了加强督查和加大问责力度的决心，也向全社会传递出“能者上、庸者下、劣者汰”的明确信号。其出发点在于推动形成争相干事、鼓励作为、激发活力的良好氛围，重构昆明的政治生态，为昆明在全省率先全面进入小康提供坚强的政治保障。当然，对那些“为官不为”的干部而言，被问责不啻为当头棒喝。

为官一任、造福一方，这是百姓的期待，也是领导干部义不容辞的责任。既然身处领导岗位，就要做到心中有党、心中有民、心中有责、心中有戒，保持为民服务的干劲热情，保持奋发有为的精神状态。权力就是责任，责任就要担当。可一些领导干部日子过得十分“滋润”，得过且过，放任自流，尸位素餐，担当意识弱化，工作作风轻浮，遇事绕着走，乐做“太平官”，群众意见很大。长此以往，政府必将失信于民。

不抓落实，再美好的蓝图也只是一纸空文。改革进入深水区，发展进入关键期，昆明各项任务十分艰巨繁重。新老问题交织、新旧矛盾叠加、经济增长乏力。具体到各地区稳增长促发展的难度更大，因此监督约束“出重拳”是题中应有之义。只有用问责利器才能祛除不作为“顽症”，对那些还在整天幻想“占着位子不干事”、抱着“不干事就不出事”的心态、过着“一杯茶，一支烟，拿着手机玩半天”的干部，必须彻底抛弃幻想，尽快调整状态，自加压力，恪尽职守，积极作为，否则“被拿下”的可能随时都有。

前不久，中共中央出台领导干部能上能下若干规定，针对干部能上不能下、能进不能出的问题提出了解决之道，对处理“混日子”的干部给出了尚方宝剑。对于那些“不敢担当、不负责任，为官不为、庸懒散拖，干部群众意见较大的”“不适宜担任现职”的领导干部，统统要被调整，把“板子”打在疼处。开弓没有回头箭，问责督查是长效机制。领导干部一定要做政治上的明白人，守好为官做人的底线，否则板子就有可能打在自己的疼处！

（2015年11月25日）

发展是解决一切问题的总钥匙

发展是人类社会永恒的主题，是解决所有问题的关键。当好全省经济社会发展排头兵，不断满足人民群众对美好生活新期待，逐步实现共同富裕……这一切，最终要靠发展。发展是基础，经济不发展，一切都无从谈起。虽然我们全面圆梦小康，但发展仍是第一要务，发展才是硬道理的战略思想仍须坚定不移，而且要使发展达到一个新水平，努力实现更高质量、更有效率、更加公平、更可持续的发展。

春节收假后第三天，云南省政府就召开昆明现场会。要求昆明深入学习贯彻党的十九届六中全会和中央经济工作会议精神，提振信心、坚定决心，奋力拼搏、顶压前行，在全省发展大局中真正当好龙头、挑好大梁、作好表率。这是关心、是期望，更是重托。无论是对于云南的发展还是昆明自身的突围，都需要昆明“惊醒起来，振作起来，行动起来”，集中精力谋发展、抓发展、促发展，以实干拼搏回答好时代之问、发展之问、人民之问。

作为省会城市，昆明是全省政治、经济、文化中心，对内是“标杆”“龙头”，对外是“名片”“窗口”，肩负着发展的特殊职责和使命，对推动全省经济社会和各项事业发展起着举足轻重的作用。昆明兴，则滇中兴；昆明强，则全省强。刚刚过去的五年，在昆明发展历史上是具有里程碑意义的五年，地区生产总值连续迈过5000亿元、6000亿元、7000亿元3个台阶，经济综合实力显著提升。这是昆明加快发展的信心和底气所在，更是当好排头兵的重要基础。

成绩有目共睹，问题也很明显。云南省政府一针见血地指出，昆明在完整准确全面贯彻新发展理念、推动高质量发展上有明显差距，与省委、省政府部署要求有明显差距，与自身优势和全省人民期盼有明显差距，已经到了破釜沉舟、背水一战的紧要关头。“三个明显差距”是点提、是警醒、是鞭策。要“以如芒在背、如坐针毡的危机感，以坐不住、等不得的紧迫感，深刻反思、深入研究、痛定思痛”，才能缩小差距，奋力扭转主要经济指标持续下滑局面，不负省委、省政府和全省人民的重托和期望。

只为发展想办法，不为落后找理由。未来五年是昆明全面建设社会主义现代化的关键时期，必须认清问题、认清差距、认清短板，深入分析问题背后的原因，对标云南省委、省政府要求和全省、全市人民期待，真正以“表率”和“标兵”来定位角色、要求工作。以速度说话，用实干作答，打好经济工作“翻身仗”，不断壮大经济实力，提升经济首位度。

发展中的问题最终要靠发展来解决。新起点新征程上，昆明有信心有决心有底气，按照云南省政府昆明现场会要求，在新发展阶段上锚定目标，在贯彻新发展理念上坚毅笃行，在服务和融入新发展格局中扬长避短，统筹推进、全面发力，拿出超常的干劲、举措、力度，大抓产业发展、大抓营商环境、大抓市场主体、大抓改革开放、大抓创新发展、大抓绿色发展，努力在高质量发展赛道上跑出“昆明速度”。

（2022年2月15日）

把发展的基点放在创新上

创新是引领发展的第一动力。昆明市委十届七次全会提出，“把发展的基点放在创新上，推进理论、制度、科技、文化等各方面创新，不断激发市场活力和社会创造力。”着力当龙头、促跨越、上水平、惠民生、奔小康，加快建设立足西南、面向全国、辐射南亚东南亚的区域性国际中心城市——创新决定着昆明的未来，时势和挑战将昆明推到了创新发展的风口。昆明要闯出一条跨越式发展的路子来，核心是推动经济结构调整和产业转型升级，根本出路在于创新发展。

创新不是一个时髦的词语，而是具体的、实在的、有着丰富内涵的，它包括理论创新、制度创新、科技创新、文化创新等方方面面。如何创新？最根本的是增强自主创新能力，尤其要在深化科技体制改革、加强创新型人才队伍建设、推进协同创新、营造良好创新生态方面下功夫。面对昆明创新“软肋”突出、创新机制不够活泛、创新土壤不够深厚等突出问题，当下就是要注重解决发展动力问题，加快从要素驱动转向创新驱动，推动实现发展动力转换。要以科技创新为核心，通过实施产业创新、产品创新、企业创新、商业模式创新、管理服务创新、体制机制创新等为主要内容的全面创新，向科技要效益，向创新要动力，推动经济逐步走上主要依靠创新驱动、内生增长的轨道，为跨越式发展装上创新引擎。

“明者因时而变，知者随事而制。”昆明市委十届七次全会在创新发展上作出了诸多安排，指明了创新发展的实践路径，描绘了未来五年创新发展的路线图。优化劳动力、资本、土地、技术、管理等要素配置，推进大众创业、万众创新，推动新技术、新产业、新业态发展。坚定不移地走开放型、创新型和高端化、信息化、绿色化、集群化的发展路子，推动产业发展迈向中高端水平。推进全面深化改革，加快形成有利于创新发展的体制机制。强化企业创新主体地位和主导作用，不断提高科技创新对经济增长的贡献率……一系列制度安排，凸显了发展路径上的新态势和新追求，吹响了昆明依靠创新发展的新号角。

创新是时代发展的主旋律，抓创新就是抓发展，谋创新就是谋未来。学习贯彻市委十届七次全会精神，各地各单位各部门须进一步提高对创新发展的认识，充分认识创新对昆明发展全局的决定性意义，深刻领会当好云南经济社会发展排头兵、在全省率先全面建成小康社会的时代价值。要义不容辞地本着不辜负省委重托、对全市人民高度负责的精神，以更加长远的目光，更加有力的举措，把发展基点放在创新上，着力提高质量效益，加快形成以创新为主要引领和支撑的经济体系和发展模式。

“不创新就要落后，创新慢了也要落后。”摩尔定律揭示，半导体芯片上集成的晶体管和电阻数量，每18个月就增加一倍。这就是电子科技领域中创新的速度。今天的昆明比以往任何时候都更需要创新。我们必须以时不我待的紧迫感，摒弃旧的路径依赖，以创新把握机遇，以创新驱动发展，千方百计增加创新投入，强化法规制度保障，统筹好创新“硬件”和“软件”，形成促进创新的体制架构，用改革的火炬点燃创新引擎，把创新“活水”引入发展的田间地头。让创新的活力不断迸发，让创新的源泉不断涌流，让创新的引擎在昆明隆隆轰鸣，为实现“十三五”总体目标，率先全面建成小康社会提供源源不断的强大动力。唯有把创新摆在“基点”位置，宏伟蓝图才可望一步一步变成现实。

（2015年12月30日）

把责任担当刻进发展坐标

作别牛年，迎来虎年。在中国人的观念里，虎是力量、勇敢、无畏的象征。人们常常用生龙活虎、虎虎生威、如虎添翼、卧虎藏龙这些成语来形容虎，也喻义其活力永续、一往无前。虎年应该怎么干？奋进是最好的答案！

站在新的起跑线上，我们立足于高质量发展，如何提升省会城市经济首位度？如何当好全省经济社会发展排头兵？

未来五年，全市经济总量要达到1万亿元以上，常住人口达到1000万人以上，人均GDP达1.5万美元以上；率先在全省建成市场化、法治化、国际化、便利化营商环境；抓住RCEP生效机遇，构建“南向、西进、北融、东联”开放格局……

前景鼓舞人心，蓝图催人奋进，但难度之高、责任之大，也不言而喻。

面对任务清单，奋斗，惟有不懈奋斗！只有迎难而上，逢山开路、遇水架桥，才能闯出一条高质量发展新路子，收获丰收的喜悦，赋予奋斗的意义。

2021年，昆明主要经济指标下滑，固然受多方面因素影响，但毋庸置疑，我们在抓发展、谋发展、促发展上存在差距。

认识不到问题是最大的问题，明白不了差距是最大的差距。

如何以背水一战的决心打好翻身仗、奋力扭转主要经济指标下滑局面？

1月20日，在云南省十三届人大五次会议上，云南省长参加所在的昆明市代表团审议政府工作报告时强调，昆明市要“从感觉良好中惊醒起来，从安于现状中振作起来，从争先恐后中行动起来”“要以如芒在背、如坐针毡的危机感，以坐不住、等不得的紧迫感，深刻反思、深入研究、痛定思痛，只为发展想办法，不为落后找理由，把精力聚焦到创新驱动、产业发展、项目建设、市场主体、营商环境、生态保护、提升城市品质上”。

“惊醒起来，振作起来，行动起来”——对昆明既是警钟，更是鞭策！全市上下要凝聚奋勇争先、踔厉奋发的巨大勇气，激发争先出彩、赶超跨越的奋进力量。

志不求易者成，事不避难者进。认清问题、认清差距、认清短板，是为了有的放矢，是为了把想法变成办法、把思路变成出路、把优势变成胜势，找准发展的着力点。

没有等出来的成功，只有干出来的精彩。闯出一条高质量跨越式发展的路子来，谱写好高质量发展新篇章，昆明有信心、有决心、有能力、有底气，更有机遇。

云南“十四五”规划纲要提出，“做大做强昆明省会城市”，省政府工作报告进一步明确，开展“强省会”行动，加快滇中城市群一体化发展。

——这是巨大的机遇，也是在为昆明提速发展把脉定向。

当好全省经济社会发展排头兵，无论对云南的发展还是昆明自身的突围，都需要扛起责无旁贷的重任。昆明兴，则滇中兴；昆明强，则全省强。

新征程上，始终牢记省会城市的责任使命，真正以“表率”和“标兵”来定位角色、衡量工作，才是昆明应有的风采。

把责任扛在肩上，把使命牢记心中，在高质量发展赛道上跑出精气神、跑出加速度，就要如猛虎出山、虎啸生风，龙骧虎步大干一场！

2022年，我们一起虎虎生威。

（2022年2月7日）

热点话题

■聚焦热点事件和公众关切，贴着人心作评论，围着舆情作引导。有言道：评论是引领导向的锐利武器，以正确的舆论引导人，才能引导舆论

放开“外摆位”激发新消费

消费在经济稳定运行中发挥着“压舱石”的作用。面对新冠疫情的持续“捣乱”，消费仍是拉动经济增长的第一动力。昆明要打好经济工作翻身仗，提高省会城市经济首位度，当好全省经济社会发展排头兵，必须出台实实在在、有针对性的政策举措，促进消费市场持续回暖，助力稳增长目标的实现。

为此，今年昆明拿出很多政策“干货”：发放总金额不低于5000万元的“彩云昆明”电子消费券；10亿元发展基金支持重大文旅项目建设；再新增1.5万个停车位，释放汽车消费潜力；稳地价，降低土地开发成本……

在七方面二十四条稳增长政策“大礼包”里面，有一条备受人们关注。那就是，支持大型商业综合体、商圈商街、品牌企业开展促销活动，对具有较大影响力的大型促销活动予以经费支持。简化各类市场主体举办户外促销活动的审批手续，支持商家在商业用地红线范围内的营业空地开展促销活动，有序放开“外摆位”限制，拓展商品和服务展示空间，提升消费体验。

消费升级过程往往有很强的集聚效应。近两年受新冠疫情反反复复的影响，线下接触式消费受到“重创”。新举措旨在营造消费环境，带动消费人气，激发市场活力；在服务质量上下功夫，积极扩大消费，增加消费领域的有效供给，更好满足居民生活需要。良好消费环境还能带给消费者安全感，努力营造安全放心和“不一样”的消费环境，释放消费潜能。显然，有序放开“外摆位”限制，既是顺应消费升级和服务创新，也是一种服务消费、新消费，使人们的消费更加舒心方便、更有信心。

2022年的昆明市政府工作报告也提出，促进消费持续恢复。推进国家文化和旅游消费示范城市建设，引进50家以上品牌首店、旗舰店、连锁店、体验店，建设12个夜经济示范集聚区，推进“放心消费在昆明”行动，发放“彩云昆明”电子消费券。改造提升南屏街国家级步行街、近日楼片区，建设城市“15分钟便民生活圈”，让城市街巷更有烟火味。

消费、投资、出口是拉动经济增长的“三驾马车”。在过去很长一段时间里，经济增长主要依靠投资和出口拉动，消费对整个经济增长的贡献率较小。如今，拉动经济增长，消费是引擎，对经济增长的贡献不断提升。从全国看，消费已稳居“三驾马车”之首。经济增长内生动力也主要源于消费，一大波释放市场活力、激发消费市场回暖的政策已在路上。随着这些政策措施的深入实施，消费扩容提质的基础不断夯实，线上线下同频共振、融合发展，充分释放内需潜力，必将发挥消费对经济增长的基础性作用。

（2022年5月23日）

物管：是“大管家”还是“大当家”

物业服务的好坏，直接关系到居民生活是否舒心。因此，把“物业管理”改为“物业服务”可能更好，因为带上一个“管”字，往往权力就会无限放大，异化了提供服务者与服务对象的关系。一旦关系异化，必然带来诸多麻烦或不必要的纠纷。

在一些小区，常常发生业主不交纳物管费或拖欠物管费的现象。业主认为，不交有不交的理由：服务不到位为何要交物管费？服务不提质为何还强行提高物管费？收益弄成一笔糊涂账谁愿交物管费？

而物管公司也有一肚子的苦水：我为你提供服务，你就该交物管费；再说，服务到不到位，全凭一张嘴，什么是好、什么是差，没有个量化标准，交物管费是天经地义的事。如果不交，我就去法院告你……

如此“争论”恐怕伴随物业管理诞生以来就有之，而争执的一个焦点就在于“服务”二字上。业主决定物业管理的价值需求，如果服务跟上了、到位了、提质了，还有这些争执吗？纵观其他行业，这样的争执实在不常见。

物业是社区服务需求的产物，物业管理本质上是物业服务。但为何物管与业主的“矛盾”一直存在，甚至有的小区愈演愈烈，出现物管辱骂、殴打业主的事件。

暂且不说骂人打人是犯法的事，究其骂人打人的“底气”，完全来源于关系的异化。管理就是服务，如果你管理到位，谁还会不交物管费？如果管理一塌糊涂，抱着“我管你，你就要听我的”思维来管理，十有八九难以令人满意。

物业纠纷由来已久，如何化解？业主、物业公司、业委会、社区工作者、专家、律师等都提出过一些好的建议。但实施起来依然步履维艰、困难重重，一方面说明物业服务的复杂性，另一方面也说明对物业服务业定位还不十分清晰。

物业管理的对象是物，服务的是人。对物业纠纷要正本清源，依法解决。而要做好物业服务，需要做好“角色”定位，那种高高在上、反客为主、赖着不走、尾大不掉的行为，都是一种角色错位。

物管要永远意识到，是业主雇我来服务，我是小区的“大管家”，而不是“大当家”。只要高质量、精细化地服务好业主，看谁还好意思不交物管费？当然，理顺物管与业主的关系，提升物业管理服务水平，需要社区居委会、业主委员会、物业服务企业协调商量，形成良好的运行机制，实现优胜劣汰的良性循环，让物业成为居民美好生活的一个支撑点。

（2022年1月8日）

摘掉职业教育“低人一等”标签

不管是学修车，还是学烹饪；不管是学做蛋糕，还是学干家政……老话说，掌握一门手艺，就不愁没有饭吃。职业教育，是因材施教、因人而异的育才通道，也是青年人打开通往成才大门的重要途径。

在一些人心目中，职业教育“低人一等”，毕业后干的总是又苦又累、不完全受人尊重的工作。长此以往，职业教育被视为普通教育的“衍生品”和“附属品”。一些初高中毕业生家长认为，只有考上大学，才能出人头地，脸上才有光；如果上个高职高专，仿佛是一种“无奈的选择”，是迫不得已才吃的“最后一碗饭”，注定找不到“高大上”的体面工作。在这种思想观念的支配下，造成“千军万马过独木桥”的局面。

天生我材必有用！其实社会发展需要不同的人才，成才的途径是多种多样的，评价标准也不是统一的。如果一个高职（大专）毕业生找到自己喜欢的工作，收入不亚于本科生，自己过得很开心，你能说“上高职大专没意思”吗？事实上，近几年不少职校毕业生的就业状况表明，由于掌握一技之长，动手能力较强、可塑性大，毕业生在就业市场成为不少用人单位的“香饽饽”“抢手货”。

在一些地方，职业教育成为甩掉贫困帽的好帮手，“培养一个学生，脱贫一户家庭”；在一些地方，职业教育与区域产业共生共长，跑出高质量发展的“新赛道”。可以说，国家经济持续快速发展，职业教育功不可没。

尽管如此，职业教育仍然面临结构性矛盾，发展“瓶颈”问题仍待破解。目前，全国技能人才超过2亿，占就业总量的26%，然而高技能人才仅有5000万，占技能人才总量的28%，职业教育仍是我国教育领域的短板。与德国、日本等制造强国相比，中国的职业教育仍有不小差距。相对于义务教育和高等教育，职业教育短板仍很明显。制约职业教育发展的因素很多，但其中一个与人们的传统思维、定式认知有直接关系。

不久前召开的全国职业教育大会，释放出许多积极信号。有人形容，职业教育发展迎来又一个春天——职业教育的受重视程度将进一步提高，职业教育改革突破将会进一步推进，职教学生与普教学生在升学、求职、工作待遇、职务晋升等方面将有更平等的机会。国家将下决心培养更多高素质的技术技能人才、能工巧匠和大国工匠，以更好地为经济社会发展提供强有力的智力支持和人才支撑。

职业教育是一场教育变革。可以预见，职业教育前途广阔、大有可为。每个人都有追求梦想的机会，人人皆可成才，依托职业教育，人人可尽展其才。国家将从多渠道入手，为发展职业教育继续推出更多举措，比如免除学杂费、单招（分类考试招生）、“1+X”证书制度试点、国家学分银行等扶持政策。青年人完全可以抓住机会，选择职业教育，让人生出彩、让梦想成真！

（2021年5月3日）

对快递暴力分拣说“不”！

近年来，快递已成为人们生活的重要组成部分。但不少人在无意中发现，快递员随手乱抛、乱扔快件的现象随处可见。面对堆积如山的包裹，快件从快递员手中抛扔而出，犹如“天女散花”；快递上车时，大大小小的快件飞进车厢，发出“嘭嘭嘭”的声响。每逢“双11”前几天和春节期间，各种快件包裹满天飞，从高处落地的声音不绝于耳，不少包裹快递被“摔”得很惨！

快递的分拣屡屡遭到消费者吐槽，同时衍生出一个词：暴力分拣。有人甚至形容暴力分拣就像一个毒瘤一直伴随着快递行业的运转。有媒体在暗访中发现，花样百出的暴力分拣主要表现为“踢、踩、扔、抛、投”等。如果是服装、书籍、信件等被蹂躏，消费者尚可谅解，如果是耳环、手镯之类的易碎品，保证让人很恼火！

为什么会出现暴力分拣？一方面是抢时间的需要，快递、快递，就是突出一个“快”字，慢了，就不能及时送达客户手中。由于时间受限，必然要加快进度。既要进度，又要对包裹“温柔以待”，实在难做到。另一方面，由于快件量太大，快递员及场地有限，要在一定时间内完成任务，难免出现操作不规范的情况。除了缺乏标准化操作规范，机械化程度过低也是导致暴力分拣的直接原因。

行业管理人士指出，包裹快件抛件、踩踏、着地摆放等问题的出现，从表面上看，与量大人少、件多人少、设施设备配置不齐有关系，是客观原因。但从本质上看，是企业的经营理念、服务理念、管理理念出现了偏差，善待和保护快件的意识不足，没有真正以消费者为中心。

如何避免类似情况发生？一靠企业自律，二靠行业监管。靠自律效果有限，从长远来看，还得靠加强监管。近日，国家邮政局表态：对于快递暴力分拣问题坚决治理。一是督促企业落实法规和标准的有关要求；二是加强能力建设和科技应用，防范和治理抛件、踩踏、着地摆放等问题；三是加强市场监管，开展随机抽查核查，同时运用数据平台，通过“互联网+监管”等手段来进行核查，督促企业规范操作行为；四是强化社会监督。

当然，如果碰到快递严重变形损毁的情况或遇到寄递服务质量问题，最直接的办法就是拿起法律武器，向企业提出调换或索赔。还可以通过12305热线进行投诉。如果认为物品价值不高和操作较为烦琐，出了问题之后不想折腾，那只能“冷处理”了！

（2021年4月27日）

为个人信息安全上把“锁”

刚买完房就有人打电话来联系装修的事情；刚做完手术就有人“关心”你要不要保健品；孩子刚出生就有“早教机构”纷纷发来短信“贺喜”；注册会员被要求填写生日、籍贯、学历等与服务无关的个人信息；在一家招聘平台上传简历后会接到好几家公司打来交入职培训费的电话。更有个别商家，偷偷记录客户人脸等生物信息；一些平台利用大数据进行用户画像，推送个性化广告……

这些令人无奈而又愤怒的情形，相信不少人都曾经历过。人们不断地追问：谁“偷”走了我的信息？谁为我的信息安全上把锁？“贩卖”个人信息该当何罪？

个人信息被“裸奔”的背后，实际上连接着一个“地下产业”和黑色利益链。曾有报道，有人花3.8元就能购得长达33页的个人信息报告，其中不仅包含通话记录、出行记录、消费记录和人脉关系，甚至还“附送”针对个人的详细量化分析。警方曾破获一起案子：一家所谓的“高科技”公司，通过非法手段，扒取正规招聘网站2亿条用户简历，把简历数据“打造”成公司产品，卖到不同行业领域，非法获利过亿。

近年来，应用程序过度收集用户信息问题引发人们的吐槽，虽然相关部门也重视个人信息安全问题，但没有一部专门的法律来为个人信息撑起“保护伞”，致使在司法实践中面临部门权责不明确、维权机制不顺畅、法律之间不衔接等问题，亟待出台一部专门的法律法规来协同监管，强化违法惩戒。

为回应人民群众关切，切实解决群众急难愁盼问题，日前通过并将于今年11月1日起施行的《个人信息保护法》，以严密的制度、严格的标准、严厉的责任，为个人信息保护戴上了“金钟罩”、筑起一堵“防护墙”。有人形容，这样的法律将会使信息监管长出“利齿”，令那些不法分子瑟瑟发抖、无处遁形。《个人信息保护法》的出台，彰显了国家保护个人信息安全的决心，个人信息被“窃取”的风险可望大大降低。

比如，《个人信息保护法》规定，处理个人信息应告知并取得同意。任何组织、个人不得非法收集、使用、加工、传输他人个人信息，不得非法买卖、提供或者公开他人个人信息。对违法行为将吃“罚单”：对轻微或一般违法行为，可责令改正、给予警告、没收违法所得，对拒不改正的，最高可处一百万元罚款；对情节严重的，最高可处五千万元或上一年度营业额百分之五的罚款，并可作出“停业”处罚。

（2021年9月5日）

“农民业校”要贴合群众需要

乍听“农民业校”，还以为是“农民夜校”。实际上“农民业校”是今年起昆明市为进一步巩固深化脱贫攻坚成果，助力乡村振兴推出的一项具体举措。昆明市将以“农民业校”为主阵地，发挥人才支撑作用，围绕“产业、就业、创业”等重点内容，最大限度帮助农民持续增收致富，让农村成为安居乐业的美丽家园，从而推动乡村全面振兴。

实施方案明确了目标任务、培训对象、师资配备、培训管理、考核奖励等内容。比如，到2025年，符合条件的农村劳动力要全员培训，“农民业校”成为全省乃至全国教育培训的品牌。

乡村振兴关键在人才振兴，而农民是乡村振兴的主体。成立“农民业校”，主要作用在于提高农民的综合素质。但如何提高，核心问题在于贴合群众需要，授课内容“接地气”，让群众听得懂、学得会、用得上。如果脱离了群众的需求，“农民业校”就会名不副实，或沦为一个空壳，没有太多存在的价值和意义，也必然会让更多人“弃学”。

当然，成立“农民业校”，客观上在广大农村就有了一个宣传党的方针政策、新兴业态推广、普及法律法规、信息双向交流的平台，以及产业政策指导、公共服务提升、乡村社会治理、思想文化建设等方面的阵地，借此满足农民群众多样化需求，还有助于提升基层干部的“三农”工作水平。但农民需要什么，农民心里最清楚。因此，“农民业校”里可以学什么？什么人来教？怎么教？都要通盘考虑。

一个基本的前提是，遵照农民意愿，按照“缺什么补什么、要什么教什么”的原则，精准制定教学菜单，让农民“点菜”、老师“下厨”。培训时间应避开农忙、赶集日、外出打工、上班时间等节点。至于谁来“执教”？除党校教师、农科人员、乡村规划师、法律工作者外，还可选聘致富带头人、乡村“土专家”“田秀才”等为授课教师。

尤其是随着农村一二三产业融合发展，有必要拓展乡村新产业新业态，开设农村电商、乡村旅游以及民宿经营管理等课程，重点开展运营管理、产品策划、品牌包装、宣传推广等实用技能培训。这时，那些“乡创客”“领头雁”就可大显身手。

作为新生事物，“农民业校”需要实践探索。但只要坚持需求导向、分类施教、注重实效，把学校办出特色、办出水平，让学校具有吸引力、影响力，就能解决许多制约发展的瓶颈问题，群众感兴趣、肯参与、有收获、愿坚持。相信不远的将来，“农民业校”就会成为广大农民知识更新的平台，提升职业技能的阵地，增强自身综合素质的摇篮。

（2021年10月6日）

暴力伤医引发社会之“痛”

每当媒体上曝出暴力伤医事件，总会刺激着社会的神经。近日，北京又传出一起恶性伤医事件。一位副主任医师在正常诊疗中，遭到犯罪嫌疑人残忍伤害，一条鲜活的生命就这样离世。人们非常震撼、痛心，纷纷谴责作恶者，要求严惩伤医者，否则不足以平民愤！

人在社会上生活，都有这样那样的职业角色，医生、警察、教师……人人为我，我为人人，才成其为社会，才能有更好的生活。但不知从什么时候起，医患关系变得有些复杂，也不断曝出一些不和谐的事情。人们在追问、反思：文明社会，为何会有那么多不文明的现象发生。辱骂医生、推搡医生、殴打医生……这些违法行为为何不断地上演？

回到最近的这起伤医案，一些法律界人士纷纷“站出来说话”。他们认为，这不是一起所谓的医疗纠纷伤医案，而是一起情节恶劣的刑事案。排除医患关系，刑法对伤害致死、对杀人都是有严格法律规定的。骂人是犯法的、打人也是犯法的，更何况是伤人。所有危害健康、危害生命的行为，都应当受到法律的制裁。

也就在前几天，全国人大常委会第十五次会议表决通过《基本医疗卫生与健康促进法》，在随后举行的新闻发布会上，有关部门负责人在回答记者提问时明确表态：法律已对这起伤医案“出手”，对暴力伤医“零容忍”。值得期待的是，国家以立法形式阐明了对医务人员的保护，对任何形式的伤医事件都持零容忍态度。

这部法规对“暴力伤医”行为作出了明确界定和处罚，还特别规定了医疗卫生机构执业场所是公共场所，全社会都要维护公共场所秩序，不单单依靠医院自身。公共场所应该把公共安全放在第一位，这是人所共知的，而公共安全的维护需要社会力量参与，不断扎紧对医生保护的藩篱。任何人都不是“旁观者”，因为任何人都不可能“独善其身”。

从道德层面讲，医务人员是市民百姓的健康“守护神”，也是卫生健康事业的主力军。医务人员是为全社会、为全体公民提供医疗服务的，为我们的健康提供保障的人，值得应有的尊重。对医务人员的侵害，就是对自己的伤害。暴力伤医，是对医学人文关怀的蔑视，是对法律和良知的无耻践踏。因此，无论从道德上还是从法律上，都应当对伤医行为予以严厉谴责和制裁。

（2020年1月7日）

物管营收，业主想看“明白账”！

每到年初，总会有不少小区在显眼处贴出物管的经营性收支公示，但不少住户反映“看不懂”，也有住户表示是“假公示”“假明细”。实际上小区经营性收益是一笔“糊涂账”；更有一些住户不耐烦看或懒得看，认为看不看都是那么一回事，是管不了也没有人愿管的“灰色地带”。

正因为如此，岁末年初，物管最积极的一件事就是收物管费。在收费过程中，不时会出现这样那样的争执和不愉快。不管怎么催，有住户就是拒不交费，物管搬出的说辞是，我服务了你一年，你交费是天经地义的；而住户有住户的理由：我不交有不交的原因，收费很高、服务缩水，且收支账目一塌糊涂。

由此看来，双方争执的焦点在于服务的质与价、账目的清楚明白以及使用的合理性问题。客观上，物业服务的内容很多，收支明细需要专业财会。再说，每一年的开支不一样也很正常，比如去年开给保安的工资是2500元，如果今年依然是2500元，可能就有人不干了。因此，营收开支是个动态的过程。

问题在于，住户最需要看到的是营收明白账，即收得清楚花得明白，未装入“自己腰包”，这样就会心甘情愿地交纳物管费，也不用物管人员再三上门去“要账”。之所以一些住户“赖着不交”，原因不外乎物管服务缩水、收入与支出不清楚等。有户主认为，一些开支是明摆着的，比如工人的工资、垃圾清运费等，而一些收入就很难明白，比如停车费、电梯轿厢内广告费、场地租赁费、商铺租金等等，住户无法监控，要“细查”起来非常费力，甚至业委会也无能为力，何况一些老旧小区没有业委会，营收与支出不就成了一笔“糊涂账”？

如何让小区经营性收支成为明白账，既关系小区居民的生活质量，也体现社区基层治理的能力。一些管理较为先进的小区经验值得借鉴：物管把每个月的物业经营性收支项目、金额、摘要等，及时上传至住建部门的信息平台，业主实名认证后，可以通过平台查询收支情况。还有一些小区将营收在银行设专户管理，在一定程度上解决资金使用不透明的问题。

然而，要从根本上破解这一难题，物管与业主要建立信任感，只有高度信任，才能解决信息不对称问题。更为重要的是，要用机制“捆牢”物业经营的“钱袋子”。小区经营性收支，是社区基层治理的大课题，要管好这笔账，需要形成规范高效的管理体制和监督运行机制。

（2020年1月23日）

大喇叭“声”入民心值得点赞！

快板、山歌、花灯、民间小调、硬核喊话……在抗击新冠疫情防控工作中，一些最传统的宣传形式通过大喇叭发挥了积极作用，有效提升了农村新冠疫情防控宣传的覆盖面和传播效果。这些最“土”的办法直击关键、直抵人心，宣传效果堪比新媒体。有群众感慨：大喇叭天天喊，哪个敢“不听”？

最近刷爆朋友圈和抖音的曲靖硬核村长用大喇叭喊的“话”，各种“魔性”十足的方言词汇脱口而出，用通俗易懂的话讲如何戴好口罩，呼吁大家不要串亲走戚，好好滴蹲在屋头向（烤）哈火……直接讲政策、讲危害、讲防护措施，开门见山，直来直去，幽默诙谐、搞笑又干货满满，达到了宣传教育、发动群众的效果。村民认为，这样的宣传容易接受，也能在行动上自觉遵守。

比起一些一板一眼“高大上”的宣传，这种用最原始的办法、最接地气的语言把“要干的事”直接告诉群众，比照本宣科地读文件、讲方针要好得多、强得多，群众也更乐意听、愿意做。

网友也纷纷评论，“大喇叭”太接地气，能讲问题，揭本质，带批评，还能给人指出路及解决问题的办法。更重要的是，用老百姓听得懂的话讲道理，把大道理讲得如此诙谐生动而又浅显易懂，让人百听不厌，效果当然杠杠的！这种用方言或少数民族语言“喊话”的宣传方式，只是云南在新冠疫情防控宣传方面的一个缩影，目前很多地方都在开展。

做宣传工作，最讲究方式方法。什么是好方法，群众喜闻乐见的方法就是好方法，也最能提升宣传效果。

用成本最低的大喇叭对全村人“喊话”，解读播报疫情、宣讲防控知识，做到家喻户晓，让群众入脑入心，成为打通防控新冠疫情信息的“最后一公里”。人人听，放大了宣传效果，成为政策宣传的“主阵地”、防疫知识学习的“大讲堂”，不失为卓有成效的好经验好做法。

赢得新冠疫情防控的最后胜利，凝聚力量、形成合力、鼓舞人心、激发斗志至关重要。如何创新宣传方式、丰富宣传手段，是宣传舆论战线要做好的一件大事。新办法要用上，老办法也不能丢，新老办法相结合，才能让宣传不留死角，才不会漏掉任何一个村庄角落，让新冠疫情防控声音传递到千家万户。

（2020年2月10日）

“2.5天”弹性作息制会否“遍地开花”

不久前，浙江、江西及甘肃陇南等地推行“周末2.5天”弹性作息制，4月11日，南京也宣布加入这一行列，“五一”前夕，安徽又发出通知，实施“2.5天周末”制。据不完全统计，目前已有10多个省市发布了相关政策。

多地纷纷推出2.5天休假模式，不少人感叹，如果能成为一项公共政策安排，那就太开心了！至少周末能潇洒两天半，“说走就走”成为可能，消费券也有了去处，而且不少景区门票优惠幅度很大，真是一举多得的好事。一些人则不太乐观，认为这种做法是特定时期的权宜之计，不可能长久实行，也不会“大面积”铺开，更不会一下子上升为国家政策，成为法定制度。

多地出台这一政策，初衷是为了恢复旅游元气，提振消费信心，尽力减少因新冠疫情造成的损失。在新冠疫情防控常态化条件下，推行这一做法，无疑是“应时顺势”之举，是推进文旅企业复工复产、减轻新冠疫情对经济影响打出的组合拳之一。

实际上，这种做法并非什么创新之举，且有“法”可依。早在2015年8月，国务院办公厅就下发过文件，鼓励“周五下午与周末结合”的2.5天休假模式。一些省份也相继出台了相关文件，但并没有落实落地。

旅游行业人士普遍反映，弹性作息制不失为一个好政策。一周多了半天时间，人们周末出游半径增加了，很多人会选择“3天2晚”的旅行方式。不管到哪里，都要住宿、要餐饮甚至还要娱乐，这些需求增加了，消费热情上来了，刺激消费就见效了。

不过也有人认为，这一政策只是地方性政策，而且带有很大的鼓励性和引导性，推行效果可能会打折扣，“一阵风”过后，很多人会把“拉动消费”举措变为“待在家里休息”，拉动消费从何谈起？即便强制推行，只是部分机关、国有企业和某些事业单位的福利，而窗口服务单位、基层单位以及成千上万的民营企业，只能望“假”兴叹。

专家预测，可能会有更多地方出台类似的政策。道理很简单，旅游是人们追求美好生活最直接的现实需求，假日消费是当下经济增长的新亮点。这样的政策设计，是“立竿见影”的事。不过要鼓励更多单位推行这一做法，政府应加大扶持力度，出台税收优惠、降低社保成本等配套政策，让企业得到更多实惠。这样，企业既不会因放假半天增加负担，员工也不需要“挪班补班”获得正常收入，大家都能享受到政策红利。

（2020年5月12日）

老年代步车，是禁行还是放行？

在昆明的不少街面上，不时能看到五颜六色、款式五花八门的老年代步车，价格从几千元到两三万元不等，有的还有倒车雷达、天窗、后视镜等配置。

然而，这些车不是由医疗器械类演变而来的那种电动轮椅车，而是超标电动车。不少是一些无生产资质的小厂生产，甚至是一些小公司“躲着”生产的，质量大打折扣；加上一些车闯红灯、逆行、违规变道、乱停乱放等任性行为，不时酿成交通事故。

尽管如此，老年代步车还是深受不少老年朋友的青睐，成为出门代步、买菜遛弯、接送孩子的“新宠”。因为不用考驾照，不用买保险，没有上路门槛，老年代步车市场一直红红火火。在中原某市，老年代步车市场甚至发展成一个“地下产业”。

一方面是老年人的需求，另一方面是交通安全隐患。如何在禁与放之间找到平衡，既兼顾民生需要又促进产业发展，是一件两难的事情。换句话说，是禁老年代步车上路还是给出路，是考验各地社会治理能力的一件大事。

如果搞“一刀切”，一律禁止上路，一些老年人的出行无疑受到影响；如果“全面放开”，这样的车会越来越多，安全隐患也会随之增多，管理仍是难题；如果“睁只眼闭只眼”，任其“横行”在非机动车道上，也不是积极的管理办法。如何探索解决之道，需要相关部门用力作答。

实际上，两年前工信部等六部委就联合发布通知，要求各地对低速电动车清理整顿，制定本区域产能压减淘汰转型调整方案，建立长效监管机制。但究竟如何监管，至今仍然处在探索阶段，还没有较好的监管手段。所以大部分地区老年代步车管理一直存在监管盲区。

尽管国家明确“升级一批、规范一批、淘汰一批”的工作思路，目的在于改变老年代步车行业鱼龙混杂、产品质量良莠不齐的状况，但不少地方执行时往往变成全部淘汰，一些地方“听之任之”没有大的进展，一阵风吹过，又恢复到老样子。

更尴尬的是，老年代步车的合法身份也一直未明确。代步车是参照非机动车管理还是作为机动车新品类管理，各地政策不一，执法弹性空间很大。随着老龄化社会的到来，低速电动车需求具有不小空间。是挂牌行驶，还是维持现状，需要“顶层设计”，出台国家层面的技术标准和路权管理规范，让老年代步车在有效管理前提下，满足老年人的出行需求，帮助他们追求美好生活。

（2020年7月14日）

档案很重要　别当“弃档族”

前不久，某单位要求员工把档案调到所在单位人事部门，有人懵了：毕业十多年了，我去哪儿找档案呀？有人辗转多地、找了好长时间、费了很多周折，总算把自己发黄的档案找到了；也有人七找八找，至今一直没有下落，档案成了“死档”……

本来，从高中到大学毕业，档案是随人走的，但近年来，一方面就业形式灵活多样，一些非公企业在招录高校毕业生时，不在乎档案也不需要档案；另一方面，一些毕业生也不愿意把档案转到单位，原因是怕跳槽时企业用档案“卡”人。

更为严重的是，在不少大学毕业生眼里，档案不过是一堆废纸而已，可有可无，还有人长时间不理档案，成为“弃档族”。殊不知，档案关乎毕业生未来的发展，若不妥善存放，一旦需要时找不到，会带来不少麻烦。

专家指出，档案还是维护个人权益和福利的凭证，关乎后半生的发展，不管是考研、考公务员、工作调动，还是工龄认定、入党、办理退休手续等，都要用到。如果没有档案，办理这些“大事”时，就是一大障碍。

按照目前的政策，如果高校毕业生暂时没找到工作，可以将档案留存学校代为保管两年，超过两年还没有落实工作单位的，档案就会被发回原户籍所在地人才服务中心保管。两年之内，如果毕业生到非公企业工作，可交由公司所在地人才服务机构负责档案管理，提供人事代理服务。当然，如果两年之内，毕业生考上公务员，或进入企事业单位工作，档案可直接交给单位，因为这些单位都是有档案管理权的。

对于出国留学的毕业生，一种办法是由学校将档案转至户籍地人力资源公共服务机构，同时办理个人存档手续；另一种办法是咨询教育部留学服务中心，办理档案托管。对于自主创业的同学，应主动请学校将档案转递到户籍所在地的人才服务机构。

按上述办法办理后，不管何时需要用到档案，都可以由单位人事部门开具调档函，去人才服务中心提档。

档案无小事，关乎大问题，应妥善存放保管，切不可掉以轻心。当然，用人单位也要增强管理意识，考察录用人员时，还是先看看档案——这是最起码的“用人审查”制度。当然，对一些灵活就业的毕业生，或一些与人事档案依附关系不是很大的工作岗位，虽然暂时不要或不用档案，但也要提醒毕业生，档案要有机构保管。这样，一旦需要，调阅查询就很方便。

（2020年8月4日）

高速公路为何难“高速”

你是否碰到这样的情况：高速路上以每小时120公里的车速行驶，跑着跑着，突然冒出个限速80的标志，想降速一下子也降不下来，就可能“中枪”了——超速行驶！等待你的将是冷冰冰的扣分和罚款。有朋友感慨，在一些高速路上，经常出现这样“过山车式”的限速，让人措手不及。

本来，高速路在限高速的同时应该限“低速”，即限制车速不能低于每小时多少公里，但现在的高速路一般都是限“高速”。这本无可厚非，是出于安全考虑。不过，现在的问题是，限速“太频繁”且忽高忽低，往往一段路还没跑几公里又“断崖式”限速了。这难免让人疑惑：高速路上限速（高速和低速）以及标志标线的设置是否科学合理。

道路限速设定应当以保障行车安全和提高通行效率为目的。如果限速不规范，或限速设置不合理，限速标准变化多，既影响通行效率，也增加开车危险系数，影响驾驶安全。比如一些宽阔平坦道路，双向六车道，车流量并不大，如果搞“一刀切”，统统限速每小时100公里，必然大幅增加司乘人员的行车时间，更谈不上行驶体验。

不过，近日公安部放大招，限速政策将出现重大改革，“抽风式”限速有望成为过去。这项规定有几个核心要点：大量不合理的限速标志将会被拆除；提高限速标准；四种超速不再扣分、罚款，比如同一辆车在同一道路同一行驶方向，违反限速规定行为处于持续状态，被测速取证设备记录多次的，选择一次最为严重的行为处罚。规定自11月1日起施行。

不少驾车人表示，这个规定太好了，通过完善标志标线和视线诱导设施，提醒、督促驾驶人主动降速，显得更人性化；收费站、服务区、匝道不测速，对轻微超速违法警告处罚等，人性化的成分更大。尤其是公开公示移动测速信息，此前一直在玩“躲猫猫”“捉迷藏”的移动测速，也将在这次新规中得到改善。

有网友感慨，莫名其妙的限速让人不住吐槽，有时稀里糊涂地被扣了分、罚了款，你找谁喊冤去？搁到谁头上不郁闷！这次公安部重点解决一些令司机头疼的问题，这些限速乱象或将走到尽头。但在推行过程中，仍有必要充分考虑群众意见，比如对同一地点记录数量大或者群众对某一路段限速值投诉意见多的，应及时调研论证，逐一调整规范。

（2020年9月1日）

来，我们一起消费扶贫！

向农户买一只鸡、两袋洋芋、三棵白菜…… 这样的“消费能力”相信大多数城里人都有。购买来自贫困地区和贫困人口的产品和服务，这种方式称为“消费扶贫”。为什么要倡导消费扶贫？一是脱贫攻坚决战之年，突然遭遇新冠疫情和灾情，双重挑战让一些往年出门挣钱的农户被困，或农作物受灾，损失不小；二是释放消费潜力“内循环”的需要，也解决了农产品难卖的问题。

当然，说到扶贫产品，很多人会问，是不是只要买农户家的产品就是扶贫产品？事实上，扶贫产品首先应是质量合格的产品，其次是价格合理的产品。最关键的一点是，要给农户带来实实在在的收益，要有扶贫效应，能够助农户增收。这些要素结合起来才算扶贫产品。

严格说来，扶贫产品需要经过县级扶贫部门认定，在网上公示后才能成为“正牌”的扶贫产品。这在很大程度上是为了确保网上销售的质量，也能够将消费扶贫的政策红利、市场红利落到产业扶贫上，带动更多农户增收致富。如果到农家的田间地头来个“乡村一日游”，看到喜欢的蔬菜瓜果，就不用那么麻烦去“认定”了。你买，就是在助农增收。

如果想买更多样的扶贫产品，只要在线上线下的消费扶贫专区、专馆、专柜就可以购买到。线上的如京东、拼多多、淘宝、苏宁、扶贫832等电商平台，线下的如永辉超市以及一些有扶贫意愿的企业专门设立的销售扶贫产品的货架、柜台等。不论是线上线下，为防打着消费扶贫的旗号销售非扶贫产品牟利，扶贫产品的售卖都有全过程监督，完全可以放心购买。

消费扶贫一头连着贫困地区的“钱袋子”，一头连着城市的“菜篮子”“米袋子”和“果盘子”，意义较为深远。从眼前看，不让一户农户落下，户户脱贫摘帽，才能全面迈入小康；从长远看，贫困地区脱贫根本措施是发展产业，消费扶贫实际上是在扶持一个产业。让产品走入市场接受检验，优质的产品质量、良好的消费体验，才能把贫困地区扶贫产业真正扶起来，带动更多农户持续稳定增收，防止返贫现象发生，也为乡村振兴注入活力。

消费扶贫是一种崭新的扶贫模式，需要构建长效可持续发展机制，比如出台行动方案，精准施策，加大扶贫产品物流补贴等政策力度；更需要社会各界群策群力，动员各类企业广泛参与，强化“互联网+”消费扶贫。这样，消费扶贫才会行稳致远。

（2020年9月30日）

“禁补令”能否管好校外培训

两年前，国务院办公厅就发文规范校外培训机构，目的就是要通过治理整改，让校外培训机构遵规守纪，维护行业秩序，营造良好教育生态。

然而两年过去了，虽然规范校外培训机构工作取得了一定成效，但部分校外培训机构超期收费、虚假宣传、卷钱跑路、聘在职教师授课、违规举办全日制培训班等问题仍时有发生。就拿收费来说，国家规定校外培训机构一次性收费不能超过三个月，但又有多少培训机构做到？国家还规定培训结束时间不得晚于晚上8点半，又有多少培训学校遵守这样的“作息规定”？……

一些校外培训机构违背教育教学规律和素质教育要求开展应试培训，“超纲教学”“强化应试”“以考纲来研究教学，升学不考的就不讲”。还有的校外培训机构在写字楼或民房内，公然开展中高考“全日制”培训，俨然就是一所“微型学校”。这些行为干扰了正常教育教学和招生入学秩序，增加了学生课业负担和家长的经济负担，甚至滋生教育腐败、破坏教育公平。

从查处的情况看，这些现象带有普遍性，外地有，昆明也有。究其原因，还是部分校外培训机构过度逐利、盲目扩张、加上监管不到位造成的。作为培训机构，赚钱是可以理解的，也是应该的；但作为教育培训机构，尤其是针对中小学学生开展的培训机构，有其自身的特殊性，那就是教育的公益属性。

如果过度逐利，诱骗家长超期缴费，不顾实际、随意涨价、盲目扩张，实际上是让家长承担了企业发展风险。曾经昆明一外语培训机构卷款“跑路”，就是典型的案例。再者，如果校外培训机构不注重自身的内涵建设、依靠提升服务质量、运用现代技术手段来降低成本，这样的培训机构也是办不长、走不远的。

从这个意义上说，规范校外培训，光有“禁补令”还不行，还需要培训机构自身的努力。更重要的是需要加强日常监管。客观上，一些培训机构“打一枪换一个地方”，隐藏在公寓楼或废弃的厂房内，监管存在难度。但只要实行常态化监管，采取明察暗访、重点监测等形式不留监管死角，定期排查检查，及时问责通报，动态更新黑白名单，广泛接受社会监督，就可以推进培训机构依规依标“办学”。

规范校外培训，还需要正规学校助力，“内外”联动。试想，如果学校能提升教学质量，课后服务到位，量身定制学生需求，学生在校内就能学足学好，谁还愿意费钱费力费时去校外培训？

（2020年12月23日）

校园App泛滥“成灾”何时休?

开门禁一个App、选课一个App、上课签到一个App，更有甚者，连打开水、洗澡也要一个App……放寒假了，一位在外地上大学的学生回家后感叹：上一个大学不知要装多少个App，不少同学手机里已多出一个页面的App。

校园App为何遭到大学生的吐槽？不止过多过滥。比如说，洗澡要装一个App，进浴室你必须得带手机，没有手机扫码，根本洗不成。然而，手机最怕水蒸气，万一进水，不就给手机也“洗澡”了吗？

更令人无奈的是，一些App使用“霸王条款”，你要先到校园网里充值一定数额，比如一次最少充200元，才能在App上交水费、电费，余额不退。学生没有任何选择权，只能成为任App宰割的“羔羊”。

一个卡（校园一卡通）就能解决的事，现在弄出那么多App，烦不烦人？本来，随着信息化建设的提速，打造“智慧校园”，这无可厚非，也是“互联网+”时代不可抗拒的趋势。问题是，太多太滥的App“横行”校园，让校园变得一点也不“智慧”。

新生事物表象背后往往隐藏着不可告人的“秘密”。为什么一些学校要求学生下载安装各式各样的App，一个很重要的原因是利益驱动，是斩不断的“利益链”。大量良莠不齐的App进校园，说白了，是移动互联网企业的一种商业模式。可以想象，大学生是一个庞大的消费群体，一旦App“绑定”游戏、购物、贷款、外卖、产品广告，甚至一些变相付费的功能低俗的信息，不就搭建起巨大的广告宣传平台了吗？其流量经济不可想象！

面对校园App泛滥现象，面对学生的无奈，难道就束手无策、没有什么“药方”可以解决吗？很多学生认为不是没有而是不想。一所大学连一个“校园一卡通App”都开发不出来吗？

学生是学校主要的服务对象，学生使不使用App、使用何种App，应有自主权和选择权。学校强制安装各种乱七八糟的App，是对学生自主权和选择权的不尊重。就算学校不能自主开发App，对于采购的生活服务类App，也要保证其公益性、方便性、安全性。“智慧校园”建设应该以使用者的体验为核心，以方便为目的。一个以智能便捷为本的App，才能让师生为之点赞！

（2019年1月27日）

入职需要打造“面子工程”？

又到一年毕业季，大多数学生都忙着求职找工作。为了找到一份好工作，一些求职大学生尤其是女生，想到去整容，把自己“塑造”得靓丽可人，在实现“美丽梦想”的同时，也顺利圆了自己的“就业梦想”。

爱美之心人皆有之，追求美是一种时尚。应该说，把自己打扮得美丽出众，本身没有什么错。某些时候，高颜值的确会为找工作加分。问题是，一些非法美容整容机构盯上求职大学生，相伴而来的是美容整容贷的诞生，“校园贷”换个马甲又活下来。美容整容贷一旦“套住”大学生，往往让人欲罢不能。

“校园贷”与非法机构联手设套，诱导年轻人提前消费、超额消费，这不是什么新闻。防不胜防的是，一些非法医美机构和违法经营美容机构与“套路贷”机构一样，往往神龙见首不见尾，要么藏身写字楼、商场里，要么就是街边拉起一块花布门帘的小店，一无资质，二无专业美容师，一旦进了这样的“黑店”，整容风险可想而知。

事实上，在求职过程中，只要把自己打扮得干净得体，“形象分”一般都能通过，除非特殊岗位有特别要求。如果一家公司要求你在入职前必须“提升个人形象”，换句话说需要你去“整整容”，就应该多个心眼。就算薪酬再高、工作机会再难得，也要三思而后行。媒体已多次报道这样的事情：为了达到“提升外在形象”的目的，有的公司会热情主动地帮你联系美容医院，为你提供无抵押、无担保、低利息甚至无利息的手术贷款。“贴心”服务的背后，可能会让你债务缠身，满心期待换来的是意想不到的结局。

因此，大学生在求职过程中，不仅要保持头脑清醒，还要睁大眼睛，更要多个心眼。爱美不可“任性”，盲目跟风不可取。更何况，整容后说不定工作“泡汤”，让人空欢喜一场，还给自己的身体带来伤害。如果仅仅将“面子工程”当作找工作的唯一砝码，一味地想在求职路上“以貌取胜”，显然是不合适的。

无数事例表明，正因为受害大学生涉世不深，自控能力差，消费冲动，缺乏法律和金融常识，才被骗入“套”。如何防止误入不法分子设下的“美丽陷阱”？端正自己的心态，摒弃愚型消费，树立理性的消费观，靠实力取胜，靠内在素质求职，这才是打开求职大门的正确方式。

（2019年6月11日）

买优惠票：不用再叫孩子蹲着点了

“看身高卖票”的做法已实行了很多年，公众认为有失公允，也成为近几年全国“两会”提案反映的热点问题。前几天，交通运输部、发改委联合发布的深化道路运输价格改革征求意见稿中提到，城市公交、长途客运的儿童优惠乘车政策将从“量身高”转为“看年龄”，6岁以下儿童可免费乘车，6岁到14岁的半价。

这一消息一经发布，立即成为网上热议的话题。儿童乘车优惠不再量身高，这是一件“迟来”的好事，如果能推行，当然会深受百姓的普遍欢迎；如果也能在景区、影院、自助餐厅等场所推行，消费者一定会为之点赞。

众所周知，现在的孩子长得快，十一二岁就成了“小大人”。官方统计数据表明：2018年，我国6岁男童的标准身高已达到117.7厘米、6岁女童的已达116.6厘米，12岁男童的标准身高已达到151.9厘米、12岁女童的已达到152.4厘米。这意味着，如果按照现行的身高优惠标准，大量身高在平均水平以上的儿童，无法享受到购票优惠。

在昆明，大多数景区、影院、自助餐厅也采用“目测法”看“身高”“看脸”收费。免票身高线多为1.2～1.3米，优惠票多为1.4～1.5米。这样一来，“超高儿童”很受伤。一些市民带着孩子进公园或餐厅时，为了给孩子买优惠票往往叫孩子“蹲着点”，有时，还会与对方发生争执，弄得双方都不愉快。

“以年龄”为标准享受优惠，《未成年人保护法》《价格法》《旅游法》

等已作出明确规定。如果以身高作为标准，等于变相“惩罚高个子”，对长得高、长得快的未成年人不公平，也侵犯了这部分消费者的合法权益。既然有法可依，为何实施起来那么困难？专家认为，主要原因在于法律的遵守乏力，行业主体多出于经济考量未执行相关规定。

当然，“行业惯例”有其历史缘由和现实困境。早些年，因为未成年人不能办身份证，身高是最便利、最直观的“年龄依据”，本质上也是以年龄作为优惠标准。但如今，公民一出生就可办理身份证，以年龄为依据已不是难事。通过“验年龄”享有优惠，让未成年人更好出行，还需在操作层面下功夫，比如能否推出未成年人电子户口本、电子身份证，办理入园乘车“一卡通”，等等。这样才能破解“执行难”，从根本上消除免票线的尴尬。

（2019年7月24日）

特色小镇不能“凑特色”

这几年，特色小镇成为各地热门的发展方向，但一些地方没有经过深入论证，盲目甚至一窝蜂地上马特色小镇建设项目，有的还成功“套取”地方专项扶持资金。遗憾的是，在运行过程中，并不像想象的那样成为“网红地”，有的甚至热热闹闹开张后不久，就关门歇业了，造成人力物力财力的巨大浪费。

本来，特色小镇首先应该具备先天的“底色”，即资质要好，要有“灵魂”；其次特色小镇靠创建和打造，“从内到外”完善配套设施，提高服务质量，跟上时代前进步伐，形成独特魅力。如果特色小镇为建而建、为特色而“凑特色”，既不科学，也不合理。

日前，云南省对澄江县广龙旅游小镇、剑川县沙溪古镇、沧源县翁丁葫芦小镇就亮出了黄牌。这三个特色小镇问题不尽相同：有的地方建筑密度过高、内部生态环境打造不充分、缺乏特色文化、缺乏细节打造和工匠精神；有的宣传标识杂乱无序、环境卫生管理较差、外立面风貌不协调、服务设施建设和管理不够精细、奖补资金使用过散、接入“一部手机游云南”平台内容还不够完善；有的建设重点存在偏差、缺乏“本真”功夫、缺乏“精细”打造、缺乏“活化”文化。

亮黄牌只是第一步，也是警告。如果三个小镇在3个月内整改不到位，没有实质性改观，到时将收回奖补资金，退出创建名单，并进行通报。去年，云南提出到2020年建成一批具有鲜明云南特色、达到世界一流水平的特色小镇；从2018年开始至2020年，每年评选出15个创建成效显著的特色小镇，省财政给予每个特色小镇1.5亿元以奖代补资金支持。

特色小镇是云南建设中国最美丽省份的重要举措、打造健康生活目的地的重要平台、打赢脱贫攻坚战的重要载体、实施乡村振兴战略的重要途径，必须坚持高标准严要求，发挥规划引领，高质量建设，真正彰显地方特色。

这三个小镇被亮黄牌既是为了“及时止损”，也给其他正在创建中的小镇提了个醒：特色小镇创建要聚焦“特色、产业、生态、易达、宜居、智慧、成网”七大要素，注重建筑风貌、生态环境、历史文化、商业业态四大元素保护修复。在推进建设中务必注重特色、产业、质量等。其中，文化特色和产业特色是“魂”，必须是独一无二的。如果相关部门“回头看”中发现一些“硬伤”，整改不达标，将会被“一票否决”。

（2019年9月4日）

做家政，需要读到本科吗?

不久前，“每个省份至少要有一所本科高校开设家政服务专业的规定”成为朋友圈热议的话题。有朋友质疑：干家政还需要专业吗?学家政不就是出来洗衣做饭、打扫卫生、照看孩子吗?学家政不是大材小用或者说浪费人才吗?

对于这些疑问，有必要进行一下家政专业知识普及。家政学是一门精深的学问，百度上给出的定义是，家政学是以人类家庭生活为主要研究对象，以提高家庭生活质量、提高家庭生活品质、强化家庭成员素质，指导家庭生活、感情生活、伦理生活的一门综合型应用学科。

具体来说，家政专业需要掌握家政管理、家庭教育、营养饮食、社区服务、服装织物、家庭理财、老人护养、婚姻指导、消费策划等专业技能，能够从事产业管理和培训以及相关行业的教学和研究，毕业生成为具有深厚扎实专业知识，同时具有市场调查、家庭生活指导、产业经营等实际操作技能的高素质人才。

家政学涉及很多门类，主要包括家庭物质生活、精神文化生活、人际关系、医疗卫生等方方面面，需要社会学、心理学、教育学、营养学、护理学、现代居家设计、服饰美学、婚姻家庭法、生活哲学、沟通技巧、安全常识等学科专业知识作支撑。

如此看来，家政学毕业生具备不少技能，出来不是“当保姆”，而是一份管理型、运营型工作。就如同当年高校开设酒店管理、旅游服务专业一样，出来不完全是去做服务生和导游。如果家政专业学生毕业后愿从事家务家事实务，那也堪称“科班保姆”或“金管家”，不会低人一等。这是对家政专业正确的认识和定位。那种认为家政专业很“低端”，不需要本科院校进行专门教育的看法，其实是对这个行业发展不甚了解的表现。

进入新时代，家政服务逐渐成为大众消费，成为城市居民生活的一项普遍需求。近几年，家政服务行业年均增长速度保持在20%左右，2017年突破4000亿元营收目标。而目前全国仅有7所院校开设家政专业，毕业生供不应求，可见专业人才的缺口有多大！随着人民对美好生活的追求，家政服务行业不断细化，向专业化、品质化乃至高端化方向发展，这对家政从业者素质提出了更高要求，开设家政服务专业正当其时，也是适应社区养老和家政服务业高质量发展需求的重要举措。

（2019年9月25日）

广场舞扰民，真的“伤不起”！

广场舞扰民本不是一个新话题，媒体也多次报道过。但前几天在昆明出现的一件事，又引起网友的热议。某小区楼下的大妈们跳广场舞太吵，一小伙子实在看不下去了，多次沟通无效后，默默拎来另一个音响混着放，想“以噪治噪”。结果，大妈的回击非常“硬核”，拎起砖头狂追。

据知情人士透露，广场舞扰民已经持续很长时间了，小伙在此之前已经跟大妈们沟通了多次，一直没有得到改善，小伙才出此下策。一些网友看到此新闻后，有的谴责大妈，有的同情小伙，有的觉得二者都很冲动；更多的则是呼吁有关部门加强管理，莫让广场舞变“扰民舞”，让广场舞越跳越好。

一直以来，广场舞扰民已不是一天两天的事了。特别是家里有孩子上学的，晚上孩子要写作业，而楼下音乐放得震天响，令人烦不胜烦！如果一个小区东南西北一共有七八支“队伍”，甚至连车道之间巴掌大那么一小块地方都被“霸占”了跳舞，叫人情何以堪！客观上，大多数小区空地有限，满足不了广场舞的需求，而老人们晚上生活太单调，没多少娱乐项目，除了打牌下棋、喝茶聊天，跳广场舞是她们打发寂寞时光的主要途径，老人的诉求也是完全合理、可以理解的。

问题是，如果光顾自己快乐开心，不考虑别人的感受，是不懂得尊重他人的表现。不管再怎么爱跳舞，都不该强健了体魄，而丢掉自身的文明。不管多么美妙的乐音，超过一定分贝，都是噪音。如果人为制造噪音，一些人尽情嗨，一些人强忍受，这不是文明社会的基本规则。

如何做到让想嗨的尽情嗨，想安静看电视、读书的人不受影响？办法总是有的。实际上，目前在昆明很多小区，广场舞的声音已比从前小了很多，不少住户反映，现在在家里几乎听不到大喇叭了。如何让广场舞彻底不扰民，不再上演为抢地盘大打出手、为声音太吵去“捣乱”等事件，需要从以下几方面努力：

第一，文化监管部门对广场舞扰民有义不容辞的监管责任，如果有住户反映情况，监管人员应当及时出面解决，而且要经常盯紧；第二，物管也应当肩负起监管责任。试想，小区里大广播吵得住户不得安宁，作为直接为住户有偿服务的物管，怎能袖手旁观、充耳不闻？第三，要加大对文明准则和公德意识的宣传教育力度，增强公民的自律意识，管住自己的不文明行为，共同营造和谐宁静的生活环境。

（2019年10月15日）

孩子是否需要“两个学校”？

时下，不少孩子都有“两个学校”，一个是每天必上的那个公办或民办学校，另一个是补习学校。必上的那个学校自不必说，一些家长苦恼焦虑纠结的是补习学校：有没有必要上？是不是一定要上？上和不上有什么区别？动辄一年几千上万元哪里来？一系列问题困扰着家长，成为家长们讨论的话题，还成为2018年两会上委员们热议的话题。

该不该上、愿不愿上、能不能上，取决于家长和孩子。补习学校一般分为两种，一种是补习语数外、理化生等课程的；一种是培训奥数、书法、绘画、舞蹈、钢琴、跆拳道等特长的。如果孩子在某方面较有天赋，或者说在某方面更有兴趣爱好，选个适合孩子发挥特长的补习学校，这没有什么不好。教育作为一门科学，施教有其规律可循，有年龄段管着。如果错过那个阶段，回过头来再“补习”，就很难了！再说，课业时间可能也不允许或较难安排。

今天我们要重点讨论的是前一种补习学校，也就是专门补习文化课程的学校。应该说，诞生这样的学校或补习机构不是坏事，至少受到不少家长的追捧就是最好的证明。试想，有专门的机构、专门的老师来为孩子查缺补漏、提高能力，这有什么不好？问题是补课会不会走向极端？会不会衍生出很多问题？这才是家长最为关心的。

补课的根源是什么？肯定是上课没学好，或者说在有限的时间里对知识的理解掌握不牢不透等。补课的深层次原因是什么？是考试指挥棒的导向作用，是唯分数论的价值取向。如果改革考试评价体系，谁还愿意花钱去补课？然而，改革谈何容易，更何况是牵一发而动全身的教育改革！再说，教改也改了好多年了，为什么没有取得一些人想象中“翻天覆地”的变化？正说明当前的教育是适合国情的，是得到广大人民群众基本认可的。更为重要的是，教育在改革中不断发展完善。

回到补课话题，孩子是否需要“两个学校”？如果孩子成绩好，那还需要补什么？“跟风”没有必要，上“超常班”实属多余，说不定还会让孩子产生依赖感，在学校随便应付一下，等着放学来补课，那就本末倒置了！如果孩子学习跟不上，在条件许可的情况下，抽空补补课，也没什么不好。关键是要有效果，如果只是为补课而补课，补个“安心”，看着别人补自己也被裹挟着去凑热闹，那就没有必要了。

至于有的老师上课不好好讲，在外面开办补习班，那是另一个层面的问题，需要整治，不作探讨。如果你想让孩子释放天性快乐成长，甚至不让孩子吃一点苦受一点累，认为孩子在校的学习已经不堪重负了，那还补什么呢？尽早为孩子“减负”吧，树立正确的成才观，按照不同途径去成才！相信，随着考试制度的改革完善，人才选拔机制的多元化，新时代会为每个孩子实现人生价值提供合适的舞台。

（2018年3月12日）

别让手机偷走你的梦想

几年前，曾亲耳听到一老板“训斥”一员工：“你的手机好像用了四五年了，我咋个老是见不得，赶快换了吧，不换手机就换人。”这虽是一句玩笑，却多少折射出手机在人们心目中的分量——奢侈品！手机换得越勤、越时尚、越高端，仿佛人的身价就越高，越让人不敢小瞧；或者说高档手机是成功人士的标配，是白领的“脸”。

可没过几年，智能手机遍地开花，人们的消费变得越来越理性和冷静。这不，今年一季度，中国智能手机出货量同比下降27%，昆明多家手机店销量也在下降。销量下降，一方面说明高端手机数量已经足够满足需求；另一方面也说明，消费者用机习惯、产品体验已到了一个成熟稳定阶段；更为重要的是，人们对手机的消费变得不再盲从跟风。

在一种平和的心态支配下，只要好用、用着习惯，用什么牌子的手机真的没多少人在乎，甚至完全是个人的事。新时代消费观念变了：人们在追求高质量、高品质生活的同时，那种土豪型、炫耀性、畸形消费已逐渐过时或被人抛弃！

记得20年前，手机还是身份和地位的象征；而今天，就是普通百姓手中的一个工具+玩具。无论换机频率多高，手机最常用的功能无非是打打电话、发个微信、刷刷朋友圈；如果硬要开启拍视频、打游戏、看电影等功能模式，或者用来办公发邮件、写工作计划、购物、收付款等等，恐怕目前任何一款智能机都能做到，没有必要换来换去！

换来换去说不定就会患上“手机依赖症”——手机不在身边，就像掉了魂似的；甚至经常要带两部手机才够用，那就麻烦了！作为工具，一旦攀比式地“开发使用”，将其变为丢不开的宝贝，就可能会无形中占用你大量的宝贵时间。比如早上起床发个“祝大家一天开心”的笑脸，上班路上“直播”一下花草树木，走进办公室还要告知朋友们你准备干大事了……

一天总处于“直播”或刷屏状态，请问究竟有多少时间花在工作上？更别谈深度思考和“深阅读”了。其实，只要转念一想，你会幡然醒悟：信息技术同其他技术一样，犹如一把“双刃剑”。用得好，造福人类；用不好，会给人带来烦恼，抑或灾难。

自从手机诞生以来，给即时通信带来极大便利，某种程度上改变了人们的生活。但随之而来的是，手机也绑架了人们大量的业余时间和碎片化时间，甚至打搅了人们做更有意义的工作。一条资讯说，中国人每天花在手机上的时间是3至4小时，而人均每天读书时间不足15分钟。不管承认与否，人们盯在手机上的时间实在太多了——多到无法统计，手机快成“手雷”了！

如果是将手机用于工作或学习，那无可厚非。倘若整天“机不可失”，把人变成手机的奴隶，这样的生活状态，如何实现人生梦想？长此以往，真是印证了那句话：人与人之间最遥远的距离，就是面对面玩手机！

（2018年4月26日）

用公德“拴住”你的爱犬

狗是人们公认的既有灵性又懂感情还很忠诚的动物，是人类的伴侣和宠物，人们爱狗养狗无可厚非。但不管深爱到什么程度，不影响他人是前提，也是讲社会公德的体现，更是养狗人最基本的素质。

因为爱狗，养狗的人就比较普遍。狗养多了，问题也会多起来。按此逻辑来看，养狗带来的问题不外乎犬声扰民、狗粪污染、吓人伤人这三方面。前两方面都好办，许多市民也做得比较好，常常可见遛狗者随身携带报纸和塑料袋，随时准备充当“铲屎官”。棘手的是第三方面，狗吓人咬人的事情时有发生，严重干扰了他人的正常生活！

某小区，一只超大宠物犬在电梯里吓得小孩哇哇大叫。小孩受到惊吓，狗何罪之有！是狗的问题吗？如果发生咬伤事件，主人负得起这个责任吗？尤其在狂犬病疫苗闹得沸沸扬扬的今天，人们的担心不是杞人忧天。再说，全国一年不知要发生多少起恶犬伤人事件。今年以来，多地连续发生狗伤人悲剧，不少少年儿童无辜受害，令人十分痛心！就在8月7日，临沧有10人还被同一犬咬伤。难道不能从中吸取点教训吗？人们开玩笑说，疫苗有假，狗是真的！万一不断出事，谁买得起这个“大单”？

“虎兕出于柙，龟玉毁于椟中，是谁之过与？”——老虎和犀牛从笼子里出来伤人，龟甲和宝玉在匣子里被毁坏，是谁的过错呢？难道是老虎、犀牛以及龟甲和宝玉的过错吗？显然不是，是看守人员的过错，是看守人的失职。这种失职失责实际上是公德心责任心的缺失。如果秉持一颗公德心，始终怀揣自律意识，可以肯定地说，不会或很少会出现爱犬吓人伤人事件。

狗是人类忠实的朋友，但狗是动物，动物有动物的特殊本能。如何在养狗与管狗、情感与法规中间寻求平衡，需要一颗公德心。不讲公德，何谈文明？何谈法规？

父亲在家里待久了，总会下楼到小区走走。此时，儿子总会交代：注意，小区里边狗多得很！正因为狗多，小区曾发生狗伤人事件，弄得居民怨声载道，要求物管严管，甚至有人投诉到政府部门，希望按照地方养犬条例，对狗主人实施处罚，建议管狗先管人。

处罚绝不是万能！从另外一个角度讲，“拴住”自家的爱犬，是安全的需要，是对别人的尊重，也能给自己减少不必要的麻烦；只有安安全全地养狗，狗才能给人们带来开心快乐。如果因为太“宠”自己的狗狗，一不留神让其任性，就有可能带来祸患，甚至给别人造成难以弥补的伤害。

作为社会的一分子，应该具备最起码的公共意识，任何时候都要守住内心不能逾越的底线。通过高度自律，把公德意识镌刻进自己脑海里，自觉约束自身行为。涵养公德意识，当从文明养狗这样的小事做起——尊重他人也是善待自己！

（2018年8月13日）

莫让车窗抛物成“创文”痛点

交通是城市文明的窗口，在所有的不文明交通行为中，车窗抛物可能是最讨厌的行为。君不见，什么矿泉水瓶、纸巾、烟头、果皮、瓜子壳、易拉罐、口香糖……一股脑儿地往外抛，不禁让人想“喷”人：马路又不是你家的垃圾桶，马路也不是垃圾场，为什么想丢就丢呢？

可能很多人不知道，扔出去一个仅100克的空矿泉水瓶，与时速100公里的汽车相撞，瞬间可将后车的挡风玻璃击得粉碎。全国每年因车窗抛物致死400人左右，直接引发的交通事故更是不计其数。尽管如此，依然有人我行我素。近期，昆明交警先后公开曝光了4批共36名车窗抛物者。有网友留言：应该无遮掩曝光，直接曝光车牌，效果更佳！

对于车窗抛物，舆论有着一致的谴责基调：一种很丑陋的行为，一种抛弃公德的举动，一种与文明社会格格不入的陋习。有人感慨：车窗抛物，扔掉的是公德，拉低的是素质，抹黑的是形象，抛弃的是文明。而昆明正在创建文明城市，如果“创文”成果在一些人手中被抛掉，情何以堪？不可否认，曝光，对其他人是一种警醒，也会起到一定的震慑作用。但要遏制这种行为，最终还要靠“法”治，并实行常态化管理。

文明，既浸润于道德的灌溉，更植根于法治的土壤。日前通过的《昆明市文明行为促进条例》就明确规定，从屋内、车辆内向外抛撒物品的，可以在报刊、广播、电视、网站等新闻媒体公开曝光。这找到了处罚的依据。然而，仅仅曝光还不够，对那些“厚脸皮”，还需要让其出点“血”，用罚款来惩治其不良行为，才可能长记性，才会“手下留情”，从头脑里树立创建文明城市的责任意识，管住自己的不文明行为。

一以贯之地严格执法，将车窗抛物行为纳入违法行为信息库，才能强化文明行为和良好习惯的逐渐养成。有一句话叫：罚出来的素质也是素质。某种意义上，依法处罚是对公众最好的教育，重罚之下才能让不良行为不断收敛。

小节之处显大德，细节之上见文明。每一位市民都是城市的文明使者，做文明“驶者”需要公共意识和习惯养成，假如连车窗抛物这样的小事都不能从我做起，文明城市创建从何谈起?

（2018年10月25日）

谨防一些农村孩子患上“手机病”

一个14岁的男孩，就因为三更半夜关起门来玩游戏，家长一气之下悄悄关了电源总闸。之后，小男孩天一亮就爬出窗户，半个身子悬在空中，准备跳楼。在公安民警、消防官兵的配合下，花了四五个小时，才将小男孩解救下来——这是央视日前播出的一则消息。

小男孩为何要跳楼，表面看是家长断了自己玩乐的“命脉”。实际上，是父母关心陪伴的缺失、监管的缺位。据报道，这个小男孩的父母离异，他跟着姑姑和爷爷奶奶一起生活。由于父母不在身边，上学经常三天打鱼两天晒网，每天与手机为伴，“机”不可失，昏天黑地沉溺于游戏，甚至还通过手机“套取”姑姑银行卡上的八九千块钱，以保证手机能正常运行。

诸如上述小男孩一样，目前在广大农村，不少家庭夫妻二人都出去打工了，把孩子丢给爷爷奶奶。为了联系方便，大部分家庭都给留守孩子买了手机。殊不知，本是为了联系之用的手机，成了一个“害人”的东西。在缺少有效监管的情况下，不少农村孩子放学后玩手机、吃饭时玩手机、睡觉时玩手机，甚至连上厕所、课间十分钟也在争分夺秒玩手机。

一些同学还时常分享“玩”的经验，相互之间逮住机会就凑成一局联机游戏，“吃鸡”“打野”“双杀”……下课和放学后，操场上活蹦乱跳的人少了，帮爷爷奶奶做家务的人少了，立马完成家庭作业和主动复习功课的同学也减少了。智能手机的普遍使用，霸占了孩子们不少学习时光，一些孩子被游戏这张“大网”牢牢罩住，而游戏里暴力、色情、杀戮等场景往往充斥其间，严重危害着孩子们的身心健康。一些孩子的手机装满游戏和直播软件，成了现实世界里的“潘多拉魔盒”和“黄色录像厅”，长期以往，令人担忧！

如何治疗孩子们的“手机病”？需要家庭、学校、社会形成合力。但更为重要的是，应该从源头治理，对不履行社会责任的游戏运营商加大监管处罚力度。一些商家一刻不停地开发和大肆宣传新游戏，变着花样吸引青少年，用送装备、送充值币等“套牢”玩家的手段，让这些心智尚未成熟的孩子难以逃脱虚拟魔幻世界的诱惑。比如，现在流行的“吃鸡”“王者荣耀”等游戏，只要一分钟申请注册一个QQ游戏账号，就很容易“上钩”。一旦上瘾，快感无穷，想通过说教把被粘住的孩子“唤”回来，实在“比登天还难”！

孩子是祖国的未来，十多岁的孩子，正是人生观、价值观、世界观逐渐形成的关键时期。如果此时监管放松，放任放纵，让孩子掉入手机游戏陷阱，让手机绑架了他们的青春，让梦想因手机而破碎，那是一代人的罪，也是永远还不起的债。

（2018年9月16日）

别让“隐形套路”偷走你的个人信息

只要你注意就会发现，不少药店门口都摆放着电子秤，只要往秤上一站，就能获得体重、身高、体脂率等基础体检信息。但有一个先决条件，你必须用手机扫码，在指定的App上输入你的相关信息，才能获取体检报告。当你沉浸在“方便无处不在”的喜悦中时，你的数据已经被轻而易举地“套取”了。

如此这般“套取”个人信息的行为随处可见。走在街上，往往有促销员热情地递给你一张“扫码免费领奖品”的传单。很多人是贪小便宜吃大亏，为领取一份廉价“礼品”而付出了隐私代价。或许你认为，大数据时代还有啥隐私可言，骚扰电话、匿名邮件、推销广告不请自来。谁能为自己的数据信息编织一道“防护网”呢？

大数据的确是个好东西。企业、商家正是对用户数据进行收集、处理、分析和挖掘，根据用户画像来发现客户的地域、类别、喜好、社交需求等，从而综合判断用户的消费需求，以便更精准、更方便地“推销”产品，谋划产业布局。除此之外，还有许许多多的好处，正影响着我们的工作和生活。

大数据又是一个“坏东西”。大数据时代，随之而来的是数据风险，包括非法收集、账户安全、非法利用等。如果不擦亮眼睛，或多长个心眼，很多时候上当受骗了还被蒙在鼓里。大数据被视为新型资源，不知不觉中成了一些人诈骗赚钱的工具。数据库成为黑市中的“香饽饽”，打包出售用户数据的情况随处可见，倒卖数据诞生出一个个“地下产业链”，滋生出愈演愈烈的数据“偷盗”行为。

事实上，大数据本无好坏可言，信息技术打出生就是一把双刃剑。用得好，造福人类；用不好，伤害人类。因数据泄露带来的危害，不仅涉及大量公民隐私，侵犯公民合法权益，还能左右舆论导向。同时，数据间的非法流通和交易也威胁着社会稳定。可见，数据安全一旦上升到一个高度，很可怕！

数据安全关乎个人利益和国家利益，隐私保护贵如油！随着移动终端的广泛应用，在网站注册、电商购物、线上理财、扫码骑行、网络导航、叫个外卖等诸多生活场景中，个人数据信息都存在被直接或间接地“窃取”的风险。让个人信息成为谁都不敢触碰的“高压线”，重要的是牢固树立信息安全意识，没事不要随便扫二维码，不要为了几块钱的蝇头小利，随意在社交媒体或陌生网页上留下自己的个人信息。如果让一些“隐形套路”在不经意间偷走你的个人信息，那就“惨”了！

（2018年9月30日）

靠高品质把游客留下来

入冬以来，全国不少地方冰天雪地，而昆明多数时间冬日暖阳。透蓝的天空让人开心、十分惬意，甚至有几分陶醉，让外地人好生羡慕。与朋友聊天之际，一个关于到昆明旅游观光、休闲度假、养生养老的话题又开始各抒已见。

“花枝不断四时春”。昆明风光秀丽、四季如春，具有独特的气候资源优势和高原湖滨生态优势，是世界知名的“春城”“花都”，是休闲、旅游、度假、居住的理想之地。大家认为，如果不把春城这块独一无二的金字招牌越擦越亮，实在有些愧对蓝天白云、三春杨柳、九夏芙蓉……

但如何越擦越亮，也不是“挂在嘴上就能做好的事情”，而是一道难题。如何破题？先要从清晰的城市定位开始：昆明勾画了建设区域性国际中心城市宏伟蓝图，并依法上升为全市人民的共同意志。在区域性国际中心城市蓝图中，提出要打好“三张牌”，其中一张就是打造成为世界知名旅游城市、国际旅游集散地和目的地。

打造世界知名旅游城市无疑是一个大手笔。要求昆明旅游走向依靠“质量”“品质”“服务”发展的新路，带给人更多美好的体验和享受，才可能把昆明从一些游客口中的“中转站”变成一个让人“来了不想走，走了还想来”的城市。

道理很简单。迈入新时代，人们旅游的需求已不仅仅满足于到一个地方走走看看，已从“走马观花”向观光休闲旅游并重转变，从浅层次旅游向深度旅游转变，希望收获更高质量的旅游文化体验。而昆明历史悠久、人文荟萃，多姿多彩的历史文化、民族文化、宗教文化、都市时尚文化、边疆异域文化交汇交融。独特的城市个性，丰厚的文化资源，一定程度上能满足游客的需求。

更为重要的是，昆明提出打造成为世界知名旅游城市，着力彰显“国际范”：从旅游新业态、旅游产品供给、旅游要素服务、旅游基础设施、旅游管理服务、旅游信息化、旅游市场综合治理等多方面转型升级，探索建立符合国际旅游城市发展的模式。

大力实施全域旅游发展战略，打造“一心一圈三片五廊”的“1135”旅游发展格局，推动全域旅游发展；加快推进产业转型升级，促进旅游业提质增效；提升城市规划建设品质，推进旅游公共服务体系完善；积极融入全省“一部手机游云南”工作计划，加快智慧旅游建设。这算得上是昆明旅游发展的抓手，也是可持续发展的战略选择。

作为一个战略性的支柱产业，昆明旅游业要适应新时代发展要求，发展优质旅游已到了一个关键节点。时下，需要在环境卫生、旅游安全、秩序管理、服务品质等方面上台阶，打造更加“安全、便捷、高效、舒适”的旅游环境，让游客到昆明来有一种“主人翁”式的体验和感觉，一步一步迈向高质量、可持续发展的新阶段。

（2018年1月15日）

莫让总理再为农民工讨薪“发怒”！

李克强总理重返鲁甸灾区考察恢复重建情况时，甘家寨村民甘永荣告诉总理在省外打工被拖欠的工钱一直未领到，总理听后非常生气，立即“命令”抓紧协调解决。仅过了48小时，甘永荣被拖欠的5.8万元工钱就被讨回了。总理的亲民爱民、真情真意就像冬天里的一把火，温暖了每个农民工的心窝！

5.8万元工钱终于被追回！令人欣喜之余又令人深思：甘永荣是幸运的，但还有多少被欠薪者需要总理去“催问”？总理为农民工讨薪折射出什么？为何总理一过问就解决？以前未解决的症结在哪里？如果类似的“小事”都要总理过问，一些地方政府尴尬惭愧不？责任缺失不？为何欠薪问题呼吁了多年仍在呼吁？难道还要一直呼吁下去？

“拖欠农民工的血汗钱既违背市场规则，更违背道德良心。决不能让农民工背井离乡流汗再流泪。”李克强总理义正言辞，“农民工欠薪问题发现一起解决一起，这一问题必须反复抓、抓到底，既要治标又要治本，这是政府必尽的责任。”

总理掷地有声的话语彰显了党和政府的决心和魄力，也认准了解决这个问题所蕴含的深层次意义：解决欠薪问题正是把人民放在心中最高的位置，它不仅关系农民工的切身利益、个人尊严和家庭幸福，更关系社会公平正义、和谐稳定、经济发展、国家形象和政府威信，甚至党的执政基础。在全面建成小康社会进程中，解决欠薪问题，还是解决城乡统筹协调发展、让农民工融入城市、完善市场经济体制的一个突破口。

毋庸置疑，近些年来在解决农民工欠薪问题中，各级政府也作了一些努力，“治欠”力度不断加大，大规模欠薪事件被初步遏制。但不少地方“边清边欠”，老毛病拖延成一个久治未愈的“顽疾”。

顽症需下重药！在出台系列文件后，2月3日，国务院常务会议提出，深入开展专项整治和督查、落实欠薪发生地省级政府负总责、建立拖欠工资“黑名单”制度、督促企业按月足额支付工资等，多措并举解决欠薪问题，持续发力堵住欠薪漏洞。

其实，人大代表、政协委员、专家学者也曾为“清欠”开过“药方”。“核心对策”认为，解决欠薪问题需标本兼治、对症下药，找到问题的根源和解决路径，釜底抽薪才能解决欠薪问题。治本之策是理顺劳动关系、兼顾各方利益，务实之招是按《劳动法》规定按月足额发放工资、推行“欠薪停工”制度、工资保证金制度以及严格“欠薪入罪”等等。

回想起几年前重庆农妇熊德明当面向温家宝总理讨薪，温总理一听说欠薪就“火”上心头，成为当时舆论热议的焦点话题。如今，李总理又为农民工讨薪“生气”。从2003年到2017年，整整14年，前后两任总理不约而同地为农民工讨薪，不得不让人感叹：何时不再让13亿人民之总理为农民工讨薪而“发怒”呢？何时不再让千千万万的农民工为自己的血汗钱而担忧呢？

（2017年2月15日）

爱心不能被滥用

相比传统的爱心救助模式，网上爱心众筹是一个新生事物，新生事物要健康成长，就必须遵循规律合乎法律。也只有如此，才能确保众人的爱心不被滥用。一名患者家属通过“轻松筹”平台众筹到3万多元手术费，因众筹过程中“出了问题”，患者家属把筹到的钱款退还给捐款人士。应该说，这是一场有关爱心网上众筹的公信力危机，却为众筹事业的健康发展“添了一分力”。

看病缺钱，想到爱心众筹，不失为一个好点子、好主意，是合情合理的事情，也是互联网平台在人们遇到困难、不知所措的时候给人带来的一道亮光，提供的一个方便、快捷、有效渠道。而爱心人士纷纷伸出援助之手，爱心聚集效应在网上被成倍放大，是“人间自有真情在”的善意表达，是“人人为我、我为人人”的爱心传递。

然而，爱心众筹也伴生出一些欺瞒、不信任乃至矛盾纠纷，亟需在法规的“呵护”下进行，并建立一个清晰的监管流程。否则，极容易带来爱心被欺骗，甚至借爱心敛财的非法行为。试想，如果众筹平台每次开展“爱心活动”时都主动核实信息，对求助病人情况进行审验，建立一套完备、严格的信息审查机制；如果监管部门切实发挥监管职能，对发布虚假信息或有骗取财物嫌疑的行为及时跟进，责成募捐平台关闭链接等，很多问题就可能在出现“苗头”的时候被掐断。

再来一个严重的“风险”设想，如果募捐平台纵容病人滥用爱心，在每笔善款中抽取一定比例的手续费，形成一个无形的利益共同体，那众筹的目的、性质就发生改变，双方都涉嫌欺诈了。监管部门不仅要对众筹平台进行问责，还要诉诸法律。因此，为了让众人付出的爱心不至于成为一场场骗局，一方面任何众筹平台都应该自律，另一方面监管部门应让捐助者享有参与权、知情权和监督权，把爱心众筹置于阳光之下。

爱心是无限的，爱心也是无私的。然而爱心却很脆弱，很容易受到一些不利因素的干扰。一旦受到金钱的“裹挟”“绑架”“引诱”，爱心往往会变得很“闹心”。“闹心”的是众筹平台、求助者以及救助者，伤害的是公众的信任。因此，各方各人都应该认清自己的权利与义务，在情理和法律规定下行事，铺就一条明白透彻的爱心大网。不忘初心，方得爱心事业始终！

（2017年3月2日）

刹住“整酒风”为人情负担松绑

近年来，随着农村经济的发展，农民生活水平的提高，农民朋友“整酒”的次数越来越多，“人情债”也越来越沉重。有的地方，除传统的婚丧嫁娶、盖房起屋要喝“喜酒”外，生娃、孩子升学、老人寿辰、乔迁新居、小孩满月、生病住院都要摆酒，甚至怀孕要摆“保胎酒”、出狱要摆“洗心革面酒”，就连母猪下崽也要摆“添财酒”……

“人情酒”花样多如牛毛，有的人家一年到头要“喝”几十次酒，人情礼高达几千元甚至数万元，“人情”负担不堪重负。个别家庭尽管经济不宽裕，也不得不碍于情面，四处筹集礼金去“喝酒”。“人情酒”一方面让人有苦难言，另一方面，花出去很多份子钱，如果不找个名目摆几桌酒，送出去的礼金总不可能白送！有一首顺口溜这样说：年年“整酒”有搞头，两年“整酒”打平手，三年才办冤大头。因此，“人情酒”陷入一个恶性循环怪圈，很多人讨厌“无事酒”，增加了经济负担和精神压力，又很难从中摆脱出来。

为什么会出现这种变异的、愈演愈烈的“人情酒”？实际上是攀比之风在作怪，是“人情消费”走入误区的表现。摆酒、办酒的目的在于促进交往、增进感情，增添喜庆气氛。社会发展到今天，摆酒、办酒应有利于精神文明建设和物质文明建设。如果过多地摆酒、摆“无事酒”，就背离了两个文明建设，就是一种不好的风气。这种风气就当刹！因为时下正在建设社会主义新农村，新农村应展示文明和谐新风尚；更何况有的地方还奋战在脱贫攻坚的路上，不把有限的资金用在发展生产脱贫致富上，怎能全面建成小康社会?

引导农村不摆“无事酒”，要“软硬”兼施。“软办法”在于引导，以说服教育为主，不能强加干涉，不能超越法律法规的授权限制群众摆酒的正当权利。探索激活用村规民约来引导农民朋友更新观念，消除攀比心理，发动乡贤倡导走简朴、喜庆、文明的路子，摒弃大操大办铺张浪费的宴请之风。“硬手段”体现在政府有责任采取措施遏制“歪风”，狠刹“整酒风”，出台“治酒令”，给“无事酒”划红线。规定除婚丧嫁娶以外，不得以任何理由“整酒”，操办婚嫁酒须填写申报表等。依据党纪政纪出台一些惩戒措施，党员干部要以身作则，引导民风好转，如果违纪违规，要对其进行责任追查。政府还可用行政奖励等方式对不大操大办者实施奖励。

（2017年3月6日）

高校“个性专业”只为博眼球？

近年来，各地高校相继打造“个性专业”，有的蓬勃发展，吸引了不少学生；也有一些专业在热热闹闹地宣扬之后，由于社会认可度不高、就业方向窄等原因销声匿迹了，成为人们再次关注的热点话题。

印象中，先有热干面研究院、彩票研究院、马铃薯学院、茅台学院以及烟花爆竹专业、高尔夫专业、马科学专业等，近期又冒出一个龙虾学院。高校个性化学院或专业的设置，被网友拿来“开涮”：马铃薯学院是不是下设老奶洋芋系、干焙洋芋系、腌菜洋芋系；茅台学院是不是培养卖酒人才的学院；龙虾学院是不是“生产”吃货的学院……

诸如此类的谈论不少带有调侃意味。不过，人们往往以常识出发去判断事物的对错或本身的价值，却常常忽视常识本身的科学性。因为不管成立什么学院、开设什么专业，不管有多“奇葩”，都不是一时的头脑发热、心血来潮，需要经过大量的调研论证、全面评估、科学决策才出炉的。开设什么专业必须达成一个共识：充分考虑就业市场对接新的人才需求，以服务地方社会经济发展为导向，而不是高校拍拍脑袋就随意“抛”出来的。

就拿马铃薯学院来说，农业部提出“马铃薯主粮化战略”。成立这样一个学院，就是契合国家粮食安全保障、马铃薯主粮化和“一带一路”发展倡议，符合云南省粮食安全保障、绿色经济强省、高原特色农业产业的发展规划。组建马铃薯学院，就是想发挥云南师范大学的传统科研优势，重点建设“马铃薯基因组学”和“遗传育种学”两个特色专业，以提升马铃薯科学技术成果转化的能力和水平。

茅台学院和龙虾学院就更不用说了，学院设置考量最多的是产业发展背后市场的潜在需求，体现的是高校的与时俱进和创新精神。“专业的事由专业的人来做”，培养适合产业链上的各类人才，是高校的本职工作。总体来讲，现代社会分工越来越细，学科专业交叉融合趋势日益明显，专业设置细分有其现实背景和社会需求，“个性专业”的设置有其必要性和合理性。专业设置就是要跟上社会前进的步伐，适应社会业态的发展，这样的专业设置才有意义和价值。

也因此有专家指出，“个性专业”发展需包容审慎看待，没有必要老拿“个性专业”当笑话，动辄上升到无限讽刺的层面。近年来，一些听起来高大上的白领专业已沦落为就业难的重灾区，反倒是接地气、贴近市场产业需求的一些技术性、应用性强的专业，成为就业市场上的香饽饽。

看似笑话的马铃薯学院也好，小龙虾专业也罢，也许在名称上不太好听，面子上不太光鲜，感觉上多少有些“下里巴人”，甚至有网友质疑是为了盲目“蹭热点”、博眼球，但只要实实在在做足里子、做出特色，拿出响当当的“拳头产品”，提高社会认可度，消除人们的偏见，谁还会拿这些“个性专业”当笑话？

（2017年7月30日）

“小官巨贪”折射的是权力裸奔

一医院院长竟然受贿1.15亿元；一公安局副局长索贿受贿3300余万元；一财政局股长携9400万元潜逃；一供水公司总经理家中搜出1.2亿元；一民政所所长冒领群众“保命钱”50余万元；一村会计挪用资金1.19亿元……这是近年来公开曝光的“小官巨贪”典型案例。

2016年，全国共处分乡科级及以下干部39.4万人，增长24%，其中处分村党支部书记、村委会主任7.4万人，增长12%。这是新华社日前发布的数据。数据十分“扎眼”，令人惊愕。向社会公布数据，是不遮丑、不护短、“零容忍”的表现，更表明中央严查基层贪腐的力度和决心，也释放了越往后执纪越严、惩治腐败力度越大的信号。

面对基层贪腐的惊人数字，有时人们也在纳闷：这些“小苍蝇”靠什么贪到那么多钱？为何胆子、胃口越来越大？其实“小官巨贪”背后是权力的任性裸奔。没有把权力关进制度的笼子，或者说牛栏关猫，“小苍蝇”就会肆意妄为、胆大包天。什么信仰追求、党纪国法统统抛在脑后，最后落入犯罪深渊成为迟早的事。

不可思议的是，有小官在十八大后仍然不收手、不收敛，顶风违纪收受贿赂。有在做完“党风廉政建设会议”讲话后，回到办公室就收钱者；有在给党员上完党课后的当天回到家里就“来者不拒”者；有公然在党校学习期间还收受钱物者……

从一些典型案件可以看出，“小官巨贪”发生的领域往往是“沾钱”的领域，而这些领域直通基层一线。直接与群众生产生活相关的机构成为

“小官巨贪”的“多发地”，比如林业、土地、水利、矿山以及扶贫、医疗、卫生、教育等掌管资源的单位，往往容易成为“小官巨贪”、滋生“微腐败”行为的地方。

其次，村委会也容易成为“小官巨贪”的“重灾区”。一些村委会负责人掌管着村民集体财产，补贴发放、扶贫资金、低保办理、土地征收、房屋拆迁等都由他们说了算、都由他们一手办，村民监督不了也无法监督。一旦制度出现漏洞或监管稍微“打个盹”，在“不捞白不捞”思想的支配下，权力成了敛财工具，疯狂敛财成为必然。

“小官巨贪”现象表现为“小”“多”“近”三个特征：小，职务小、位置低，有的严格说来算不上行政序列“干部”；多，次数多、形式多、“吃拿卡要”多、与民争利多；近，天天与群众打交道，事事就发生在群众眼皮底下。

“小官巨贪”让群众更有切肤之痛。如何从根子上防止小官利用权力寻租，靠严肃法纪，更靠制度保障。揪出那些在群众身上“拔毛吸血”的腐败分子，要分领域、分层级加大治理力度，细化完善监督制约机制。还要把功夫下在平时，打突击战的同时也要打攻坚战，根据已有案例分析廉政风险点，时时“打针”警示，标本兼治。唯有如此，才可能铲除滋生“小官巨贪”行为的土壤，营造风清气正的基层权力生态。

（2017年8月12日）

食品安全是“管”出来的

一碗米、一桶油、一斤肉，不仅关乎百姓的健康，更关乎百姓的安全指数和幸福指数。让人民群众吃得放心，是政府对群众呼声的直接回应，也是对群众期盼的郑重承诺。2015年昆明未发生重大食品安全事故，还圆满完成了南博会、旅交会、省市“两会”等重大活动、重大会议的餐饮服务食安保障工作，实现了全年保障工作“零”事故目标。

这是一个可喜可贺的信息，背后彰显了法治的力量和监管的效果。2015年，“史上最严”食安法的实施、云南食品安全监管网的启用、云南警方食品药品犯罪侦查总队的成立等一系列创新举措，为扭转食品安全现状，守护“舌尖上的安全”，扎紧了一道道防护网。

民以食为天，食以安为先。但以往却出现了“地沟油”“瘦肉精”“假劣药”“僵尸肉”等严重危害群众健康权益的事件，此类行为遭到民众的不断谴责，必须予以严厉打击。食品安全“保胃战”口号喊了多年，但食品安全问题仍时有发生，食品安全形势依然严峻。这说明监管之难，也说明监管需要转变方式、加大力度、提高水平。

因为时下，人们的生活水平逐渐改善，群众的诉求已从吃饱转向吃好吃放心。如果连吃都不放心、不安全，全面小康从何谈起？食品安全与百姓健康息息相关，再怎么强调都不为过。究其“病因”，往往潜伏于产品上下游产业链，同时形成自有的利益链。因此有观点认为，食品安全是“产”出来的，也不无道理。

但实践证明，食品安全更是“管”出来的。全年未发生重大事故就是监管方式的转变、监管力度的加大、监管水平提高的结果。食品安全重在强化监管主体责任和企业主体责任，切忌“多头管理”，产生责任真空。要加快建立科学完善的安全治理体系，坚持产管并重，严把从农田到餐桌的每一道防线，阻断问题产品流向百姓餐桌的路径，形成常态化的监管机制。

必须按照“四个最严”的要求，即最严谨的标准、最严格的管理、最严厉的处罚、最严肃的问责，保持严打态势，形成强大威慑力。因为食品安全问题具有易发多发的特点，风险隐患依然存在，加上监管力量、监管水平、技术支撑体系仍有差距，因此需要警钟长鸣，一时一刻也不能放松。唯有如此，方能扎紧监管制度的篱笆，织牢安全监管网络。

食品安全已成为顶层设计，被提升到国家战略的高度。建立科学完善的食品安全治理体系是未来着力点。不过，单靠政府部门“落实责任”的监管难以从根本上解决食品安全问题，还需要充分发挥群众、媒体以及社会监督的力量，以往一些典型案件就源于群众举报、媒体曝光及社会监督。应进一步通过有奖举报等制度设计激发群众参与热情，畅通举报监督途径。只有构建起群防群治的“社会共治”格局，才能打赢食品安全保卫战，确保人民群众吃得放心吃得安心。

（2016年2月2日）

把利益装进每个群众的“口袋”

一个原先人均年收入不足2000元的城中村，转眼变成户均3套房、年入4万元的小区居民；原来主要以种地、打零工为生的村民不但成了城市上班族，还成了每年都能领到公司分红的股东；排名垫底的“后进村”一下成了冒尖的“小康村”……季官社区迈入城镇化、由苦变甜的幸福密码究竟是什么?

相关部门曾总结出四条经验，一是政策支持，二是健全管理机制，三是村民变市民，四是群众信任带头人。但所有这一切的核心要点只有一条，就是把利益装进每个村民的“口袋”。这也是推进城镇化的基本遵循。不把握好这一基本遵循，城镇化或者说城中村改造过程中就难免碰到这样那样的难题，就会遇到各种各样的纠纷，再好的政策也容易在执行过程中变味打折。

城镇化是现代化的必然趋势，希望过上和城里人一样好的日子，是广大村民的普遍愿望。更多人融入城市，不仅可以带动巨大的消费和投资需求，创造更多的就业机会，最明显、最直接的作用就是造福群众、推进全面小康进程。满足人民群众不断增长的物质文化需求，是我国经济和社会持续发展的根本动因。城镇化将不断提高居民收入，带动一个国家、一个地区全方位的需求，以保持经济平稳较快发展蓄有持久动力。

时下，城镇化的大门已经敞开，但城镇化是一个长期复杂的过程，需要有就业支撑，有服务保障等。季官社区的成功转型，无疑具有借鉴意义和参考价值，它为推进城镇化提供了一个参考样本。以社区建设为切入点、始终围着“群众利益转”的新型城镇化建设，为解决农民这个最大群体的民生和发展问题，创造了条件、提供了保障。

城镇化是一个复杂的系统工程，会带来经济和社会的深刻变化，需要各项改革配套措施跟进。城镇化说到底是以人为核心的城镇化。把人的利益和长久的幸福摆在第一位，就会赢得广大群众的支持和配合。一切为了群众，一切依靠群众，赢得群众信任，才是成功的基础和保障。

“有福民享、有难官担”。这就是季官社区由苦变甜的真正密码。季官社区成功转型的实践证明，为圆更多人的“城市居民梦”，让百姓过上好日子，一个坚强有力、团结进取的集体领导班子，一个忠诚、干净、担当、高效的基层党组织，是把好事做好、实事做实的保证。有实干精神和人格魅力的基层带头人，是带领群众创造幸福的关键。人心是最大的政治。有群众的支持、拥护、参与，城乡一体化的道路就会越走越宽广。

（2016年3月4日）

“天价教师”走红，不必羡慕嫉妒恨

一节单价9元的高中物理在线直播课，由于超高人气，聚沙成塔，使得授课教师一小时获得超过1.8万元的收入。而当记者联系到“天价教师”后，对方表示，网上公布的时薪其实低了点，现在自己最高时薪为25000元，这个月的收入为二十多万元。消息一出，“天价教师”因太具“职业魅力”立即成为舆论关注的焦点。

其实，“互联网+”时代，曝出这样的新闻犯不着大惊小怪。不管从市场思维的角度，还是从社会需求的角度，抑或从大众创业万众创新的角度看，都是无可非议的新生事物。新生事物往往给我们启示，给我们带来分享的乐趣，何况任何一个看似离谱的现象背后都有成因，我们应该善待新生事物，采取比较开明的态度，而不是拿“高收入”来说事！

不过，“天价教师”的走红，引发许多人的兴奋、质疑、反诘、激辩，却真是“欣喜”之事。因为在“交流互动”中引发更多的思考、探寻关注的答案。比如，什么人可以从事在线教育？如果在职教师参加在线辅导如何定性？网络授课能否助推教育资源均等化？如何避免成为应试教育新平台？哪些学生最需要在线上课？我们的教育还存在哪些缺位？……诸如此类的追问，难道不是好事？

高收入源于高人气高付出。“天价教师”接受记者采访时称，备好一节课一般要花20到30个小时，每天忙到从睁眼到闭眼。一节课单价9元，有的才3元甚至1元，由于人气聚集，收入高也就不足为奇。相对那些一节好几百的天价补课，3块钱的在线辅导能算“奢侈品”吗？网络授课还可满足不同地区、不同层次学生的需求，为边远地区的学生打开了一扇获取知识的窗口。说大点，可有效促使教育资源均等化。

众多家长普遍担心的问题是，在职教师利用网络进行变相有偿家教，那不就“踩红线”了吗？对此，教育部及时“发话”：在线辅导属于新兴形式，目前没有明文规定禁止有偿在线授课，至于会不会实行“一刀切”，尚在进一步研究中。

一些人担心在职教师搞有偿在线授课难免降低日常教学质量，老师们会忙着去“赚外快”而无心课堂教学；而另一些家长则认为，在职教师参与网络授课，可让更多人分享到优质教育资源，是迈向教育公平的一大步。网络授课本质是广大学生对于优质教育资源的渴望和需求。再说，不管线上线下，哪个老师愿自砸招牌，且并非所有人都喜好线上辅导，担心实属多余！

在线授课是互联网衍生出的一个副产品，有需求就有供给，市场的事就让市场说了算，同时需要我们以市场思维来看。没有必要看到一位老师“日进斗金”就眼红或一味地羡慕嫉妒恨——“没有金刚钻就揽不到瓷器活”！再高的收入都是教师市场价值的体现。问题的关键是：怎么从根本上理顺制度，从而应对问题；反思中小学教育还存在哪些缺位；如何鼓励优秀在职教师推出分享性质的公开课；如何推进教育资源的均等化投入……这些，才应是关注的焦点和教育“供给侧”改革的“着力点”。

（2016年4月22日）

保护令：筑牢“家暴防火墙”

家庭暴力作为一个普遍问题，一直是挥之不去的“社会伤痛”。为纪念11月25日国际消除家庭暴力日，联合国举行为期16天的筹资活动，通过筹资解决具体问题，推动积极变化。国内各地也都举办各种宣传活动、制订新的行动计划，甚至出台一些地方法规，力图让施暴者受到应有惩戒，让受害者得到必要安抚。

消除家庭暴力日前夕，云南省出台“人身安全保护令”实施办法，成为今年3月1日起施行的《反家庭暴力法》的亮点之一。从此，家暴受害者可以理直气壮地向法院申请人身安全保护，而且申请保护不收取任何费用，也不需要提供担保。“保护令”的出台，旨在从源头上畅通公权力干预家庭暴力渠道，筑起一道“家暴防火墙”。

通过保护令对施暴人实施“物理隔离”，是国际通行的保护家暴受害人的民事强制措施。保护令裁定内容主要是禁止实施家庭暴力、责令对方远离受害人居所、禁止殴打骚扰跟踪等，并明确违反禁令时法院将依据反家庭暴力法给予罚款、拘留的处罚，直至追究刑事责任等。法器高悬，可望有效保护每一个人不受暴力侵害。

长期以来，针对女性的暴力行为一直十分严重。统计显示，中国家庭暴力发生率为21%，男对女实施暴力虐待占家庭暴力案件总数的93.9%。云南省妇联系统近3年的信访统计显示，在35310件次信访件中，家庭暴力占22.2%，比例略高于全国家暴发生率。近三年来，云南省各级法院审理家暴案件700余件，出现明显上升趋势。因此，必须拿出过硬措施，对家暴说“不”。

由家暴“引申”的问题更需要摁住“挥舞的拳头”：由于家庭暴力具有隐蔽性特点，没有得到家庭和社会足够的重视，酿成悲剧的现象时有发生。目前，监狱在押女服刑人员中，有5%属于暴力类型。其中，绝大多数是因为长期遭受家庭暴力而以暴抗暴导致的刑事犯罪。

家庭是人生温暖的港湾，本应是给人带来安全感的地方，但暴力却不幸成为很多妇女所要面对的现实。家暴不是“家务事”，消除家暴行为应成为文明社会所追求的目标。一方面，需要法律利器来保护妇女不受暴力侵害，倡导“家暴零容忍”；另一方面，需要涵养健康向上的家风，引导每一位家庭成员主动参与建设和睦家庭、创建文明家庭、弘扬良好家风实践，消除家庭中的不和谐因素。

各地已建立“妇女之家”、开通12338维权服务热线等，力求做好投诉受理、人民调解、心理咨询、困难帮扶等系列工作，也取得了一些实效。而国外的一些好做法是否可以借鉴，比如，法国建立家暴受害者临时居住场所；政府将尝试向保护机制相对薄弱的乡村地区女性发放“出租车券”，以提高女性出行的安全系数，等等。

（2016年12月6日）

好风凭借力　助我快发展

昨天是昆明报业传媒集团发起“全媒体走基层”大型采访活动的第一天，《昆明日报》记者就抓到一条“大活鱼”——短短3年时间里，晋宁县外贸出口额每年以成倍增长速度，突破上亿美元大关。而入驻晋宁的云南春天农产品有限公司，2014年就为全县贡献了70%的出口贸易额。数据最有说服力，数据也给人以启示：实现经济又好又快发展，时下强调产业转型升级。产业转型升级是一个不断实践探索的课题，首要的是坚定加快发展、跨越发展的信心和决心。政府和企业有了信心和决心，就有了解决问题的思路和对策；明确了发展方向和发展定位，产业转型升级就迈出了第一步，经济发展就可能亮点频现。

抓产业转型升级需要依托自身优势，包括地缘优势、资源优势、区位优势、生态环境等比较优势和其他综合优势。云南发展高原特色农业是自身优势，而作为农业基础条件较好的晋宁县，蔬菜产业就在春天公司“绽放”异彩；从另一个角度也充分说明，农业龙头企业是推动农业经济快速增长的核心力量，是促进农业快速发展、农民持续增收的重要推动力。

跨越式发展需要地方政府转变发展方式，做好招商引资和各种配套服务工作，有关部门要切实帮助企业排忧解难。政府不仅要招商，还要安商、富商，最终实现政府与企业双赢。在春天公司的愿景中，晋宁就是它发展的依靠，而对于晋宁来讲，需要更多像春天公司一样的企业落户园区，助推当地经济发展再上新台阶。

抓住机遇，因势而谋、应势而动、顺势而为。云南要主动服务和融入国家发展战略，闯出一条跨越式发展的路子来，需要各州市、各县区实现跨越式发展。而国家“一带一路”建设规划、云南要成为面向南亚东南亚辐射中心、长江经济带重大战略、滇中城市经济圈一体化发展等就是跨越发展的最好机遇。必须用战略眼光厘清发展理念、发展思路和发展路径。跨越式发展尤其需要行动自觉，要在更高起点上谋划发展，先人一步，快人一拍，认准了的就大胆干、大胆闯、大胆试，一步一个脚印走下去，才有可能迎来发展的春天，甚而可能春光无限。

好风凭借力，送我上青云。时下，云南新定位迎来产业发展新机遇，中央在基础设施建设、产业发展等方面将给予西部地区更多的倾斜支持，为云南基础设施建设提速、新兴产业发展升级提供坚实支撑。只要我们进一步认清形势、明确定位、立足实际、着眼长远、干好当前，就完全可以为云南跨越式发展作出应有的贡献。

（2015年4月10日）

别让“路怒症”成绝症

“路怒症”在全国引发新一轮的热议，是因为近期在成都、昆明、徐州、亳州等地连续上演“路怒症”引发的悲剧，其中两起事件酿成血案：云南一奔驰车司机收费站插队被拒后，追出数里碾死老人；安徽亳州一骑电动车女子拐弯时险与一电动三轮车相撞，被暴打后上吊自杀……而公安部交管局提供的最新数据显示，2012年以来，因“路怒症”引发的道路交通事故起数呈逐年上升趋势，2013年共导致事故8.02万起，上升4.9%，2014年又上升2.4%，今年1至4月份再上升3.7%。数据背后，不得不引起人们对“路怒症”的反思，并探寻医治“路怒症”的各种良方。

昆明市民建议，在主要道路设“情绪提醒牌”遏制开斗气车。还有市民给出一些小技巧：上路碰到烦心事，多做几次深呼吸；打开车窗透透气；听听轻音乐，舒缓一下心情；想想开心愉快的事情……而作为管理者，交警认为，防治“路怒症”，驾驶员要按交通规则行车，不占道、不抢行、依道行驶、文明礼让。平时不断提高自我修养，遇事冷静处理、换位思考、让人三分，反而更有利于事情解决。更何况，任何问题都能找到理性解决的途径。

“路怒症”凸显了汽车社会的文明短板，是一个不容忽视的社会问题。各界专家从不同角度建言，一方面要提高国民文明素质，另一方面需要法治加大力度。此外，也是最迫切的，是社会心理“疾患”亟需治疗。专家分析指出，“路怒症”是一种典型的社会心理综合征，不仅仅存在于某个人或者某个阶层，而是带有群体性和普遍性特征，是报复心理作用下的一种应激反应，是一种感性的情绪宣泄方式，是为了寻求报复对方的心理平衡，以彰显自身“尊严”。

因此，能否参照一些国家的做法，在驾照考试或车辆年检中加入相应的心理测评考核和培训，并将驾驶员心理测评制度化、常态化，从而有效地医治“路怒症”。其实，英国、芬兰、韩国等每年都会对驾驶员进行心理测评，合格者方准上路。而我国对司机具有针对性的心理干预措施却很少见，民间开出的药方往往是，“上路别开斗气车”！道理人人都懂，可“路怒族”还是有增无减。有报道称超过七成司机患有“路怒症”。可以想象，“路怒症”给社会带来的消极影响和潜在危害有多严重！

不可否认，中国已连续多年位居世界汽车产销第一大国，连一些中小城市也快速步入汽车社会的门槛。在快速前行的汽车社会中我们应该停一停，静下心来反思和追问：国民的文明与素养如何跟上飞奔的车轮？

（2015年5月18日）

别把“微权力”当成敛财敲门砖

30余名村官因拆迁时贪污受贿被查，涉案金额达527万元，民政所所长公然冒领50余万元“保命钱”，一个村会计竟然挪用资金1.19亿元……有媒体统计，2013年至今，各级纪检监察、检察机关查处的村官违法违纪案件200多起，涉案金额千万元以上的达10余起。人们不禁要问，这些涉腐的社区、村干部，有的甚至不是真正意义上的行政序列“干部”，他们的胆子、胃口为何如此之大？这其中的根源究竟在哪里？

答案不难找到。一个最主要的原因就是，有人把“微权力”当成了敛财的敲门砖，把权力寻租当成无本万利的发财途径，把以权谋私当成“约定俗成”的习惯动作。“小官”虽小，但其掌握的权力不小、资源不少，寻租空间不小。比如有的插手乡村建设工程、土地流转、征地拆迁、项目招标；有的公然贪污、挪用、截留中央转移支付或者省市县下拨的扶贫资金、低保医保、惠农资金；有的公开官商勾结，搞钱权交易，挥金如土。

面对“前腐后继”的小官，人们最想追问的是，如此大肆敛财、如此的贪腐动作，竟无人察觉？居然要等到上面下去查，甚至等到巡视组“光临”后才被暴露于众。有关部门此前在“忙”什么？诸多行政监督、法治监督、一岗双责是如何落实和执行的？……一系列的疑问折射的是基层权力缺乏监管、监管无力，或者说是监管漏洞百出的结果。除此之外，还能用什么来解释？

小官之所以能够大贪猛贪，说到底不是其特别贪婪，而是存在想贪就能贪的宽松土壤和制度环境。监管制度不健全，一些“小官”成为“三不管”干部。蜕变的权力在失控的官场生态中，疯狂敛财一定是必然的，也是无法估量的。只有管住权力，包括“微权力”，才能斩断各种欲念。反腐败的最终目的，是要形成不敢贪、不能贪、不想贪的制度环境，让再小的“芝麻官”也能在规范的权力轨道上运行。“小官巨腐”凸显基层反腐的迫切性，再次给反腐监管敲响了一记刺耳的警钟，也印证了“苍蝇老虎一起打”的必要性。要以“一竿子插到底”的积极姿态与劲头，找到基层权力暗箱操作、缺乏监管的症结，防微杜渐，标本兼治，铲除寻租牟利的渠道，营造风清气正的政治生态。

（2015年5月26日）

热衷“饭局”也是一种权力寻租

先辈告诉我们：管住自己的嘴，不能乱说乱吃。为何要管住自己的嘴？因为嘴会犯错，还会闯祸，甚至触犯法律，给他人带来损害，给自己酿成遗憾。管不住嘴的严重性其实很多人也知道，嘴馋的不良后果也不是一点没有，只是不外乎由于意志力薄弱，经不住诱惑，贪恋口腹之欲；或者由于思想觉悟或意识认知出现偏差，碍于面子不得不参与；再或者是习以为常、不以为然。若为公职人员，深层次的原因恐怕还是官僚主义、享乐主义、奢靡之风作怪，是另一种形式的权力寻租。

为何有人要请你吃饭？难道只是加深友情吗？当然不全是。有的人或有的单位请你吃饭一般是有求于你，请你帮忙解决难题，或者利用你手中的权力为自己或单位谋取好处。请你吃饭本质上不是请你，而是请你戴在头上的那顶官帽。其实，个人或单位慑于领导干部手中的威权，纵有百般不愿，也不得不破费阔绰，认认真真地当好“三陪”。若领导干部在“有权不用，过期作废”思想的支配下，误入“饭局”就不足为奇了！长期锻炼，还练就了不少“饭局型”干部：酒量大、口气大、胆子大、面子大。这样的干部极大地损害了党的形象、政府的公信力和一个地方良好的政治生态。换一个角度想想，吃人家的“嘴软”，不吃他的饭，就不会入他的“局”，就给不了别人可乘之机，就不会形成办事先吃饭，吃饭必办事的“饭局依赖症”。

当然，管住自己的嘴说起来容易做起来难。但作为领导干部，管住自己的嘴是一种规矩、一种要求，甚至是一条底线。一些地方给领导干部饭局建章立制，划“红线”、定“戒尺”，从某种意义上讲，是对领导干部身体、生活乃至政治生命的一种保护。试想，你连嘴都管不住，其他行为不就可以肆意而为了吗？长此以往，权力的野马就会放荡不羁，就会触雷碰线，政治生命就可能完蛋。无数案例表明，领导干部破纪越矩之祸往往是从不起眼的饭局开始的，一些贪官滑向犯罪深渊的第一步，也往往是从吃喝玩乐开始的。

时下，尽管八项规定为领导干部饭局设立了提醒“红线”，“舌尖上的腐败”得到了一定程度的遏制，但从中央有关部门不断公布的典型案件来看，“饭局病”仍然没有从一些领导干部心中祛除，不少习惯嘴馋的干部只是停留在“不敢吃”的心理状态。饭局问题不可小觑，防风险的弦必须随时绷紧。当然，根治饭局问题一靠自律，二靠查处。但自律和查处显然只是治标之计，目的在于唤醒领导干部这个“关键少数”的组织意识、纪律意识和规矩意识，根本在于管住绝对权力，不让公共权力任性私用，挤压权力寻租空间，让贪图饭局面子的领导既“丢面子”又“丢官”，才是治本之策。

（2015年6月23日）

让百姓走出“办证迷宫”也是保障民生

近期网媒爆出诸多令人啼笑皆非的“证明问题”：安徽一名要办教师资格证的女生，因为开具无犯罪记录证明闹出要先开“需要这份证明的证明”的笑话；昆明的胡先生，因为父母离世，离世前父母又离过婚，一家三人三个户口，胡先生要把母亲名下的一套房产过户给自己，却遭遇难题，他耗费了大量时间和精力才证明“他妈是他妈”……

众所周知，现在的证明五花八门、种类繁多，而且开一些证明的过程烦琐复杂。报道显示，与人生成长相关证件有100多个，要把这些证件办出来需要到60多个单位部门盖约100个章、交20多项办证费。而与企业相关的资格证明，程序多、耗时长，且有的收费一次就高达数万元，给企业尤其是小微企业造成不小负担。有居民和企业为开证明不得不通过“走后门”寻求便利，也让一些部门孳生权力寻租“潜规则”。如何破解“证明难题”，让群众办事更容易，是当前全面深化改革迫切需要解决的难题之一。

综合分析“证明症结”可以看出：群众和企业办事需要开具各种证明或者难开证明，不外乎相关部门出于规避风险、怕担责任、不愿割舍自身利益的考量。但根源还在于社会管理体制与社会发展不相适应的问题，比如流动人口增多致使无法准确掌握每一个体情况、原始落后的“大数据”、动态监管成难题等等。更多原因则是部门之间信息互不联通，信息交流共享壁垒重重、层层阻隔的现实所致。当前，不同部门之间在信息等级系统建设方面存在差异，兼容就更谈不上。且很多部门出于自身利益考量，不愿共享信息，导致公民信息多头管理，畅通艰难。当然，客观上存在由于时间久远、档案保存时限和不可抗力因素以及一些个人原因，有些证明出具确实存在很多现实障碍，操作起来极为烦琐。

把老百姓从证明中解放出来也是保障民生。首先是要加快信息化建设，破除信息“壁垒”，实现政府职能部门之间信息互联互通，建立完善信用信息共享平台和机制，优化证明流程和查询手段，采取更加科学更加多元的证明方式，让群众享受到更加便捷、公平的公共服务。其次，要继续加大简政放权力度，真正做到“大道至简”，转变管理思路和创新社会服务。简政放权的过程中尤其要注意不能把许多职能部门该做的工作一股脑儿地“下放”到镇村、街道和居委会，增加基层“变相审批”的负担。最后，要切实转变政府职能，从方便群众的角度考虑问题，由民政或公安部门牵头，在集中清理需要开具证明的项目后，制定实施办法，明确需要开具证明的范畴和出具证明的单位，让老百姓走出办证“迷宫”。同时，通过一定的规则设置，遏制一些部门的“任性”权力。

（2015年7月6日）

滇池“保护红线”划得好更要守得住

《滇池分级保护范围划定方案》经昆明市委常委会议审议通过，这是关乎滇池流域发展保护的一件大事。它规定了保护区内禁止或限制的行为，核心是禁止或严格控制新、改、扩建项目，包括房地产项目。保护区的划定，是贯彻滇池保护条例“有效管理和治理”的迫切需要，是加强滇池流域生态保护与合理利用的重要基础，是落实滇池流域监督管理和综合执法的重要依据，也是推进昆明世界知名旅游城市建设的重要保障。

多年来，昆明市把滇池治理作为全市工作的重中之重，投入了大量的人力物力财力，围绕“水”字做了大量的工作。比如，扎实推进“六大工程”，深入开展“滇池治理三年行动计划”，实施河（段）长负责制、“河道三包”责任制、14条入湖河道整治、11个湿地（公园）建设等。但任务的艰巨性和复杂性注定了滇池治理是一场持久战。滇池污染是工业化、城镇化发展过程中长期积累形成的，治理不可能一蹴而就、马上让人赏心悦目。需要树立信心、决心和恒心，不断总结经验，改进治理方式，创新治理模式，理顺体制机制，提高治理效能。而重要的一项工作就是划定具体的保护“红线”，让企业、单位、个人都不敢触碰这根红线，谁触碰谁将付出沉重代价！同时，滇池治理的艰难告诉我们，向污染宣战，应成为政府、社会、个人的共识。一方面，应加强宣传引导，明确在保护区范围内什么事能做，什么事不能做，引导企业不逾保护红线，才能使方案更有操作性。借此广泛动员社会各界关心滇池、珍惜滇池、爱护滇池，努力营造推动滇池治理的良好舆论氛围。另一方面，保护区范围划定明确后，政府要敢于碰硬“动刀”，严惩发生在保护区内的各类违法行为和违建项目，加强行政执法与刑事司法衔接，依法依规办事。还要着力解决彻底截污、河道综合治理、滇池周边生态建设、滇池流域水资源调配等重点难点问题，促进滇池治理提速增效。

滇池保护区红线是构建滇池流域生态治理战略格局的底线，要划得好更要守得住。要以滇池治理为突破口，提升昆明生态能力建设水平，推动生态文明水准向更高层次迈进。当然，只要坚持科学治理、依法治理、社会治理的思路，增强治理的科学性、系统性和针对性；下定决心，强化刚性执行，真正将分级保护落在实处，明确目标任务，强化协调配合，重点难点突破，严格督查考核，一步一步推进，打赢滇池治理“命运之战”的把握性就相当大，增强昆明生态文化力就有很多加法可做。

（2015年8月6日）

带薪休假还要再迈许多“坎”

2015年以来，决策层至少五次公开强调带薪休假，近期召开的国务院常务会议还提出“推动各地落实带薪休假制度”。一些地方也出台了相关实施细则，落实力度在不断加大，有的地方甚至规定“强制休假”，应休不休不再发放补贴。近日网络上盛传的实行“周五下午+周末”小短假制度被权威发布否定后，带薪休假又成为一个热点话题。

尽管小短假吹风被否定，但从官方释放的政策信号可以断定，带薪休假制度必将加大力度推行。这不仅仅是出于满足群众休养生息的考虑，切实保障职工休息休假的权利，更是出于经济社会发展的长远考量，是一项利国利民的政策安排。在经济增速放缓的新常态下，重视鼓励旅游休闲消费，落实带薪休假制度，可有效助力稳增长、调结构、活经济、促发展；一定程度上还可缓解就业压力，对社会、企业、个人都有好处。这恐怕是落实带薪休假的应有之义。

然而，带薪休假制度落实起来并不乐观，甚至困难重重。究其原因，是复杂的现实因素和思想观念的阻碍。带薪休假制度与社会经济环境密切相关，员工的收入水平、社会保障、经济结构、用工制度和市场竞争的规范性等都在很大程度上决定着企业与员工的行为、态度及选择。有不少企业担心休假影响效益、增加成本；有些员工认为休假会影响晋升或被列入裁员后备对象，以此强化“要么忍要么滚”的危机感；有的员工怕影响绩效考核自愿放弃休假……凡此种种，不一而足。不过，种种情况恰恰表明带薪休假存在“落实难”的现实，沦为“纸上福利”有了注解。

因此，落实好带薪休假，还有许多“坎”要过，才能发挥潜在的经济效益和社会效益预期。如果只停留在“嘴上鼓励”“纸上推进”的层面，只会与制度设计的初衷渐行渐远。从调查情况来看，全国带薪休假落实率只有50%左右。也因此，一些专家从不同层面建言，政府需要动真“心”，尽快将带薪休假纳入议事日程。需要的不只是时间表，更要有路线图。建议在全国范围出台带薪休假实施细则，使之成为一种可操作的制度。同时，进一步加大监督和追责力度，通过缴纳保证金、加大处罚力度、鼓励职工集体诉讼等举措，以不断提高落实率，也让带薪休假有法可依。

此外，落实带薪休假还须强化制度保障，尤其是对企业进行政策倾斜，引导、鼓励企业尤其是中小企业和民营企业主动落实带薪休假制度。作为用人单位，应该认识到，带薪休假是尊重劳动者权益的重要体现，是人本管理的一个重要理念，也是现代社会文明进步发展的一种标志。作为劳动者自身，应增强依法休假观念和维权意识，带薪休假是自己的一项重要权利，主动放弃福利待遇不是“奉献”，而是一种扭曲的“自虐型”的价值观念。企业与员工应明确责权关系，双方恪守其责，把维护权利作为企业与职工和谐发展的新常态，才能让带薪休假这盏明灯普照现实。

（2015年8月11日）

娃娃洗碗扫地就奖钱，不可取！

前几年，一位同事跟我闲聊时谈到，他经常给娃娃劳动奖励，洗一次碗奖1元，扫一次地也奖1元。当时我就有些纳闷：培养孩子的家务能力是培养他们未来的生活能力，有必要进行物质奖励吗？过些时日，另一位同事谈起娃娃做家务的事也是如出一辙地奖励，只要娃娃洗衣、拖地、整理房间一次就给2元的奖励，有时还会重奖……看来，用物质手段奖励孩子劳动带有“普遍性”。做法是否可取，有必要探讨一下。

时下，很多孩子都是独生子女，万千宠爱集一身，对于孩子更多的是溺爱，更谈不上做家务。再则，孩子课业负担重，升学压力大，从早到晚除了吃饭睡觉就是读书做作业，客观上也没有太多时间来做家务。而且由于各种原因，孩子劳动机会少、劳动意识缺乏、动手能力差，以至于有的孩子考上大学都不会铺床叠被；多数孩子家务能力不高是个不争的事实。但以独生子女和学业负担过重为客观原因而不注重孩子“动手能力”的培养，或者用做家务就给奖励这种“交换式”的方式来培养孩子，问题显而易见！

作为家长，应深刻认识到“奖励效应”不会结出教育硕果，只会助长娃娃“交换心理”的养成，对于孩子劳动观念和劳动习惯的养成根本不可能形成。孩子需要劳动，孩子的思想也需要在劳动中培养。那种眼睛只盯着孩子的学业成绩，认为只要学习好，什么都不用干的观点是不对而且是十分有害的。试想，那种只会埋头读书、五谷不分、轻视劳动、以自我为中心的孩子，长大后能保证不会懒惰成性、自私自利、唯我独尊吗？家长是孩子的第一任老师，要教育孩子从小热爱劳动、尊重劳动、热爱创造，灌输劳动播种希望、收获果实，劳动磨炼意志、提高能耐的思想观念。

也正是基于此，教育部日前发文规定，学校日常运行中要渗透劳动教育，将劳动情况记入学生综合素质档案，并作为升学、评优的重要参考。在具体实施意见中还提出，要切实抓好相关课程、校内劳动、校外劳动、家务劳动等关键环节。如：学校安排适量的劳动家庭作业，布置类似洗碗、洗衣、扫地、整理衣物等学生力所能及的家务。这样看来，以后学校的劳动技术课就不是可有可无、或形同虚设的了；家长更应配合学校督促完成洗碗、扫地等"家务作业"。

教育是涉及学校、家庭、社会的系统工程。教育部发文旨在通过劳动教育，提高广大中小学生的劳动素养，促进他们形成良好的劳动习惯和积极的劳动态度，培养他们勤奋学习、自觉劳动、勇于创造的精神，为他们的终身发展和人生幸福奠定基础。要注重对社会主义核心价值观的宣传，营造"人世间的一切成就、一切幸福都源于劳动和创造"的舆论氛围，树立"劳动最光荣、劳动最崇高、劳动最伟大、劳动最美丽"的劳动审美观，形成崇尚劳动、尊重劳动的价值取向，摒弃那种不劳而获、一夜暴富的思想，为孩子终身健康发展奠定坚实基础。

（2015年8月26日）

不妨把预防艾滋纳入“开学第一课”

校园安全、传统文化、爱国主义……往往成为“开学第一课”的主题，这些主题都很好，也很有必要。但近年来，青年学生艾滋病疫情上升明显，局部地区感染人数骤然增多，部分学校“防艾”教育形同虚设、学生自我保护意识不强等问题突出。因此，不妨把预防与遏制艾滋病纳入“开学第一课”。

开学前，国家卫计委、教育部联合下发通知，要求建立学校艾滋病疫情通报制度，规定初中及以上各学段艾滋病专题教育课时，高校和中等职业学校要有“防艾”教育处方，要把预防艾滋病教育与性健康教育有机结合，将性道德、性责任、拒绝和预防不安全性行为作为教育重点。因此，把“防艾”纳入“开学第一课”正当其时，具有强烈的现实针对性和极端重要性。

学生的健康关系到祖国的未来，建立学校艾滋病疫情通报制度，旨在及时准确提供疫情信息，建立定期工作会商机制，共同分析疫情发生原因，制定防控对策与措施，积极行动起来，大张旗鼓地开展工作，为艾滋病患者点亮希望之灯。当然，疫情通报过程中将严格庇护感染学生的个人隐私，帮助患者走出阴霾。

艾滋病通过性接触、血液和母婴三种途径传播。在传播的途径中，绝大多数感染者是通过性行为感染的，近年来通过男男性行为感染人数骤然上升。据部分地区统计，约每80个男同性恋中就有16人是艾滋病感染者，所以男同性恋最易“染上”艾滋。2014年云南省艾滋病疫情显示，部分地区疫情上升明显、性传播比例继续上升、青年学生报告数增加，尤其是15~24岁青年学生感染者较前年增长了62.2%。这是一个可怕的数字，也是一个危险的信号，凸显了防治任务的艰巨。

针对当前在校学生感染人数逐年上升的现状，一方面，政府要加大资金投入，研究优化防治策略，探索防治措施，提高防治工作的针对性和实效性。另一方面，要扩大学校“防艾”教育的覆盖面，确保初中、高中、中职学校、高校专题教育课时。尤其要加强艾滋病自愿咨询检测和行为干预服务。要为有易感染行为的学生及感染者和病人提供行为干预、告知、心理咨询、随访管理及抗病毒治疗等服务。

性教育是青少年成长过程中不可回避的一个结构性问题，学校要把“防艾”与性健康教育有机结合，探索适合不同学段学生身心发育、认知能力的性健康教育内容和方式，那种“发个套就完事”的简单办法很难奏效。要注重发挥群团组织、志愿者作用，通过同伴教育、健康咨询等形式，传播“防艾”知识，增强学生的自我保护意识和能力。父母作为第一任老师，要引导孩子形成正确的价值观和健康的性心理，提高学生自我防护能力。

（2015年9月9日）

激活“僵尸网站”要先唤醒服务意识

部分政府网站被形象称为“僵尸网站”是一个老话题，但近日全国政府网站首次普查摸底情况公布又引发网络热议。普查过程中，103个省部级政府门户网站基本消除了无法访问和首页不更新等情况，有3000多个长期未更新的栏目被陆续激活。不过，一些市县级政府网站依然有不少处于沉睡状态，遭到网友的不断吐槽，亟待激活唤醒。

众所周知，地方政府网站是一个地区政务信息发布和服务公众的平台，也是民众对政府行使网络表达权、参与权、监督权的重要窗口，更是政府密切联系群众的桥梁和纽带。市县级政府网站直接面对群众、离群众最近，做好占全部政府网站九成以上的地方网站，就能提高行政效能，方便群众办事。而长期以来，一些地方政府网站屡遭老百姓的诟病，原因不外乎长时间不更新、互动回应差、栏目空白、内容“没营养”、错误百出等。老百姓办事一头雾水，群众反映“不及时、不准确、不回应、不实用、不好用”；更有甚者，有的网站几年下来还是老样子，沦为“聋子的耳朵”——摆设！何谈交流互动、反映民意、监督施政？

毋庸讳言，政府网站建设造价不菲，维护费、升级费、改版费等后续花费也十分高昂，做好一个网站不容易。但这是推进政务信息公开，实现信息互通共享，提高行政效能的需要，更是简政放权，规范公务行为，遏制权力任性的需要，是各级政府的必修课。网络技术井喷式发展的今天，网站不但要做好，还应积极推进网站向“互联网＋”迈进，利用云计算、大数据模式来降低政府数据中心的建设成本，提高行政效率，为群众带来更多便利。

如何激活“僵尸网站”？增加网站建设投入、明确网站功能定位、增强网站吸引力、强化官网考核等都是“硬”手段，而“软件”建设显得更为迫切。政府网站之所以容易成为“僵尸网站”，背后往往潜藏着懒政怠政庸政的“基因”，一些政府部门对信息公开和阳光政务没当回事或者怕摊上事，建网站不是真正希望通过网站推送给百姓更多便利，很大程度上只是做做样子给公众和领导看，网站建设无非是“可有可无”的“课外作业”，或者纯粹是为了应付检查评比的需要。

因此，唤醒“僵尸网站”首先要唤醒“沉睡”的服务意识。政府网站成“僵尸网站”，某种层面上是“为官不为”“不严不实”“四风问题”反弹的具体表现。试想：如果群众上“官网”看到的是几年未更新的页面；如果群众有事情上网办不了；如果群众有问题没法及时反映……多有几个“如果”，一定会凉了百姓的心，降低群众对政府的信任度，拉远政府与群众的距离。一句话，“硬件”是基础，尽责是关键，只要有为民服务之心，有良好的制度保障，就有望从根本上改变政府网站“僵尸”“睡眠”现象。

（2015年9月23日）

别让“有毒跑道”再伤害孩子

校园安全关乎千家万户。近日，南京、温州、上海、苏州、无锡等地一些中小学塑胶跑道被曝“有毒”，今秋开学以来，多名小学生陆续出现流鼻血、头晕、起红疹等症状，家长认为孩子出现不适与气味呛人的塑胶跑道有关。事发之后，一些学校迅速铲除“有毒跑道”，一些学校出具了“达标”检测报告，一些地方正在开展“有毒”跑道安全排查，让孩子们奔跑在安全跑道上。

“问题跑道”事件虽小，却引起社会的广泛关注，一些陌生的毒害物质也进入公众关注视野，质疑之声不断：这些“毒跑道”是如何“闯”进校园的？是谁铺设的？是谁检测的？是谁监管的？谁能检测跑道是否“有毒”？还有多少跑道在默默“放毒”？……公众质疑需要相关部门给出答案或专业人士作出权威解释，但公众最希望看到的是高悬问责利剑，把板子打到责任人头上，并迅速行动、整改落实，对学生健康负责，对塑胶跑道进行大排查，防堵“漏网之鱼”，别让“补缺”总在伤害之后！

近年来，很多中小学的塑胶跑道逐渐取代了以前的煤渣、水泥操场，本来为孩子健康而修建的漂亮舒适的塑胶跑道，却给孩子带来伤害，无不令公众感到痛心。按理说，塑胶跑道的生产建造应有严格的环保标准，如果把关不严，极易让一些劣质产品进入校园。这些“有毒”产品长期伴随学生，导致学生出现头晕、起红疹等症状就不足为奇了。再退一步说，虽有无良厂家为降低成本，在生产过程中添加了各种有毒剂品，但学校领导、教育主管部门没有任何理由睁一只眼闭一只眼，或者贪图便宜进行采购铺设！“问题跑道”的出现，就是检测标准的缺失，相关部门没有履行好监管职责的体现。可以说，每一起严重事故，都是对监管漏洞的无情暴露。

学生安全无小事，每一起事件，也都是对安全责任的深刻警示。明通小学踩踏事件酿成血的教训，主要原因就在于对校园安全打了一个“盹”。因此，对校舍、校车、校餐、体育用品、课桌椅、水电门窗质量都不能疏忽大意、掉以轻心。学校的许多物品如果对质量把关不严，难免越过安全红线。因此，在各地类似事件陆续被发现的背景下，教育部门必须履行其责，住建、环保等部门也应积极协助，对校园跑道进行彻底“消毒”，对自筹自建的塑胶跑道进行全面检查，确保学生的身体健康。

更为重要的是，为从根本上铲除“有毒跑道”，杜绝“有毒器材”“有毒草坪”“易折篮架”等系列产品“溜进”校园产生“灾难”，相关部门应亡羊补“牢”，严把学校教育设施建设质量关，加强对招标、施工、监理、监测、验收等关键环节的监管。严查把关不严、标准不高、层层转包、以次充好等突出问题。从源头把好关，推行“黑名单”制度 。唯有责任心与安全监管双到位，严肃问责，查缺补漏，时刻拧紧安全之弦，才能为孩子们撑起一片平安的天空。

（2015年10月26日）

主流声音

■致力于打造团结鼓劲、凝聚共识、激浊扬清、求正辨误、解疑释惑的品牌栏目，以思想优势赢得话语优势，彰显主流媒体引导舆论的主导价值

把“三牛”精神装进春天的行囊

“春种一粒粟，秋收万颗子。”牛年到来之际，习近平总书记在春节团拜会上发表重要讲话，向广大中华儿女致以新春祝福，并用孺子牛、拓荒牛、老黄牛的“三牛”精神激励亿万人民顽强拼搏。讲话振奋人心、催人奋进，让这个春天充满前行力量，充满美好希望。

“牛马年，好耕田”。在中华文化里，牛是勤劳、奉献、奋进、力量的象征。辛丑牛年，每个平凡人，只要如牛一样耕耘，如牛一样奋发，都能迈出铿锵步伐，迸发“犇”的力量，收获新年心愿；只要你我汇聚起“九牛爬坡、个个出力”的合力，定能共同“犇”向美好未来。

辛丑牛年，我们站上新的历史起点，也将是意义非凡的一年：中国共产党迎来百年华诞，“十四五”开局，全面建设社会主义现代化国家起步。对昆明而言，奋力开启区域性国际中心城市建设新征程，努力成为新时代云南高质量发展的标兵，为夺取全面建设社会主义现代化新胜利作出新的更大贡献，更加需要和呼唤“三牛”精神，书写属于自己的“牛气冲天”。

做为民服务孺子牛。发扬“三牛”精神，是向全国人民发出的号令，更是对全党同志提出的要求。火车跑得快，全靠车头带。新征程上，党员干部必须走在前列、干在前面，发挥先锋模范带头作用。全心全意为人民服务是我们党的宗旨；人民对美好生活的向往，是共产党人一如既往的奋斗目标。只有秉持以人民为中心的发展思想，才能汇聚起劈波斩浪的磅礴力量。身为党员领导干部，在任何时候都要“俯首甘为孺子牛”，始终和人民想在一起，干在一起。

做创新发展拓荒牛。创新是引领发展的第一动力，而攻坚克难的拓荒牛精神，是时代所需、发展所需、精神所需。面对国内外环境深刻变化带来的一系列新挑战，“拓荒”需求比以往任何时候都更加迫切。让昆明勇当“奔牛”不成“蜗牛”，各项工作都成为全省第一，力争在若干方面成为全国第一，尤其需要发扬敢闯敢拼的牛劲，勇往直前、迎难而上，于万千荆棘中“杀出一条血路来”。新起点上，必须向改革创新要动力，运用改革创新的思维和办法，于变局中开新局。

做艰苦奋斗老黄牛。空谈误国，实干兴邦。世界上的事情都是干出来的，幸福都是靠双手创造出来的。苦干写就辉煌，实干托起梦想。前进道路上，没有路书，没有指南，更没有捷径可走。而且还会遇到许多新挑战，碰到一些新问题。要想跨过关隘、冲破羁绊、获得突破，只有“一条路”可走，那就是像老黄牛一样勇于负重、甘于奉献、风雨兼程，一步一个脚印往前走。唯有永远保持慎终如始、不畏艰险、锐意进取的韧劲，才能战胜任何艰难险阻。

踏上新征程，拥抱新希望。大力发扬“三牛”精神，就是要保持“闯”的精神、“创”的劲头、“干”的作风，发扬不服输的韧劲，不怕难的闯劲，肯吃苦的干劲。咬定目标不动摇，逢山开路、遇水搭桥，一件一件抓落实，一年接着一年干，持之以恒，善作善成，为实现第二个百年目标辛勤耕耘，创造无愧于新时代的新业绩。

（2021年2月22日）

筹备好缔约方大会是“一号工程”

有人评价说，举办’99世博会，昆明的城市建设提前了10年，城市面貌发生了质的飞跃，城市知名度大大提高……20年后，昆明又迎来举办国际盛会的机会——《生物多样性公约》缔约方大会（简称“COP15”）。届时，世界的目光将聚焦昆明，196个缔约方的政府官员、企业家、科学家等将齐聚昆明，审议“2020年后全球生物多样性框架”，确定2030年全球生物多样性新目标。

缔约方大会每两年召开一次，大会成果将主导《公约》进程的发展走向，为全球生物多样性保护指明方向，为全球气候变化、可持续的经济发展等人类面临的共同挑战提供自然的解决方案。从宏观价值看，这次盛会关系全人类乃至地球的命运走向。因此，当好东道主，确保盛会圆满成功，是昆明的荣幸，是中央交给云南的一项重大政治任务，是在为全球生物多样性保护和可持续发展贡献中国智慧和中国力量，具有里程碑意义。

缔约方大会在昆明举办，是展示昆明绿色发展、环境保护、生态建设的好机会，对昆明高质量发展将是一个非常难得的重大机遇，具有多重意义。近年来，昆明大健康产业发展取得显著成效，大会在昆明举办，对促进昆明当下和今后很长一段时间的绿色发展，扩大昆明绿色产业发展在国际上的知名度，都将产生极大的推动作用。盛会的举办，向世界展示昆明形象、扩大昆明国际影响力，将助力区域性国际中心城市建设。

如何护航盛会圆满成功？要有思想自觉、政治自觉和行动自觉。缔约方大会不仅仅是昆明的事情，将盛会置于云南来考虑，对云南展示生态环境保护工作成效、推进中国最美丽省份建设、争当生态文明建设排头兵等将发挥重要作用，也是让云南走向世界、让世界了解云南的一次十分重要的机遇。因此务必提高政治站位，严格落实承办职责，精心做好筹备工作，全面展示我国生态文明建设成就，充分展现云南生物多样性保护、脱贫攻坚乃至经济社会发展的历史性成就，让世界感知云南、感知中国发生的翻天覆地变化。

如何确保大会办成一届具有中国气派、云南特色的国际盛会，是一次重大考验。要举全力高标准、高质量、高水平做好筹备工作。目前，筹备工作进入倒计时阶段，做好筹备工作，是昆明市的“一号工程”，是各部门的头等大事。全市上下要高度重视起来，按照统一安排部署，以良好的精神状态、扎实的工作作风，准确把握工作节奏，有序推进安保、宣传、交通、食品安全、医疗卫生、志愿者服务等各项工作。全市上下要共同参与、主动作为，来一次环境大整治、大改善、大提升，把春城的美丽形象呈现给全世界。

（2019年10月9日）

COP15开启人与自然新未来

保护自然：通向昆明之路。COP15的成功举办，将开启全球生物多样性治理新进程，推动全球生物多样性治理迈上新台阶，共绘人与自然和谐共生新图景。会议达成的共识、结出的果实，将为未来10年全球生物多样性保护设定目标和路径，为携手共建地球生命共同体迈出坚实一步。

“天地与我并生，而万物与我为一。”万物和谐是中国人对多样共存、和合共生的哲学思考和诗意表达，是人类生生不息的美好愿望和长久期盼。习近平主席在COP15领导人峰会上，从哲学的高度，深刻辩证地阐释了人与自然和谐共生的重要意义：当人类友好保护自然时，自然的回报是慷慨的；当人类粗暴掠夺自然时，自然的惩罚也是无情的。

“天育物有时，地生财有限。”生态环境没有替代品，用之不觉，失之难存。人类发展活动必须尊重自然、顺应自然、保护自然，否则就会遭到大自然的无情报复。这是谁也无法抗拒的规律。人们未来美好生活的蓝图，也必将建立在生物多样性的繁盛、人与自然和谐共生之上。我们要深怀对自然的敬畏之心，尊崇自然、善待自然，构建人与自然和谐共生的地球家园。

聚焦“生态文明：共建地球生命共同体”。这是COP15的主题。面对生物多样性丧失给人类生存和发展敲响的警钟，世界各国既不可能“独善其身”，也不可能“另辟蹊径”，只有勠力同心、团结协作、携手同行，共谋人与自然和谐共生之路，共建人与自然生命共同体，才能实现人与自然和谐相处的宏伟愿景。

“生物多样性”不再只是一个环保概念，而是涉及自然与文化多层面的生命共同体。生物多样性是人类赖以生存和发展的重要基础，是人类健康和经济增长的基础，是地球生命共同体的血脉和根基。携手保护生物多样性、呵护全人类赖以生存的唯一家园，是人类义不容辞的责任，是各国人民的唯一选择和共同梦想。

作为COP15的东道国，中国将与国际社会共同努力，为全球生物多样性保护贡献中国智慧和中国力量，推动实现全球可持续发展，开启人类高质量发展新征程——率先出资15亿元人民币，成立昆明生物多样性基金；加快构建以国家公园为主体的自然保护地体系；构建起碳达峰、碳中和“1+N”政策体系……这是中国推动高质量发展、实现绿色转型的自觉行动，也是深度参与全球环境治理的责任担当。

COP15的成功举办，生物多样性保护站上新起点，人与自然和谐共生开启新未来，生态文明建设翻开新篇章。人类只有一个地球，共同建设清洁美丽的世界应凝聚共识、形成合力，从全球、区域到国家，从环境部门到其他政府部门，从企业和民间组织到媒体，乃至整个社会，都应该广泛参与，促进全球协同行动，让生物多样性保护成为促进经济绿色复苏动力，为实现人与自然和谐共生的美好愿景竭尽所能。

（2021年10月17日）

治好滇池母亲湖　给美丽春城加分

在昆明人眼里，滇池承载着滇池流域人类发展厚重的历史文化，是昆明最独特的一张名片。一汪清水能为城市带来巨大的生态效应、经济效应和文化效应。一个城市的人文之湖被污染，不仅削弱了昆明的生态文化力，也给城市形象和其他方面带来严重的影响。正所谓，滇池清则昆明兴！

不可否认，多年来昆明市对滇池治理十分重视，投入了大量的人力物力财力，从中央到地方，滇池治理力度也在不断加大，取得了阶段性的成效。以近年来为例，昆明市紧紧围绕滇池流域水污染防治目标，扎实推进"六大工程"，深入开展"滇池治理三年行动计划"，实施了河（段）长负责制、"河道三包"责任制等有效举措，滇池水体水质明显改善，周边生态环境明显改观，为进一步治理好滇池打下了良好基础。今年内将完成14条入湖河道整治；滇池船舶管理将有"专法"，对"满湖都是船"的现象进行治理；主城排水设施将由排水公司"独家"经营、全权负责；河道治理将细分到村（居）民小组；推进11个湿地（公园）建设……

虽然滇池治理取得了阶段性成效，但也要充分认识到滇池治理的复杂性、艰巨性和长期性。滇池治理不可能一蹴而就，马上让人赏心悦目，需要树立的是信心、决心和恒心。历史把责任交到我们手上，把接力棒传给我们，既没有捷径可走、更没有后路可退，唯有下最大的决心，花最大的工夫，尽最大的努力，啃下这块最大的"硬骨头"，坚决打赢滇池保护治理这场硬仗。将滇池治理作为一场硬仗来打，彰显了昆明市委勇于担当、誓尽全力、为民纾困的决心，回应了全社会对“还滇池一湖清水”的关切。

按照昆明市委的总体安排，就是要在坚持已有好经验、好做法的基础上，坚定信心决心，突破重点难点，推动滇池保护治理不断取得新突破。目前已接近年底，要强力推进年度目标任务完成，不折不扣完工32个规划项目，将干部考核与滇池规划“国考”成绩挂钩，确保今年“国考”合格，努力完成滇池治理“十二五”规划总体目标。要敢于担当，以问题为导向，围绕问题抓落实，拿出具体措施和办法，发现问题、直面问题、解决问题。着力解决彻底截污、河道综合治理、滇池周边生态建设、滇池流域水资源调配等重点难点问题，促进滇池治理提速增效。要强化管理运营，充分发挥已建工程设施的生态效益。要坚持依法治理、科学治理、社会治理的思路，增强治理的科学性、系统性和针对性。要强化宣传引导，广泛动员社会各界关心滇池、珍惜滇池、爱护滇池，努力营造推动滇池治理的良好舆论氛围。让广大市民和生活在昆明的每一个人，自觉、积极、主动地投入到保护美丽春城、建设美丽春城的行动中来。

作为滇池流域的受益者和治理滇池的责任者，不管形势有多严峻，任务有多艰巨，全力以赴把滇池治理好的坚定信念不能变，滇池治理作为全市工作重中之重的地位不能动摇。但滇池保护治理工作是一项长期和复杂的系统工程，需要社会各界的共同努力，需要汇聚方方面面的力量和智慧。要加强组织领导，多方筹措资金，明确目标任务，严格督查考核，科学谋划“十三五”规划，强化协调配合，狠抓工作落实，推动滇池保护治理各项工作实现新突破。要以滇池治理为突破口，提升昆明生态能力建设水平，推动生态文明水准向更高层次迈进，促进社会的全面发展，向世人展示昆明朝气蓬勃、奋发向上的美丽画卷！

（2014年11月29日）

用“绣花功”雕刻城市文明细节

一座城市的品位，关键看细节。创建全国文明城市，也要从细节入手，做细化文章，展细节之美，让人不论走在通衢大道，还是背街小巷，都能感受到文明创建的坚实步伐，折射出像绣花一样精心用心的“功力”。夯实创建文明根基，让考评者心悦诚服打高分，靠“品质”赢得金牌，最终达到创建为民、创建惠民的目的。

全国文明城市之所以成为各地竞相追求的发展目标，在于它是公认的含金量最高、综合性最强、影响力最大的城市品牌，是城市形象和发展水平的集中体现，是一张最闪亮的城市名片。全国文明城市测评体系由三大板块、12个测评项目、90项测评内容、188条测评标准构成，体系最为全面、内容最为具体、标准最为严格，涵盖了物质、精神、政治、生态等方方面面，也关系到群众生产生活的方方面面。既有宏观的总体要求，又量化细化到具体的工作和每一个细节。

每一项指标的实现，都需要付出不少心血和汗水。对比全国文明城市测评标准，昆明一些指标完成情况还有差距，主要表现在政务环境、法治环境、城市规划建设管理、环境卫生、市场环境、人文环境、社会环境、生态环境等方面，而丢分环节不少就可能隐藏在“细节”上，比如“脏乱差”现象久治不愈；一些陋习随处可见：乱吐乱扔乱涂者有之，“勇闯”红灯者有之，大吵大嚷者有之，随意损坏花草树木等公共设施者有之……不一而足的不文明行为为这座城市“添堵”，却不能给这座城市“添分”！

更为严峻的形势是，在今年进入同一档次评选的“方阵”中，从前两年测评的结果看，各个城市之间差距很小，分数咬得很紧。昆明的当务之急是必须从精细之处着手，从城市形象上发力，从体现现代文明的每个细节做起。

细节决定成败，大事起于具体。越是时间紧、任务重、要求高、难度大，准备工作就要越细致、越到位。要按照创建工作推进会要求，狠抓细节完善，确保创建工作精细化、规范化。要在落细、落小、落实上下功夫。熟悉检查验收的各项标准，对每一项指标、每一个步骤、每一个环节都要心中有数、精心准备，确保不缺一个内容、不漏一个环节。要认真对照督查反馈的薄弱环节和失分项目，集中精力进行“拉网式”排查，查缺补漏，加快整改，让重点项目成为加分项目，让重点区域成为亮点区域。努力把测评体系要求的每一项工作做深、做实、做精、做出彩，力争少丢分、多得分、拿高分。

“哪怕只有1%的希望，我们也要付出100%的努力。”每一份努力，都会让我们的城市离文明更近一步；每一份付出，都会为我们的城市增光添彩。现在，距离全国文明城市测评已进入“倒计时”，要解决的问题异常复杂繁重，各项工作已经到了“百日攻坚”“百米冲刺”的最后关头。如果我们再不加油、再不冲刺，就很有可能与文明城市失之交臂。只有聚全民之智，举全市之力，拿出“破釜沉舟、背水一战”的勇气，正视差距，直面问题、查缺补漏，以更高、更严、更精、更实的标准，一分一分地争取，一厘一厘去夺得，才有望摘取全国文明城市这块“金牌”。

（2017年4月6日）

系统认识马克思主义中国化新的飞跃

马克思主义是我们立党立国、兴党强国的根本指导思想。马克思主义理论必须与时俱进、求真务实，随着实践发展而发展，坚持一切从实际出发，及时回答时代之问、人民之问，才能不断推进马克思主义中国化时代化。建党百年之际，站在两个一百年的历史交汇点上，党中央制定第三个历史决议，历史性地提出习近平新时代中国特色社会主义思想是当代中国马克思主义、二十一世纪马克思主义，是中华文化和中国精神的时代精华，实现了马克思主义中国化新的飞跃。

习近平新时代中国特色社会主义思想之所以实现了马克思主义中国化新的飞跃，根本在于这一伟大思想是中国共产党百年实践经验总结升华的历史产物，直接的实践基础和理论源泉是中国特色社会主义新时代的伟大实践。党的十八大以来，以习近平同志为主要代表的中国共产党人，坚持把马克思主义基本原理同中国具体实际相结合、同中华优秀传统文化相结合，坚持毛泽东思想、邓小平理论、“三个代表”重要思想、科学发展观，深刻总结并充分运用党成立以来的历史经验，从新的实际出发，创立了习近平新时代中国特色社会主义思想，实现了马克思主义中国化的历史性飞跃和创造性升华。

党的十八大以来，以习近平同志为核心的党中央以伟大的历史主动精神、巨大的政治勇气、强烈的责任担当，在政治经济文化、内政外交国防、治党治国治军等各个方面，进行了一系列变革性实践、取得了一系列突破性进展和标志性成果。所创造的伟大历史性成就，根本在于有以习近平同志为核心的党中央领航掌舵，有习近平新时代中国特色社会主义思想科学指引。习近平新时代中国特色社会主义思想是中国特色社会主义理论体系的重要组成部分，是马克思主义基本原理与中国具体实际和中华优秀传统文化相结合的新的历史性飞跃，开辟了马克思主义中国化的新境界，是当今世界最鲜活、最现实的马克思主义。

时代课题是理论创新的驱动力。只有回答和解决了时代课题的理论，才是引领时代、指导实践、推动发展的科学理论。

习近平同志对关系新时代党和国家事业发展的一系列重大理论和实践问题进行了深邃思考和科学判断，就新时代坚持和发展什么样的中国特色社会主义、怎样坚持和发展中国特色社会主义，建设什么样的社会主义现代化强国、怎样建设社会主义现代化强国，建设什么样的长期执政的马克思主义政党、怎样建设长期执政的马克思主义政党等重大时代课题，提出一系列原创性的治国理政新理念新思想新战略。以全新视野深化了对共产党执政规律、社会主义建设规律、人类社会发展规律的认识，开辟了马克思主义发展新境界。

实践充分证明，马克思主义是认识世界、改造世界的科学真理。在新的“赶考”之路上，广大党员干部必须用新的理论指导新的实践，在学懂弄通做实上下功夫。全面贯彻习近平新时代中国特色社会主义思想，用马克思主义的真理光芒照耀前行之路，中华“复兴”号巨轮就能坚持正确前进方向，乘风破浪不迷航；就能在世界百年未有之大变局的复杂条件下，始终把握发展规律，运用科学世界观和方法论谋划事业发展、应对风险挑战，在全面建设现代化国家新征程上创造新的更大奇迹，不断开辟中华民族伟大复兴的光明前景。

（2021年11月29日）

从百年党史中汲取智慧力量

“回望过往的奋斗路，眺望前方的奋进路，必须把党的历史学习好、总结好，把党的成功经验传承好、发扬好”。作为党员干部，只有持续上好党史这门必修课，交出学习教育高质量答卷，才能从党的非凡历程中汲取智慧力量，铭记奋斗历程，担当历史使命，团结和带领群众感党恩、听党话、跟党走，在现代化新征程上创造更加辉煌灿烂的未来。

恩格斯说过：“历史就是我们的一切。”历史是最好的教科书，党史是最好的营养剂。我们党的一百年，是矢志践行初心使命的一百年，是筚路蓝缕奠基立业的一百年，是创造辉煌开辟未来的一百年。在百年奋斗中，我们党团结带领人民完成新民主主义革命，建立了中华人民共和国；确立社会主义基本制度，推进了社会主义建设；实行改革开放，开创、坚持、发展了中国特色社会主义。党的十八大以来，以习近平同志为核心的党中央团结带领全党全国各族人民，统揽伟大斗争、伟大工程、伟大事业、伟大梦想，推动党和国家事业取得历史性成就、发生历史性变革，推动中国特色社会主义进入新时代，中华民族迎来了从站起来、富起来到强起来的伟大飞跃。

欲知大道，必先为史。开展党史学习教育，就是要找到中国共产党为什么能、马克思主义为什么行、中国特色社会主义为什么好的思想密码，深刻认识红色政权来之不易、新中国来之不易、中国特色社会主义来之不易，从而坚定对马克思主义的信仰，对社会主义、共产主义的信念，对实现中华民族伟大复兴中国梦的信心。从党史中汲取思想滋养，始终坚持解放思想、实事求是、与时俱进、求真务实，始终立时代潮头、发思想先声、明历史大势，用思想的力量推动实践的创新，不断开创事业发展新境界。

历史、现实、未来，总是一脉相承。从嘉兴南湖、井冈山、延安、西柏坡，一步步走出了一个崭新的共和国，今天，我们走进中国特色社会主义新时代。全面建设社会主义现代化国家，不断巩固“富起来”、实现“强起来”，还有很长的路要走，犹如一次新的长征，仍需风雨兼程。踏上全面建设社会主义现代化国家新征程，要以习近平新时代中国特色社会主义思想为根本遵循，确保中华民族伟大复兴事业从胜利走向新的胜利。

胸怀千秋伟业，恰是百年风华。从石库门到天安门、从兴业路到复兴路、从小小红船到巍巍巨轮，百年党史中蕴含着丰富的智慧和力量，是照亮前行的“航标灯”，是最好的教科书，也是党员干部要用“心”上好的必修课。广大党员干部要端起历史规律的望远镜，运用历史思维、增强历史担当，在党史学习教育中永葆政治本色、坚定理想信念、勇于担当作为、做到知行合一，创造无愧于时代、无愧于人民、无愧于先辈的新业绩。

（2021年6月28日）

甩掉贫困帽要拔“思想穷根”

前几天微信朋友圈里传着一篇小学生的文章《我的理想是当贫困户》，一时间成为热议的话题。多数人认为，文章有些偏激、过于调侃，不用当回事，一笑了之即可。但细想，“童言无忌”中也透出扶贫攻坚中应该注意的问题：扶贫攻坚既要加大力度，又要激发群众的主体意识；彻底改变那种“靠着墙根晒太阳，等着别人送小康”的状态；扶贫要扶志、扶智，“物质脱贫”更要“精神脱贫”……

脱贫攻坚，承载着人民幸福、凝结着民族梦想、牵动着世界目光。当前扶贫已到了攻城拔寨的冲刺阶段，但越到后面要啃的硬骨头越集中，攻坚成本越高、难度越大、见效越慢。这时候，扶贫尤其要注重扶思想、扶观念、扶信心。帮助摆脱物质贫困，更要帮助摆脱意识和思路的“贫困”。

“积力之所举，则无不胜也”。脱贫攻坚需要聚全社会之力，更需要发挥贫困户的主体作用。既要把贫困群众作为脱贫攻坚的对象，又要使其成为脱贫致富的主体。扶贫与扶志相结合，才能激发贫困地区和贫困群众改变贫困面貌的干劲和决心，破除“等、靠、要”的思想观念；扶贫与扶智相结合，才能发挥群众的积极性、主动性和创造性，增长干事创业的智慧，激发脱贫致富的内生动力，增强靠自身努力改变命运的斗志和信心，从而为过上富裕生活增添不竭的精神动力和“造血”能力。

贫有百样，困有千种。扶贫，贵在精准，只有精准，才能见效。决战贫困，一方面要改“大水漫灌”为“精准滴灌”，把精准二字贯穿于扶贫工作全过程，做到对象识别精准、项目安排精准、资金使用精准、因村派人精准、措施到户精准；另一方面，作为贫困群众也应诚实守信，把贫困情况如实详细申报，不能哭穷喊穷。这样，既能把有限的资金用在最该用的贫困户头上，也能减少一些矛盾纠纷，还可堵住优亲厚友、争当贫困户等怪现象。做到扶真贫、真扶贫，让扶贫工作开出“精准之花”。

“民亦劳止，汔可小康”的千年梦想，需要在未来3年实现。这是一份沉甸甸的承诺，更是一份必须担当的历史责任。也因此，扶贫从一开始就是一场前所未有、需要冲锋陷阵的硬仗。随着扶贫攻坚的深入推进，不少贫困户腰包鼓了起来，生产生活条件明显改善，老百姓收获了许多实实在在的好处，幸福感逐渐洋溢在脸上。而这背后，是人力财力物力的大量投入，是全国上下“一盘棋”的合力推进，是许多帮扶干部长年累月舍小家、顾大家，带领群众奋战在脱贫一线结出的果实。一个数字让人惊叹：近3年，全国已经有100多名干部在脱贫攻坚中牺牲。

因此，在各地集中力量攻坚克难的同时，要大张旗鼓地开展“自强、诚信、感恩”教育。大力宣传扶贫攻坚中的超常规举措、成效经验以及先进典型，引导群众树立自强不息、诚实守信、脱贫光荣的思想观念和感恩意识，把对美好生活的向往、对党的感恩之情转化为自力更生、艰苦奋斗的自觉意愿和行动——干部群众同心干，才能打赢攻坚战。

（2017年9月12日）

厚植民营经济的一方沃土

云南民营经济只能壮大、不能弱化。为啥这么说？近年来，云南的民营经济贡献了40%以上的税收，接近50%的地区生产总值，70%以上的技术创新成果，80%以上的城镇劳动就业，90%以上的企业数量。简单归结起来就是“45789”，这与全国情况大致相当。但云南是后发展欠发达地区，推动跨越式发展、实现后来居上，民营企业是一支不可或缺的力量，需要厚植营商环境沃土，强健民营经济“体格”。

面对新冠疫情的“捣乱”，民营经济在稳增长保就业保民生、有效应对风险挑战方面发挥了特别重要的作用。近年来，民营企业吸纳了大量的就业人员，成为不可替代的“大海绵”。君不见，卖菜的、修车的、开饭馆的……满大街活跃着的市场主体大多是民营企业，在保民生、满足需求方面成了群众须臾离不开的“依靠”。从大处说，加快产业强省建设、转变经济发展方式，需要激发民营经济的创新创业活力。民营经济是我国经济制度的内在要素，更好发挥民营经济的优势和作用，这是由我国的国情决定的。

昆明强，则全省强。当好排头兵，提高经济首位度，需要持续发力、久久为功，以最丰富的政策资源匹配，支持民营经济做大做强。“大”和“强”实际上是规模总量和发展层次的“双提升”。当然，把民营经济做大做强，有省委、省政府的全力支持，有本身的区位优势、现实基础、发展条件。优势叠加，无疑可以转化为发展效能。今年以来，昆明大抓产业发展、项目建设、招商引资、营商环境改善，出台了一系列助企纾困政策，打出组合拳，切实减轻民营企业负担。接下来，还将在推动惠企政策落实、联系服务企业、厚植发展环境等方面持续用力。

做强民营经济重在营商环境。可以想象，成千上万的民营企业，几乎天天在跟政府部门打交道。政府部门工作人员的服务态度、服务方式、工作效率等直接折射出营商环境的优劣。营商环境好不好，民营企业最有感受；营商环境存在什么问题，民营企业最有发言权。面对投资者、创业者、办事者的新需求，民营企业发展中仍存在痛点、难点、堵点，“卷帘门”“弹簧门”“旋转门”还没有彻底打开。深入推进作风革命、效能革命，也要在优化民营经济发展环境方面“气象一新”。

如果把民营经济比作树，营商环境就是土壤。只有土肥水美，才能枝繁叶茂。人们注意到，浙江等发达地区民营经济蓬勃发展了几十年，至今仍然生机勃勃，一个很重要的原因，就是这些地方有良好的营商环境，尊商、敬商、重商、爱商氛围浓厚。倾心服务、精准服务、高效服务，为民营经济发展插上了腾飞的“翅膀”。从这个意义上说，营商环境就是生产力，抓营商环境就是抓发展，优化营商环境就是解放和发展生产力。近些年的发展表明，良好的营商环境，是实现又好又快发展的重要经验。没有持续优化的营商环境，就不可能有良好的发展环境，民营企业也难有生机活力，老百姓更分享不到更多发展红利。

（2022年10月4日）

唱好招商引资“春天的故事”

招商引资是发展的永恒主题，抓发展就要抓招商，抓发展必须抓招商。要深刻把握新发展阶段的新特征新要求，立足市情、锚定目标、找准切入点，坚持市场化路径，推动形成大抓发展、大抓产业、大抓工业、大抓项目、大抓招商的浓厚氛围，以高质量招商引资工作推动高质量发展。

狠抓招商引资工作是由昆明的现实基础、发展条件、经济运行情况等决定的。时下，昆明正处于宏观经济形势的影响期、历史遗留问题的消化期、新旧动能转换的换挡期“三期叠加”特殊阶段。形象地说，昆明肩上扛着既要“赶”又要“转”的双重任务，面临既要“做大规模”又要“提升质量”的双重挑战。面对发展不平衡不充分、经济总量不大、转型升级不快等一系列问题，扭住招商引资“牛鼻子”，才可望有效破解难题。

招商引资说起来容易，做起来难。首先要搞清楚为什么招、靠什么招、招些什么等问题，清醒认识招商引资重要在哪、优势在哪、短板在哪，尤其是昆明独特的市场优势、资源优势、生态优势、政策优势、后发优势在哪。只有补短板、强弱项、挖潜力，把优势变成发展条件，找到自身经济增长的空间，研究谋划具体的重大项目；坚持以问题为导向，打通堵点、连接断点，踢开招商引资道路上的绊脚石，才能推动招商引资提速提质，提高招商引资成功率。

今年的政府工作报告指出，坚持“一把手”招商，市领导、各县（市）区主要领导全年分别赴省外招商不少于10次。聚焦绿色食品、先进装备制造、生物医药、数字经济等重点产业招商，全年组织精准招商活动不少于

10次。委托10家中介招商，选聘10名以上招商大使，开展大数据招商；引进市外到位资金1540亿元。

这段话的意思很清楚，它回答了谁来招商、怎么招商、招什么商、引资目标等问题。但核心是靠什么招商。显然，要靠“一把手”带头招商，即落实各级政府的主体责任和相关部门的重要责任，“一把手”要给力，各级部门共同抓，形成招商合力；还要靠政策、机制和措施，善于研究政策、吃透政策、用好政策，出台更具吸引力的政策；更要靠环境招商，持续深化“放管服”改革，营造“办事不求人、审批不见面、最多跑一次”的良好氛围，让昆明成为投资的“蓝海”和“洼地”。

立足更高站位推动昆明发展，要以大项目招大企业，形成大带动，推动大发展。聚焦千亿级产业布局，精准谋划支撑城市未来发展的产业蓝图，形成迭代产业体系。一分部署，九分落实。要建立产业链“链长制”、上下联动机制、工作通报机制，完善考核及约谈工作机制。千方百计招商、安商、稳商，做项目推进的“服务员”，让项目尽快落地见效，以项目为牵引推动招商引资上台阶，跑出招商引资“加速度”，开创招商引资新局面。

（2021年3月14日）

依法管住吃野味的“嘴”

来势汹汹的新冠疫情激起要求彻底保护野生动物的全民呼声。如何彻底保护？光靠宣传动员、说服教育、提高认识、敬畏自然、善待动物，往往效果有限。从根本上看，还得靠法治，靠法律“长出牙齿”，严厉打击捕猎、养殖、交易、食用等各个环节的不法行为，用法治利剑斩断伸向野生动物的黑手。

野生动物致病风险威胁人身安全健康。2003年非典疫情期间，保护野生动物的呼声曾十分高涨，可惜“非典”过后还是没能刹住野味交易之风。相反，关于野生动物是“保护”还是“合理利用”的争论一直没有停止过，修订后的《野生动物保护法》依然将野生动物的合理利用写入了法律，为不少野生动物交易撕开了一道口子。

17年后的2020年，一场突如其来的新冠疫情肆虐，人们才猛然意识到，野生动物问题的重要性。虽然至今没有证据证明，新冠疫情就是野生动物“带来”的，但科学研究一再表明，人类正在经历的这场疫情，有可能与SARS冠状病毒一样源自野生动物。不管最终结论如何，“保护野生动物就是保护人类自己”已成为全民共识。人们常说，动物是人类的朋友，既然是朋友，人类为何要残害朋友？

管住“嘴”才能防住“病”。野味交易重回公众视线，全面禁止的声音日益增强。虽然也有社会学家指出，时至今日依旧食用野生动物，是畸形心理、愚昧文化使然，并开出了治理“药方”。但如何在法律法规、政策观念层面做出根本性的改变，彻底斩断野味交易的黑手，让野味市场失去合法基础，在制度层面保障人与动物的和谐共处，才是当务之急，才是野生动物管理领域亟待解决的问题。

迄今仍挥之不去的新冠疫情催生了野生动物的最严保护法令。不久前，全国人大常委会第十六次会议表决通过有关禁止非法野生动物交易的决定。这一决定明确：凡《野生动物保护法》和其他有关法律禁止猎捕、交易、运输、食用的，必须严格禁止。同时，全面禁止食用有重要生态、科学、社会价值的“三有”陆生野生动物，包括人工繁育、人工饲养的陆生野生动物。适时出台的《决定》扩大了法律调整范围，堵住了野生动物可以“合理利用”的活动空间，确立了全面禁止食用野生动物的制度规定。

但要让全民对野味说“不”，需要全面修法。2020年10月13日，《野生动物保护法》修订草案首次提请全国人大常委会会议审议。此次修法在强化检验检疫管理，加强疫源疫病监测，以及加强野生动物收容救护能力建设，提升打击力度，加大处罚力度等方面，都有较大“升级”，体现了从源头上防控重大公共卫生风险的理念和制度设计。修法的延伸意义还在于，将生物安全长期纳入国家安全体系，保护人民身体健康、维护国家长治久安。

（2021年4月18日）

激活健康消费的一池春水

在拉动GDP的“三驾马车”中，消费对经济发展具有基础性作用，连续多年成为中国经济增长的第一拉动力。可以说，消费是最终需求，是满足人民日益增长的美好生活需要，更是经济增长的持久动力。在国际新冠疫情持续蔓延，世界经济下行风险加剧，不稳定不确定因素显著增多的严峻形势下，扩大消费成为对冲新冠疫情不利影响的重要着力点。而扩大消费，其中重要一招是做好健康消费这篇大文章。

突如其来的新冠疫情，倒逼人们增强健康意识，更加关注健康、投资健康，促进健康消费行为。应对新冠疫情，催生并推动了许多新产业新业态快速发展，新的销售模式大放异彩，新产品纷纷“粉墨登场”，一些传统的保健品销量逆势增长，人们从网购口罩、酒精、洗手液、消毒液等防护用品开始，到抢购双黄连、线上健身、健康微视频、健康微直播等，新兴服务需求快速扩张，健康消费呈现爆发式增长。

新冠疫情带给人负面影响，也带给人正面思考：如何发挥消费对经济增长的“压舱石”作用，把在新冠疫情防控中催生的新型消费、升级消费培育壮大起来，把被抑制、被冻结的消费潜能释放出来，使实物消费和服务消费得到回补，进而为经济增长注入持久动力。这是一篇值得做而且可以长期做的大文章。中国有14亿人口，有全球最大中等收入群体，消费升级方兴未艾，健康消费隐藏着巨大的潜力。

此次新冠疫情期间，旅游、餐饮、娱乐等行业消费受到巨大冲击，而健康消费却逆市上扬。统计数据显示，一季度全国居民人均购买洗涤及卫生用品支出增长27.2%，购买口罩等医疗卫生器具支出增长4.2倍。除购买防疫必需品外，空气净化器、除菌洗碗机、除菌干衣机等健康生活类家电走俏，保健品、营养品受到追捧，运动手环、健康监测产品等销售火爆。京东、美团、淘宝等线上平台以及专注健康领域的元龟商城笑得很开心，用他们的话说：业绩得到快速增长！

随着我国消费结构升级，百姓健康意识提升，“储蓄”健康的需求不断释放，健康消费将成为刚需。新冠疫情是一次健康“大考”，给人们上了一场生动的健康教育课。新冠疫情催生新需求，健康养生迎来增长期，健康产业迎来新机遇。要以新冠疫情常态化防控为契机，进一步倡导健康生活方式，引导企业加快医疗保健新产品研发创新，加大相关产品和服务供给，推动健康消费和健康产业发展驶入快车道，扩大绿色食品、药品、卫生用品、健身器材、智能穿戴等产品的生产销售，以更好满足居民健康生活消费需求。同时，让健康经济成为经济发展的支撑点。

在云南产业发展规划中，生物医药和大健康产业被列为全省八大重点产业之首进行培育发展，明确提出打好“绿色能源、绿色食品、健康生活目的地”三张牌。而在昆明，大健康这张牌早已落地生根，“国字号”大动作将提速大健康产业驶入快车道：随着国家植物博物馆、大健康产业示范区落户昆明，加快打造中国健康之城，将为大健康产业大发展提供重要载体和有力支撑。

（2020年6月3日）

让舌尖上的节约成为新“食”尚

半份菜、小份菜，多人就餐倡导“N－1”点餐，鼓励餐后打包、对浪费行为进行监督劝导……连日来，“光盘行动”举措在餐馆酒楼一个接一个，进机关、进企业、进学校、进家庭活动也在持续走向深入。从机关到企业，从单位到家庭，广大市民群众积极响应践行，将合理健康的饮食文化作为新“食”尚，“舌尖上的节约”正在全民参与下形成热潮。

部分餐饮企业“新招”频出：一些自助餐厅推行“剩菜扣押金”制度，一些餐厅实行“光盘就奖钱”办法（如果顾客没有剩菜，餐厅就会以抽奖方式向顾客赠送小礼品），一些餐企将每周的某一日设为“节俭有奖日”，“人走盘光”即可享受打折优惠。

还有一些单位食堂从源头上杜绝浪费，在生产、运输、包装、销售等各个环节下足功夫。比如，有的学校供餐单位运用大数据系统，精准计算供餐人数，科学进货，合理配餐，让学生和教职工做到适度取餐。一个又一个的好做法让人耳目一新。

但遏制“舌尖浪费”，最为关键的还是建立长效机制。因为前几年就轰轰烈烈地搞过一阵子，也取得了明显成效；但几年过去，餐桌上的浪费情况依然严重，而且餐馆规模越大，浪费越严重。日积月累的问题解决起来必然不轻松。

如何建立长效机制？作为餐饮企业，应在店内醒目处张贴海报、设立宣传标语、放置提示牌等，营造制止餐饮浪费的良好氛围，还要真正拿出新招实招杜绝餐饮浪费；媒体需要加大宣传力度，通过公益广告、市民喜闻乐见的宣传方式，让“厉行节约、反对浪费”理念深入人心，在全社会倡导良好消费观念和习惯，普及健康文明的现代生活理念、生活方式，让节约成为全民的一种习惯。

有专家建言，对老百姓的用餐习惯，重在倡导引导指导；对餐饮企业，可探索采用强制性的规范措施，比如，“餐厅需提供半份菜”等做法应以法规的形式固定下来，规范主体对象行为；餐饮行业协会可以把禁止餐饮浪费作为硬性指标，列入年度优秀餐馆和名厨的评比中；还应建立餐饮浪费行为举报投诉、专项检查等制度机制，推动将“光盘行动”纳入文明餐厅、放心餐厅、绿色餐厅评选指标体系，推行餐饮企业“红黑榜”名单制度等等。

民以食为天，食以俭养德。每个人都是新“食”尚的实践者和推行者，必须深刻认识勤俭节约、反对浪费的重要性和紧迫性。切忌把“浪费可耻”停留在口号上，或者“一阵风”吹过，仿佛与自己没有关系。从“口头”到“手头”，最重要的是积极行动起来，从我做起、从点滴做起、从现在做起。不管是同学聚会、朋友聚餐，还是请客吃饭，不要只注重面子，而不在乎肚子。

（2020年9月9日）

脱贫既要看成绩也要看成色

时间一晃而过，2020年只剩不到两个月时间，决胜全面小康、决战脱贫攻坚进入最后冲刺的关键阶段。打赢脱贫攻坚收官战，如期实现既定目标，交出一份漂亮答卷，中国反贫困史将翻开全新一页，绝对贫困将被甩到九霄云外，中华民族将历史性地解决千百年来存在的绝对贫困问题。

五年筚路蓝缕，五年胼手胝足。党的十八大以来，党中央把脱贫攻坚作为全面建成小康社会的底线任务和标志性指标，一场场波澜壮阔的伟大战役在中国大地打响，出实招、用实功，补短板、强弱项，脱贫攻坚战果捷报频传，近1亿人口实现脱贫。在决战决胜之年，突如其来的新冠疫情给未摘帽贫困县带来一道“加试题”，党中央带领亿万人民，努力克服新冠疫情影响，坚定推进脱贫攻坚，上演了一部人类减贫史诗。

作为全国为数不多的有3个以上国家扶贫开发重点县的省会城市昆明，14个县（市）区中，曾有9个县（区）有脱贫任务，其中东川、禄劝、寻甸3个县（区）为国家级贫困县。5年来，昆明市委、市政府把脱贫攻坚作为头等大事，举全市之力、全社会之力，尽锐出战、连战连胜、再战再捷，脱贫攻坚取得了决定性成就，全市贫困发生率从2014年的9.88%下降为2019年的0。五年来，昆明瞄准“精准”二字，下足“绣花”功夫，走出了一条具有昆明特色的扶贫开发之路。

3个贫困县全部摘帽，404个贫困村全部出列，9.6万户35.06万名建档立卡贫困人口全部脱贫，贫困地区面貌发生历史巨变，脱贫群众获得感大大增强。一些深度贫困地区的贫困群众“穷相”换成“新颜”，“欢颜”取代“苦脸”，发展的劲头更足了，前行的步子更实了……对昆明而言，高质量打赢全面小康收官战目标可期、胜利在望。全市400多支驻村扶贫工作队、1000多名驻村工作队员、4万多名各级干部职工仍坚持“下地绣花、入户答卷”，与当地群众一起奋战，不获全胜决不收兵。

脱贫攻坚交卷之日，就是乡村振兴开考之时。“摘帽不摘责任、摘帽不摘政策、摘帽不摘帮扶、摘帽不摘监管”，目标不变、靶心不散、频道不换。当前及今后一段时间，总攻重心就是以防止返贫致贫为重点，以发展引领为要义，着力解决“两不愁三保障”突出问题，千方百计提升脱贫质量，多措并举巩固脱贫成果，为实施乡村振兴战略和全面小康奠定坚实基础。

胜利在前，重任在肩。在最后冲刺阶段，必须进一步增强工作紧迫感，保持高昂的精气神，不断提升脱贫的质量和成色。对脱贫群众和摘帽地区，必须扶上马、送一程、走得好：全力做好贫困劳动力稳岗就业，着力解决好扶贫产品销售问题；激发贫困地区贫困人口内生动力，激励有劳动能力的低收入人口勤劳致富；巩固脱贫成果防止返贫致贫，持续推进扶贫产业发展壮大；做好易地扶贫搬迁“后半篇文章”，进一步健全防止返贫监测帮扶机制；做好脱贫攻坚与实施乡村振兴战略有机衔接，接续推进脱贫摘帽地区乡村全面振兴。

（2020年11月15日）

抓项目就是抓发展　抓投资就是抓未来

“没有项目就没有一切”。抓项目就是抓发展，抓投资就是既抓当前又抓未来。日前，云南省委主要领导率队调研昆明市重大项目建设及经济社会发展情况时强调，要切实增强抓项目建设、推动高质量发展的紧迫感、责任感，把项目建设作为稳就业、稳金融、稳外贸、稳外资、稳投资、稳预期的关键抓手，作为新旧动能转换的重要引擎，作为提升区域竞争力的主要载体，掀起抓重大项目、抓招商引资的新热潮，以重大项目建设牵引有效投资、稳定经济增长。

稳增长的关键靠投资，抓投资的关键靠抓项目。而重大项目是一个地区的立身之本，也是潜力所在，不抓好重大项目建设，跨越发展就是一句空话。抓好重大项目建设，是促进昆明经济高质量发展，当好全省经济发展“排头兵”和“火车头”的迫切需要。要充分发挥有效投资对稳增长“定海神针”的作用，在统筹谋划、破解难题、主动服务、简政放权上下功夫，全力以赴推进重大项目建设，为昆明经济社会发展提供有力的项目支撑。

近日，昆明市委主要领导率队赴广州等地开展招商引资活动时就明确表示，昆明将着力打造更加优质的营商环境，提供更加高效的服务，让企业放心投资、安心发展，推动实现互利共赢。推进项目落地投产，要牢固树立“项目第一”的思想。要提高认识，进一步转变工作作风，加大工作落实力度，认真落实“稳投资”的各项决策部署，在全市形成“围着项目转，盯着项目干”的工作局面。

要聚焦发展、全力发展、快速发展，营造“跨越发展、争创一流；比学赶超、奋勇争先”的浓厚氛围。推动项目落地，服务和督查缺一不可。领导干部要强化主动服务意识，主动作为，以问题为导向，沉到项目现场，在项目一线发现、解决问题，把影响制约项目建设的主要矛盾和深层原因分析准、解决好，集聚资源、积聚力量，全力服务好项目建设。

推进项目落地投产，良好的服务是保障。要聚焦重大项目推进问题，加强协作，主动服务，深入企业，为企业提供“保姆式”服务，扫清项目建设障碍，为企业发展和项目推进排忧解难，推动项目顺利落地建设、投产达效。要下大力气改善营商环境，释放更多政策红利，让投资者切身感受到政府服务方式的转变，进而增强投资昆明的信心，带动更多投资聚集昆明，为昆明跨越式发展增添强劲动力，为全省经济发展作出更大贡献。

推进项目落地投产，要用好督查这把“利剑”。相关部门要定期进行督查，用好“红黑榜”。在督查中发现问题、分析问题、解决问题。聚焦项目在推进中遭遇到的共性问题和个性问题、突出问题。对重大项目服务，要改造流程，特事特办，解决“肠梗阻”问题，力推重大项目早开工。要挂图作战，确保缓建项目、未开工项目早开工、快开工，迅速形成有效投资，确保全市项目投资平稳增长，为实现高质量发展奠定坚实基础。

（2019年4月26日）

共同画好社会治理同心圆

社会治理是一项长期的、基础性的、全面性的系统工程。社会治理要从实际出发，遵循治理规律，把握时代特征，与时俱进，不断创新理念思路、体制机制、方法手段，推进治理的系统化、科学化、智能化、法治化，增强治理的整体性、协同性，提高预测预警预防各类风险的能力，增强治理的预见性、精准性、高效性，更好地解决社会治理中出现的各种问题，确保社会既充满活力又和谐有序。

如何把握推进社会治理总要求，首先要弄清楚“社会治理”这一新提法的变化、维度和内涵等等。之所以说“社会治理”是新提法，是与从前的“社会管理”概念相对而言。党的十八大以来，“社会治理”还成为一种新的执政理念。立党为公，执政为民，确保人民安居乐业、社会安定有序、国家长治久安，是一种职责，也是一种使命；反过来，只有增强了人民群众安全感和满意度，保证改革发展稳定的航船沿着既定目标前行，才能凝心聚力，增强合力，推进国家治理体系和治理能力现代化。

社会治理赋予新内涵、具有新特征、体现新要求。实际上，早在20世纪90年代，联合国全球治理委员会对“治理”就有明确界定：“个人和各种公共或私人机构管理其事务的诸多方式的总和。”还概括出“治理”概念的四大特征：治理不是一套规章条例，也不是一种活动，而是一个过程；治理的建立不以支配为基础，而以调和为基础；治理同时涉及公、私部门；治理并不意味着一种正式制度，但确实有赖于持续的相互作用。

由此可见，“治理”强调过程，倡导调和，注重互动。有专家提炼出四个关键词，即过程、调和、多元、互动。从四个关键词中可以解读出“内在”的逻辑关系。社会治理主体是多元的，需要共同参与，才能分享发展成果。单靠某一方面的努力，“单打独斗”，治理就可能达不到预期效果，也就无法分享到治理成果。社会治理目标是引领和规范社会生活，维持社会正常运行和满足个人和社会的基本需求。因此，社会治理是一个长期的、动态的、发展的过程，而不是一成不变，也不是一蹴而就的事情。企图搞封堵式、扫荡式、运动式、一阵风式的治理，往往是“雨过地皮湿”、治标不治本的“表面工作”。

社会是人的社会，社会是由各阶层和群体构成的，社会的运行和治理有其规律和特点，需要深化对社会运行规律和治理规律的认识。不管是什么阶层、什么群体，不管生活在什么地方，根本上都是一个“利益共同体”。因此要引导全社会达成利益共识，建立一个适合多元主体参与的治理框架和社会机制。探寻高超的“治理艺术”，消除认识误区和制度缺陷，上下配合，良性互动，共建共享，才能画好社会治理同心圆。十八大以来的实践证明，不断完善中国特色社会主义社会治理体系，把党的领导和社会主义制度优势转化为社会治理优势，进一步推动社会治理理念创新、实践创新、制度创新，不断提升社会治理能力和水平，才能为决胜全面小康营造安全稳定的社会环境。

近5年来，昆明一手抓保安全、护稳定，一手抓打基础、谋长远，坚持改革创新，提升治理效能，平安昆明、法治昆明建设扎实推进，有效地维护了全市社会稳定，人民群众安全感和满意度不断增强。当前，就是要牢牢把握推进国家治理体系和治理能力现代化的总要求，以提高预测预警预防各类风险能力为核心，坚决打好防范和管控重大风险攻坚战，努力建设更高水平的平安、和谐、幸福昆明。

（2017年9月25日）

擦亮世界知名旅游城市品牌

昆明作为四季如春的历史文化名城，享誉世界的旅游城市，昆明的旅游行业状况一直备受关注。尤其是今年全国“两会”期间，云南省长曾表示，将出台最严厉的措施整治旅游市场，力争用一年时间从根本上改变云南的旅游乱象。在这样的大背景下，作为云南旅游行业的一个窗口，省会城市昆明旅游市场的整治进展如何？旅游整体发展思路是什么？采取了哪些措施推进旅游产业转型升级？……这些问题，自然成为媒体追踪的一个热点话题。

旅游，一直是昆明的一张名片，昆明正在下大力气擦亮这张名片，而且是按照国际标准和服务管理体系来擦亮。一组数字最有说服力：十八大以来，昆明全市实现旅游总收入4482亿元，年均增长29.52%，接待旅游总人数达到4.2亿人次，年均增长22.89%。今年1—9月全市接待游客总数为9466万人次，增长了37.95%。实现旅游总收入1136亿元，增长30.47%。尤其去年底云南正式迈入高铁时代，到昆明度假游玩的人数也呈指数级增加，今年前9个月昆明高铁共接待入昆旅客945.94万人次。

旅游收入的增长、游客人数的增加是一个可喜的数字，数字背后是对旅游市场动“大手术”显出的成效，更是推动旅游转型升级结出的果实。即在打造“净土旅游”的同时，花很大一部分力气加快旅游产业转型升级、推进旅游业健康发展。昆明旅游焕发出的勃勃生机启示我们：始终坚持应急谋远与标本兼治相结合的原则，昆明旅游才会发展得更好，才会真正成为一个让游客“来了不想走，走了还想来”的城市。

在推动旅游转型升级方面还将采取哪些措施？昆明已有整体旅游发展的思路和创新举措，明确将着力提升昆明市旅游产业的管理水平、经营水平，实现“四个升级”：规划引领升级、产业项目带动升级、行业管理促进升级、借助大数据和互联网支持升级。“四个升级”旨在推进旅游业态从观光型旅游向复合型旅游转变，从资源型旅游向价值型旅游转变，着力打造世界知名旅游城市，国际旅游集散地和目的地。

“四个升级”将“拾级”而上。昆明不仅有着得天独厚的气候资源，有着美不胜收的湖光山色，有着世界自然遗产石林景区，有着每年如期而至的老朋友红嘴鸥，有上千种花卉聚集的斗南花市……昆明还将诞生一批重大旅游项目，打造十大文化创意产业园区、十大文化旅游主题公园、十大市级重大标志性文体设施、十大文化旅游体育活动品牌、十大特色历史文化街区。这些，都是昆明推进旅游产业转型升级打出的一张张好牌，必将全面提升昆明文化旅游产业的竞争力。

大美昆明，值得期待！

（2017年10月29日）

不辱使命　擂响加快发展最强音

“云南要实现与全国同步全面建成小康社会，需要昆明市更好更快发展。”在“十三五”开局之年，在昆明开启“两会时间”之际，云南省委省政府召开推动昆明市改革发展座谈会，对昆明的发展指明了方向、明确了责任、提出了要求，那就是昆明市要责无旁贷、义无反顾地担当起全省经济社会发展的火车头，实现更好更快发展。云南省委、省政府的重托和厚望，擂响了昆明加快发展最强音。

作为经济体量约占全省三分之一“大块头”的昆明，注定要承载带领全省经济社会发展的火车头的重任，要体现带动、辐射、牵引等“中央处理器”的作用。加快推动昆明又好又快发展，不仅是昆明的必然选择，也是云南省委、省政府交给昆明的时代命题。昆明市必须做好这份考题，才不辜负省委省政府的信赖和厚望，才不辜负全省各族群众的深切期盼。

谋求更好更快发展，首先要建好省会城市。云南省委书记对昆明市的工作提出六方面的要求，第一个就是抓住关键环节，把昆明建设成为和谐宜居、富有活力的现代化城市。同时为建成现代化城市、解决“城市病”开出“方子”：以规划为龙头，科学谋划昆明的成长坐标；加强城市设计，强化规划的刚性约束；推进城市更新改造，彰显历史文化名城魅力；打造品质高端、宜居宜业的现代化大学城、科教城、创新城，并就滇中新区建设、海绵城市建设、城市的建设管理提出明确要求。

谋求更好更快发展，要深入贯彻落实中央城市工作会议精神。中央城市工作会议强调了城市功能定位、当前城市发展存在的问题，以及为解决当前发展存在问题的思路和方法作出了深层次的探索。“一个尊重五个统筹”是城市建设及发展的方向和基本遵循，即尊重城市发展规律；统筹空间、规模、产业三大结构，提高城市工作全局性；统筹规划、建设、管理三大环节，提高城市工作的系统性；统筹改革、科技、文化三大动力，提高城市发展持续性；统筹生产、生活、生态三大布局，提高城市发展的宜居性；统筹政府、社会、市民三大主体，提高各方推动城市发展的积极性。

谋求更好更快发展，动力在改革，出路在开放。要把解放思想作为总开关，坚定不移地贯彻落实五大发展理念，以新的发展理念引领新的发展实践，促进经济提质增效升级；要不断推动改革开放，着力在重要领域和关键环节上改革取得新突破，不断释放经济社会发展的体制活力和内生动力；要加快建设面向南亚东南亚开放的经济贸易中心、科技创新中心、金融服务中心和人文交流中心，全面增强城市综合竞争力和辐射带动力，促进滇中城市经济圈一体化发展，引领带动全省其他州市发展。

谋求更好更快发展，核心是推动经济结构调整和产业转型升级，根本出路在于创新发展。要实施产业强市战略，致力转方式、调结构，促进经济提质增效。按照“一产做特、二产做大、三产做强”的思路，加快产业结构转型升级，着力构建主业突出、特色鲜明、竞争力强的产业体系。

火车跑得快，全靠车头带。如何闯出一条昆明特色跨越式发展的路子？昆明如何加快建设立足西南、面向全国、辐射南亚东南亚的区域性国际中心城市的步伐？面对新战略、新要求，全市上下要切实把思想统一到省委、省政府的决策部署上来，增强工作的主动性、针对性和有效性，积极作为、奋起直追，扎实推动各项工作迈出新步伐。要加快转方式、调结构、促升级，实现有质量、有效益、可持续发展，使昆明的综合经济实力、核心竞争力、文化软实力、辐射带动力和可持续发展能力显著增强，开放合作层次和国际化水平全面提升。充分发挥昆明在全省深化改革中的示范引领作用、加快发展中的龙头支撑作用、转型升级中的辐射带动作用，当好全省经济社会发展的火车头。

（2016年1月14日）

割除腐败毒瘤需加大“拍蝇”力度

着力解决发生在群众身边的腐败问题，从源头上铲除基层滋生腐败的土壤，事关党和政府的形象，事关改革发展稳定大局，事关社会和谐稳定，事关反腐倡廉的实际成效。中央一再强调，必须着力解决发生在群众身边的腐败问题，认真解决损害群众利益的各类问题，切实维护人民群众合法权益。

发生在群众身边的“四风”和腐败问题往往量大面广，易发多发，直接损害群众利益，侵蚀干群关系，群众对此深恶痛绝。2015年，昆明市纪检监察机关共查实涉及群众身边的“四风”和腐败问题238件，处理299人，其中党政纪处分201人。损害群众利益的基层党员干部，多是利用职务之便，侵害群众利益，性质严重、影响恶劣。

从典型案例来看，有的采用虚构事实、提供虚假证明文件的方式，将集体土地确认为私人宅基地；有的伪造取款审批单据，从村委会集体账户内套取现金；有的以发补贴、过节费的形式，非法占有单位资金；有的以虚开住院病历和虚开门诊处方的方式虚报骗取医保基金；有的将村民退耕补助款占为己有……

昆明市纪委通报的数据还表明，2015年查处发生在群众身边的“四风”和腐败问题数量没有减少。这充分说明各级纪检监察机关对发生在群众身边的腐败问题“零容忍”，不遮丑、不护短，发现一起查处一起，查处的力度不减，查处的效果明显，释放了从严执纪的强烈信号；同时表明查处发生在群众身边的腐败问题要打一场艰巨战、持久战、“拉锯战”。事实正是如此，经过严肃查处，治理发生在群众身边的腐败问题取得了阶段性成果，但远没有取得压倒性胜利，病源还在、病根未除。

时下，一些地方公权私用，基层组织软弱涣散，群众身边的腐败问题仍然严重。少数“小官”存在吃拿卡要、“雁过拔毛”、与民争利、弄虚作假套取国家和集体惠农资金等典型的“四风”或腐败问题。特别是房地产、拆迁、土地征收等方面的腐败问题屡屡曝出。少数干部抱着“天高皇帝远”的侥幸心理，认为查不到自己头上，越往基层，“警觉弦”越松。另外，“四风”和腐败问题根深蒂固、积习甚深，极具顽固性、反复性。这些，都给查处提出了严峻的挑战，也需要各级纪检监察机关切实履行责任，下大力气“攻坚”。

基层干部天天与群众打交道，虽然资源有限，但手中握有权力，权力会滋生腐败，发生的一些令人震惊的事件就足以说明，小官巨贪绝不是个别地区的“特产”。蝇腐成患，其害如虎。基层干部一旦出现违法违纪问题，往往影响更恶劣、危害更严重，最能刺痛人民群众的心。因为基层干部离群众最近，他们的一言一行群众都看在眼里，他们的所作所为直接代表党和政府的形象。而且发生在群众身边的腐败问题，直接损害群众切身利益，成为影响党群干群关系的重要因素。如果不采取持续的“高压态势”，不“一竿子插到底”，就有可能影响到改革发展稳定大局，进而影响到党的好政策在基层的贯彻落实。

因此，着力解决群众身边的“四风”和腐败问题，是党的宗旨的具体化，是全面从严治党的必然要求，是各级党组织需要时时扛在肩上的重要政治责任。着力解决好这些问题，不仅能够使人民群众真切地感受到党风政风和社会风气的不断好转，还能够进一步提高对反腐倡廉工作的认知度、关注度和满意度，赢得广大人民群众的广泛支持，增强对反腐败斗争的信心和动力。

换句话说，只有从人民群众反映最突出的问题、最不满意的地方、最期盼的事情做起，以更加坚决的态度和更加果断的措施纠“四风”、惩腐败，坚持“老虎”“苍蝇”一起打，持续开展专项治理活动，健全常管长严的有效机制，抓早抓小、抓紧抓实，才能避免养痈遗患，才能以党风廉政建设和反腐败工作实际成效取信于民、造福于民，赢得人民群众的信任、支持和拥护。

（2016年3月21日）

从严治党：构建跨越发展精神高地

从严治党是凝聚社会力量和完成特定执政目标的政治保障。对昆明来说，是构建跨越发展精神高地、推动各项事业蓬勃发展的根本保证。在全省率先全面建成小康社会的冲刺时刻，在加快建设区域性国际中心城市的目标愿景感召下，需要过硬的干部作风保驾护航，更需要党员领导干部提高自我净化能力，肩负起历史赋予的重任。

众所周知，过去一段时期，昆明在党建方面存在突出的问题和不足。昆明市第十一次党代会直言不讳地指出，有的党员干部思想政治建设抓得不牢，信仰缺失、精神懈怠、不思进取，世界观、人生观、价值观出现扭曲；有的党员干部缺乏事业心、责任感和紧迫感，工作中抱着“只要不出事、宁愿不做事”的心态，回避矛盾问题，推、拖、滑、绕、躲，慢作为、不作为，不愿担当、不敢担当、不能担当；有的党员干部纪律规矩意识不强，有令不行、有禁不止，我行我素、肆无忌惮，执行决策打折扣、做选择、搞变通；少数党员干部政治上变质、经济上贪婪、道德上堕落、生活上腐化，公权私用、贪赃枉法，走上了违纪违法的不归路，等等。

尤其是几名“位高权重”官员的违纪违法，严重破坏了昆明政治生态，严重损害了党和政府形象，严重影响了昆明经济社会发展，严重伤害了干部群众感情。因此务必深刻反思存在问题、深刻吸取沉痛教训、彻底肃清恶劣影响，正本清源、匡正风气，努力重构风清气正的政治生态和清明干净的干事环境，以从严治党的新成效取信于民，推动经济社会和各项事业取得新发展。

如何固本培元、凝魂聚气，重振“昆明气场”、重构发展精神高地，为跨越发展营造良好环境，需要持续整治“四风”顽疾以及为官不为、为官乱为、软弱涣散和腐败问题，进一步严肃党内政治生活、加强党内监督。严明政治纪律，对违反纪律的行为须认真处理，切实做到纪律面前人人平等、遵守纪律没有特权、执行纪律没有例外。各级党组织要着力班子建设和干部队伍建设，着力解决一些干部不作为、乱作为等问题，推动干部能上能下，激发干部干事创业的精气神。

发展是党执政兴国的第一要务。在全面推进经济社会协调发展总任务中，本身就包括推进党建目标任务，靠党的建设来保证其他任务的完成。之所以强调党“坚持全面从严治党”“把全面从严治党作为最大的政绩”等，其重要意义在于确保发展航船沿着正确航道前行，充分发挥党组织的战斗堡垒作用和党员的先锋模范作用，保证以超常的战略定力实现发展目标，将美好的蓝图一步步变为现实。

在全省率先叩开小康社会大门，加快建设区域性国际中心城市，是全市广大党员干部必须肩负的历史使命。推动昆明各项事业的发展，关键在党，关键在有一支铁一般信仰、铁一般信念、铁一般纪律、铁一般担当的高素质干部队伍。全面从严治党，就是要持续抓好党的思想建设、组织建设、作风建设、反腐倡廉建设和制度建设新的伟大工程。只有党员领导干部深刻意识到身上肩负的责任，讲政治、讲党性，保持先进性和纯洁性，才能扑下身子，蹚出路子，干出样子，从而推动昆明改革发展各项事业取得新进展、实现新突破。

新形势下，就是要深入学习十八届六中全会精神，不折不扣地贯彻落实市第十一次党代会精神，深刻反思昆明在思想政治建设和从严治党方面存在的突出问题，切实扛起管党治党的政治责任。要以壮士断腕、重典治乱的决心和勇气，以“零容忍”的态度割除腐败毒瘤，清除害群之马。对那些丧失信仰、不守纪律、祸害群众、道德败坏、极端自私的腐败分子，要敢于较真碰硬，坚决查处违纪违法行为，使纪律真正成为带电的“高压线”，切实把广大党员干部的心思和精力更好地凝聚到干事创业上来，奋力开创昆明经济社会发展新局面。

（2016年12月25日）

“功成不必在我”传递为民务实新理念

昆明市委十届六次全会提出，树立“功成不必在我”的思想，坚持一张好的蓝图干到底，以忠诚、智慧和汗水，创造出不含水分、实实在在的工作业绩。这是一种思想境界、一种理性态度、一种平和心态，也是昆明市委执政新理念；是对改党风、改政风、改作风的积极回应，也是对各级领导干部树立正确历史观、政绩观、科学发展观的基本要求。

“功成不必在我”凸显执政新理念。它告诫我们事业之成是个渐进的过程，不可能在一个人或几个人手上完成。昆明建设、改革、发展所取得的业绩，是历届市级领导班子和广大党员干部坚毅担当、主动作为、苦干实干的结果。今天的努力连接着历史和未来。要继承和发扬历届昆明市委和广大干部群众创造的好经验好做法，在继承中创新，在创新中发展。实践没有止境，创新也没有止境，我们要突破前人，后人也会突破我们。这是历史的结论，是社会前进的必然规律。领导干部要遵循事物发展的客观规律，从本地区本部门实际出发，量力而行、尽力而为，急于求成不行，缩手缩脚也不行。当然，发展不能停留在原有的基础上，需要对发展现状进行客观评估，对新的形势进行科学研判，承前启后，创造新业绩。要用发展的眼光解决现实中的矛盾和问题，既要立足当前，更要着眼长远；既要干好在任见效之事，又要干好后任才能见效之事，为可持续发展奠定基础。

“功成不必在我”体现正确政绩观。政绩观是领导干部世界观、人生观、价值观的集中体现，是领导干部综合素质和个人能动性、创造性的综合反映，是干部对如何履行职责、追求何种政绩的根本认识和态度。政绩是一个综合量化指标，而不是一个单向度的东西，它包括经济、社会、人文、环境等方面。政绩也不在于写得如何辉煌、讲得如何动听，而在于得到老百姓的认可。群众的评价往往最有分量——因为这是领导干部正确认识创造政绩为了谁、依靠谁、谁来评判的问题。“功成”不仅指事业成功，还指事业成功所带来的名利，它告诫领导干部不能把事业当成自己获取名利的手段。只有树立大局观念，善于在全局上谋划发展，不贪一时之功、不图一时之名，围绕既定目标，采取有力措施，多干打基础、利长远的好事，多干解民忧、惠民生的实事，这样的政绩观才是科学的，创造出的业绩也才是经得起实践、人民、历史检验的实绩。一句话，就是要用群众观点看政绩，把实现最广大人民群众的根本利益作为创造政绩的最高目标，树立“功”在人民群众得到最大实惠的思想。

“功成不必在我”揭示科学发展观。任何地区的发展不可能一蹴而就、立竿见影。发展是指经济、社会、文化等各个方面的全面发展，要统筹经济与社会、城市与农村、主城五区与北部县区的发展，这就要求我们正视历史与现实、矛盾与问题，协调好人与自然、人与社会、人与人之间的关系，协调好地区之间、城乡之间、不同社会群体之间差距较大的问题，使发展布局更加合理、动态平衡、相互促进，探索出一条科学发展、和谐发展、跨越发展的路子。立足新的起点，昆明改革发展的任务更加艰巨，责任更加重大，因而“功成不必在我”的“我”，不仅是对哪个人的要求，同时涵盖所有共产党员和领导干部。这就迫切要求广大党员干部处理好长远利益与眼前利益、根本利益与个人利益的辩证统一关系，秉承“功成不必在我，建功必须有我”的责任担当，一件事情接着一件事情办、一年接着一年干，就没有办不成的事情。

（2015年1月1日）

把握为民造福这一从政根本

为百姓谋福祉、让大家过上好日子——这是习总书记交给云南、交给昆明的现实考题和长远命题，必须把民生问题上升到极其重要的政治高度。在云南调研期间，习总书记强调，要把握为民造福这一根本，努力办好人民群众期盼的好事实事。他指出，我们一切工作的出发点、落脚点，都是让人民过上好日子，要像抓经济建设一样抓民生保障，像落实发展指标一样落实民生任务，久久为功，持续发力，用实打实的措施，让老百姓过上更加美好幸福的生活。

为民造福、让百姓过上好日子是我们党立党为公、执政为民的根本，是党员领导干部所有工作的出发点和落脚点。这是由我们党的性质和宗旨决定的。百姓关心国家的前途命运，但百姓对谋求福祉的愿望更迫切。民生福祉一头连着党和政府，一头连着百姓的锅碗瓢盆。关注民生，解决好群众普遍关心的就医、就学、就业、住房、社会保障、社会治安、食品安全、交通拥堵等热点难点焦点问题，就是关注芸芸众生，就是以人为本、谋求人民福祉的最好体现和具体践行。从另一方面说，若能实实在在帮助百姓解决衣食住行和柴米油盐这些所谓的“小事”，就能间接地促进政府职能部门和各级领导干部转变工作作风、提高行政效率、提升执政能力和执政水平，从而促进经济社会的全面发展。从这个意义上说，民生问题不仅是重要的经济问题、社会问题，也是重大的政治问题。

近年来，昆明市委、市政府以年度十项惠民实事为抓手，为老百姓办了一批实实在在的实事好事，但群众反映强烈的“米袋子”“菜篮子”，看病难、看病贵，保障性住房、食品安全、交通拥堵等问题依然没有从根本上得到解决。昆明市委十届六次全会、市“两会”为解决民生问题、增进人民福祉发出了“好声音”：扎实办好民生实事，努力让人民群众有更好的教育、更稳定的工作、更满意的收入、更可靠的社会保障、更高水平的医疗卫生服务、更舒适的居住条件、更优美的环境。大力发展社会事业，努力办好人民满意的教育，不断提高人民群众健康水平，切实提高就业质量，努力健全覆盖城乡的社保体系，把昆明建设成为最有幸福感、归属感、自豪感和安全感的宜居宜业新都市。着力提高改善民生的普惠性和针对性，进一步完善基本公共服务网络，逐步调高保障标准，稳步推进基本公共服务均等化。保障困难群众的基本生活，做好扶贫济困工作，确保困有所济、难有所依、残有所帮、老有所养。

利民为本，首在民生。一系列实实在在的好事，都需要通过持续不断地努力，把蛋糕做大，才能不断满足百姓日益增长的物质文化需求。反过来，民生问题解决好了，发展的基础会更加坚实，群众的幸福指数也会进一步攀升。因此，全市各级各部门和各级领导干部必须用习总书记的重要讲话精神武装头脑、指导实践、推动工作，把为民造福作为从政的基本准则和不懈追求，作为检验工作的标准，切实把学习成果转化为谋划发展的正确思路、促进发展的政策举措、领导发展的实际能力，使讲话精神在昆明大地落地生根、开花结果，下大力气把昆明改革发展稳定的各项工作做好，把昆明人民的事办好，让市民的日子过得更好。

（2015年1月29日）

做爱党爱国爱家乡爱民族的表率

“没有党的培养，你什么都不是，不能当一点官就自以为是”“连自己民族和家乡都不热爱，还谈什么热爱国家”“与其花时间去打扮自己还不如用所有的精力去打扮自己热爱的家乡”“官当得再大，如果自己的同胞还穷得衣服都穿不起，别人照样会笑话你”“我只想为独龙族群众发展进步多找点路子、多想点办法，让独龙族在小康路上永不掉队”……一系列发自肺腑而又平凡质朴的话语，正是高德荣爱党爱国爱家乡爱民族的真情表白，让人敬佩感动！

高德荣在退休后仍坚守在独龙江河谷。他的大爱情怀体现在一点一滴的行动中，从师范毕业当校团委书记到毅然决然返回独龙江乡当一名小学教师，从深入田间地头指导经济作物种植到与贫困群众围坐在火塘边探讨脱贫，从数次给特困群众送钱送物到“把办公室搬到独龙江乡”，为当地的发展倾心尽力……40年的坚守，40年的担当，40年的奉献，也正是高德荣爱党爱国爱家乡爱民族的真实写照和具体体现！这种爱是发自内心的爱，是融进血脉里的爱，是最美丽长久的爱，它爱得深沉、爱得执着、爱得永恒。

一个人爱的最高境界是爱别人，一个共产党员爱的最高境界是爱人民；只有内心充满爱民情怀，满腔热忱地为民服务，才能得到群众的真心拥护和信任，也才能从群众身上汲取到经验、智慧和力量的养分，从而更好地为群众服务，当好人民的公仆。40年来，不论身处何处，不管在什么岗位，不管遇上怎样的艰难险阻，无论面对怎样的严峻考验，高德荣的心始终没有远离过独龙江畔，高德荣的根始终深扎在独龙江畔。大半辈子的拼搏与奉献，他把所有的激情、心血、汗水、智慧播撒在独龙江畔；大半辈子的执着与坚守，他把对群众至深至诚的爱写进了青山绿水间，身体力行诠释了“高原情怀、大山品质”的深刻内涵，模范践行了“权为民所用、情为民所系、利为民所谋”的执政理念，以实际行动彰显了共产党员的人格力量，赢得了独龙族群众的深深爱戴和交口称赞。

“意莫高于爱民，行莫厚于乐民。”我们学习高德荣同志，就是要学习他爱党爱国爱家乡爱民族的赤子情怀，学习他平凡而崇高的精神境界，把最深最美的情感转化为为人民服务的动力，转化为带领贫困群众同步小康的行动，转化为跨越发展、科学发展、和谐发展的生动实践。梦想在召唤，使命在延伸，学习高德荣同志是时代的需要、是发展的需要、是民族团结进步的需要。昆明经济社会的发展，需要大批高德荣式的好党员、好领导、好干部，唯有如此才能当好火车头、排头兵、领头羊，才能在全省率先全面建成小康社会。

榜样的力量在于精神价值的召唤。高德荣是云岭大地上挺立起来的又一个共产党人的先进典型，他的先进事迹是一曲感人肺腑的时代赞歌，彰显了值得发扬光大的时代价值。向高德荣同志学习，就是要以他为典范、为标杆、为镜子、为楷模，牢固树立正确的世界观、人生观和价值观，胸怀爱民之心，恪守为民之责，善谋为民之利。广大党员干部要把学习教育与实际工作结合起来，时刻想着群众，一心为了群众，恪尽职守，努力工作，为加快推进昆明改革发展稳定增添新动力、激发新活力、创造新业绩。

（2015年3月16日）

干部就是要有政治定力

2015年昆明市委中心组第一次学习会议要求，全市各级干部要及时防范、坚决克服“无所适从，感到迷茫焦虑；无从下手，感到本领恐慌；无所作为，害怕干事出事；无动于衷，随波逐流，涛声依旧”的“四无”症状，坚定政治自觉，强化责任担当，全力抓好“四个全面”各项工作。新常态要有新状态。“四无”症状的指出无疑具有现实针对性和要求先导性，而“四无”当中的“无所适从”说到底就是一个政治定力问题。

何谓政治定力，简单说就是领导干部自身的定行和定心之力，就是排除各种干扰、消除各种困惑，坚持正确立场、保持正确方向的能力。政治定力是提升党的创造力、凝聚力、战斗力的关键所在，是实现“四个全面”重大战略布局的有力保证，因此必须把增强干部的政治定力放在突出位置。让政治定力在头脑中扎根要把握以下三个方面：

对党忠诚的政治品质。对党员领导干部而言，忠诚是一种责任，一种使命，一种政治品格。丧失忠诚就容易乱阵脚，迷失方向，无所适从。忠诚体现在坚定信心跟党走，核心是在思想和行动上与党中央保持高度一致，坚决维护中央权威、坚决执行中央决定、坚决贯彻中央要求，自觉把党的政治纪律和政治规矩内化于心、外化于行。

清正廉洁的根本操守。作为共产党的干部，无论职务大小，都必须廉洁自律，这是干部必备的政治素质。要常修为政之德、常思贪欲之害、常怀律己之心，平时筑牢拒腐防变思想防线，锤炼“心不动于微利之诱，目不眩于五色之惑”的政治定力，守住为政做人的第一底线，做人民的好干部。

务实担当的职责使命。干部要政治坚定、能力过硬、作风优良、敢于担当，要求别人做的自己首先做到，要求别人不做的自己绝对不做，党的先进性和纯洁性就可体现出来，群众就有了主心骨，有了榜样和标杆，就能形成以上率下、上行下效的良好局面。因此，作为领导干部，要强化有权必有责、有责需担当的意识，以强烈的担当精神身先士卒，敢闯敢干不迟疑，带领群众创造出新的业绩。

政治定力是对领导干部最基本的政治要求。干部是党的事业的中坚力量，办好昆明的事情，需要一支忠诚、干净、担当、有眼界、想干事、能干事、干成事的干部队伍。要坚决防范和克服“无所适从、迷茫焦虑”症状，手段在于加强学习，开阔视野，锤炼品格，着力正心修身，补足精神之“钙”。政治定力来自于对客观事物本质及发展规律的深刻认识和把握，只有在学习和实践中不断锤炼沉着冷静的政治品格，培养政治智慧，才能真正做到经得起风浪，顶得住诱惑，抗得住腐蚀，守得住底线，做政治上的“明白人”。

（2015年3月23日）

抓好党建就是最大的政绩

什么是政绩？名词解释说，政绩是指我们党坚持立党为公、执政为民所建树的功绩。政绩是领导干部在任职期间所取得的工作成绩，是干部的主观努力见之于工作实际的一种客观结果，是人民公仆德才素质的综合反映和集中体现。抓好党建是最大的政绩，源于习近平总书记在群众路线教育实践活动总结大会上的重要论断，是对党建工作的新定位、新要求、新指示，具有很强的现实针对性。

时下，少数单位主要领导特别是“一把手”在党忧党、在党管党的思想意识、责任意识、主体意识存在偏差，说起来重要，做起来次要，忙起来不要。一些地方发生的群体性事件，就是放松了党建工作，基层党组织软弱涣散无力，危机因子长期潜伏得不到疏导，最终酿成暴力泄愤的一个个例证。总结这类事件的深刻教训，一个重要原因就是没有发挥好基层党组织的政治核心作用。因此，一个地方的改革发展稳定，关键在党组织。办好中国的事情，关键在党，这是党建工作所处的时代语境和历史方位。众所周知，一个强大的政党对于一个国家的稳定和发展有多么重要，尤其是像中国这样一个拥有13亿人口8600多万党员、世界上规模最大的执政党，如果没有一个强大的政党，国家将成为一盘散沙，全面建成小康社会、增加百姓福祉将成为一句空话。

再从巩固执政党地位看问题。只有抓好党建才能强化党的领导，才能确保党始终成为中国特色社会主义事业的坚强领导核心，为全面深化改革、促进经济社会持续健康发展提供坚强的组织保障。因此，在党言党、在党忧党、在党为党，首先就是党要管党、从严治党。不管党、不抓党就有可能出问题出乱子，甚至有亡党亡国危险。因此把抓好党建作为最大的政绩，不仅是一个现实的战略选择问题，还是一个从长远角度思考的宏大命题，具有极其深远的政治意义。

回到现实工作中，明确把抓好党建作为最大政绩，既是把党建工作提升到一个新高度，也是对以往政绩观、价值观认识上的纠偏正位，或者说是一个重构价值排序的问题。因为在一些党员领导干部的政绩坐标中，往往存在党建是"虚功"、是"潜绩"，GDP才是"显绩"、发展才是"显绩"的片面认识。认为党建工作是顶层设计，与自己关系不大，不必太上心，随便应付一下就行了。甚至认为，抓党建难免影响业务工作，党建应该给业务让路，才可能干出叫得响的"业绩"。把党建看成经济发展的"副产业"无疑是一种错位的政绩观，如果让这种政绩观长期占据头脑，必然导致作风上心浮气躁，乐于做表面文章，热衷于搞"政绩工程"，甚至不惜代价弄虚作假，突击炮制"政绩"。

把抓好党建作为最大的政绩，实际上是要求把发展政绩转化为政治认同。全面推进党的建设新的伟大工程，从严治党，是责任，更是政绩。换句话说，把抓好党建作为最大的政绩，是最大的责任担当，是最大的政绩体现。如果经济发展了，腐败更严重了，党员干部与群众的心越来越远了，无疑会影响党在群众心目中的形象，党制定的各项方针政策的落实就会大打折扣，党的执政基础就会动摇——基础不牢，地动山摇！因此，在政治新常态下，要改变抛开党建抓经济的错误政绩观，树立以党建工作引领其他工作的正确政绩观，树立以人民为中心的工作导向，把维护人民群众的根本利益和为百姓谋福祉，作为追求一切政绩的出发点和落脚点。只有把抓好党建作为最大的政绩，自觉承担起抓党建的政治责任，才能营造出围绕中心抓党建，抓好党建促发展的良好政治生态。

（2015年4月27日）

以便民之心行简政之道

商事制度改革的“重头戏”昨日在昆明上演。市民朱女士首次尝鲜，领到了昆明市首本“一证三号”营业执照。这标志着昆明“三证合一”登记制度改革工作正式步入实施阶段。

商事制度改革成为简政放权、放管结合的“先行官”之后，新办企业不用跑工商、质监、税务多部门，只要在工商窗口提交所需材料，便能在3个工作日内拿到营业执照，未来或可网上申办。给新生企业“上户口”化繁为简，不但可提高企业创业创新活力、鼓励投资兴业、降低交易成本，还可实现职能部门信息共享、降低行政成本、形成监管合力，提高改革系统性、协调性、同步性的要求。

众所周知，简化办事流程，缩短审批时限，是简政放权的具体体现。它对激发市场活力，进一步改善营商环境将起到积极的推动作用，必将为大众创业、万众创新提供良好的机制保障。

国务院日前召开的推进简政放权、放管结合、职能转变工作电视电话会议就提出，必须坚韧不拔推改革，清障排堵促发展，让创业门槛更低、创新天地更广。专家解读认为，此次会议是对以简政放权为核心的政府职能转变工作作出的再动员、再部署。要求继续在简政上下功夫，着力破除审批“当关”、公章“旅行”、公文“长征”等乱象。再砍掉一批行政审批和核准项目、一批审批中介事项、一批企业登记注册和办事关卡、一批不合法不合规不合理的收费和各种行政管理中的繁文缛节，年内实现“三证合一”“一照一码”。会议释放了明确信号，将以“壮士断腕”的勇气继续打好“攻坚战”、啃下“硬骨头”，把简政放权不断推向深入。

当前，昆明同全国一样，改革发展稳定任务依然艰巨繁重。特别是在“三期叠加”、经济面临较大下行压力和世界经济复苏艰难的情况下，稳增长、调结构、惠民生工作尤为紧迫。昆明市面对稳增长的头等大事，必须加大改革力度，优化产业结构调整，提升市场活跃度；着力推进“减转放免”，增强经济发展的内生动力；推动大众创业、万众创新，打造“双引擎”，催生一些新的增长点，为经济发展增添新动力。而以简政放权、放管结合为手段加快转变政府职能、深入推进行政审批制度改革，就为实现稳增长目标提供了现实可行的有效途径。

简政放权，是政府的一场自我革命，是全面深化改革的一着“先手棋”。简政放权就是要政府把该放的放开，该管的管好，提高政府公信力，更好地为经济社会发展服务。开弓没有回头箭。政府职能部门要牢固树立群众观点，及时回应群众关切，以群众需求为导向，学会从“端菜”变“点菜”。让企业群众办事少跑腿、不磨嘴、不折腾，彻底告别“马拉松式”办证，是政府转变职能、变管理者为服务者角色认知心态的转变。当然，要坚持简政放权、放管结合、优化服务“三管齐下”，才能把行政体制改革推向纵深，让昆明经济发展释放出新的活力。

（2015年5月23日）

昆明迎来会展业发展“第二春”

作为现代服务业的重要组成部分，会展业是目前既低碳环保又能创造较高经济效益的产业。作为省会中心城市，昆明是云南省唯一的特大城市，也是云南建设“一带一路”的最前沿和滇中城市经济圈的“中央处理器”，有着大力发展会展业的独特优势和良好条件。通过举办各种形式的会议、展览、节庆等活动，可以起到交流信息、提供服务、创造商机、找到合作接口、提升城市知名度和影响力的作用。更为重要的是，通过会展业这个载体，可极大带动交通、旅游、通信、餐饮、住宿、物流等相关行业发展。从长远看，大力发展会展业，还有利于打造具有较强集聚和辐射效应的区域综合经济，助推昆明区域性国际中心城市建设。

其实，随着对外开放的不断深化和市场经济的发展，昆明同很多城市一样，认识到发展会展业的重要价值，而且起步较早。会展业曾是世界关注昆明的一个窗口。会展经济无论在速度、规模还是在效益、质量方面，都是一道令人瞩目的风景。’99世博会的成功举办，昆明城市知名度迅速扩大，同时会展场所、接待能力和配套建设都达到当时国内一流水平。人们常说，通过世博会，昆明的城市建设提前了10年。中国昆明出口商品交易会连续多年举办，会展业运作的品牌化、专业化、国际化程度得到进一步提升。“昆明会展模式”和“昆明会展经验”甚至被写入中国高校的会展营销课程。

但环顾周边城市不难发现，如今的成都、南宁、重庆、西安等城市会展业异军突起，会展业综合实力已远远超过昆明，昆明会展业面临在尴尬中如何洗牌、如何重拾昔日辉煌的问题。观望等待没有出路，只有奋起直追，实现“二次创业”，才有可能跨越发展。因此，积极建好桥梁纽带、搭建合作平台，不断扩大对外开放，把区位优势、资源优势、环境优势转化为发展优势才是当务之急。时下，全力办好南博会暨昆交会，使之成为中国与南亚东南亚国家和地区乃至世界各国互利共赢的多边外交平台、经贸合作平台和人文交流平台，既是昆明主动服务和融入国家发展战略的务实之举，也是昆明抢占新一轮开放战略高地、谋求跨越发展的必然选择。

客观审视，连续两届的南亚博览会和22届昆交会的举办，为昆明积累了不少办会办展的成功经验。日前启幕的第3届南博会暨第23届昆交会，就吸引了多家世界500强企业和多家国内500强企业参展，展位规模比一年前增加了一倍，会展魅力进一步释放，会展辐射力在迅速增强。站在新的历史起点上，云南正着力建设面向南亚东南亚辐射中心。具体而言，就是要成为面向南亚东南亚的区域性经济中心、战略枢纽、我国对外开放新高地、公共服务基地、国家建设和谐周边的重要依托。对昆明来说，“辐射中心”的建设，既是机遇也是挑战。

如何在“辐射中心”的带动下，发挥好排头兵和领头羊的作用？其中一个重要载体就是主动对接“一带一路”倡议，立足昆明实际，重振会展业雄风，以此助推区域性国际中心城市建设。发展会展业无疑需硬件建设先行——昆明的交通条件在日益完善中，而仅花两年多时间就建成的气势恢宏的滇池国际会展中心，被国外媒体惊叹为创造了“中国速度”，充分展示了云南面向南亚东南亚加快“走出去”的决心。滇池国际会展中心成为南博会永久举办场馆，南博会被定位为中国面向南亚东南亚、通向印度洋大市场的重要国际商务平台，这必将有效提升云南省乃至中国西南地区对外开放水平和昆明城市国际化进程。通过这个城市发展引擎式的国际级项目，昆明新的经济增长点将在这里扬帆起航，昆明将代表云南以全新的姿态，再次拥抱世界，迎来会展业发展的“第二春”。

（2015年6月16日）

以良好政治生态激发发展内生动力

政治生态事关党和国家事业长远发展，事关最广大人民根本利益。政治生态是一个地方政治生活现状以及政治发展环境的集中反映，是党风、政风、社会风气的综合体现。一个风清气正的干事创业环境，能为保持党的战斗力和生命力奠定坚实基础，为实现干部清正、政府清廉、政治清明提供可靠保证。

今年以来，昆明市深入开展“三严三实”和“忠诚干净担当”专题教育，扎实推进全面从严治党和反腐倡廉建设。主要领导带头讲党课，116家参学单位党组织书记讲授专题党课197次。扎实开展专题学习研讨，进一步强化了党员的党性观念和党员意识。严格执行中央八项规定、云南省委实施办法和昆明市委实施细则，昆明市纪委共查处了26个违反中央八项规定精神的问题，对43名责任人给予了责任追究。紧紧盯住作风领域的新变化，对云南省委主要领导指出的10个方面问题和“八种病”进行重点整治。扎实推进惩防体系建设，以零容忍态度惩治腐败，严肃查处了一批违纪违法案件，在推动党风廉政建设和反腐败斗争、着力营造良好的政治生态方面取得了新成效。

全面从严治党、营造良好的政治生态是我们党长治久安的基石，也是推动昆明各项事业蓬勃发展的根本保证。2015年已经过半，中盘决战的序幕已然开启。为圆满完成今年的各项目标任务，推动昆明改革发展各项事业迈上新台阶，“中场时刻”有必要再发“动员令”、再踏新征程：昆明市各级党组织要主动适应全面从严治党新常态，以深入开展“三严三实”和

"忠诚干净担当"专题教育为契机，以更严的标准、更严的举措、更严的纪律全面加强党的建设，着力营造风清气正的干事创业环境，以良好政治生态激发昆明跨越发展的内生动力。

从严治党，关键在于从严治吏。努力营造风清气正的干事创业环境，决定着能不能涌现一批好干部，能不能塑造一种好风气，能不能形成更为强大的改革发展合力。干部心态决定工作姿态，进而决定工作状态，良好的精神状态是做好一切工作的重要前提。在昆明各项事业爬坡过坎、攻坚克难的关键阶段，要破解发展难题、实现跨越赶超，要重塑干部形象和昆明形象。而专题教育就是当前一项重大而紧迫的政治任务。全市各级领导班子要坚持从严要求，强化问题导向，紧扣"关键动作"，精心组织实施，确保专题教育有力有序有效推进。要认真总结专题教育中形成的好做法好经验，进一步做好建章立制工作，强化制度执行，推动践行"三严三实"和"忠诚干净担当"制度化、常态化、长效化。

努力营造风清气正的政治生态，非一日之功、一蹴而就。当前，重构政治生态的工作依然艰巨繁重，区域性腐败、系统性腐败、家族式腐败、塌方式腐败不断被挖出，形形色色的潜规则、团团伙伙的关系网错综复杂，体制外问题和体制内问题彼此勾连，腐败问题和政治问题相互渗透。只有着力解决这些问题，才能使政治生态得到净化。时下，就是要把营造良好的政治生态作为一个着力点，把已形成的良好势头巩固好、发展好，持续加强作风建设并使之成为新常态。继续保持高压态势，严惩腐败分子。党内如果有腐败分子藏身之地，政治生态必然会受到污染。因此，深入推进反腐败斗争，营造良好的政治生态必须做好打持久战、攻坚战的准备。

要认真吸取昆明2014年度党风廉政建设责任制考核不合格的深刻教训，推动全市党风廉政建设和反腐败斗争深入开展。全市各级党组织要抓住主体责任这个"牛鼻子"，坚持"四位一体"，把党风廉政建设和反腐败斗争与改革、发展、稳定工作同研究、同部署、同检查、同考核、同落实，切实当好领导者、执行者和推动者。各级各部门主要领导要认真履行

“第一责任人”职责，既要管好自己，又要抓好负责范围内的党风廉政建设和反腐败工作，真正把党风廉政建设放在心上、抓在手上、扛在肩上。

昆明全市广大党员干部要始终保持奋发有为、永不懈怠的精神状态，构筑精神高地，扬起发展风帆，全身心投入到昆明改革发展大局中来。要始终保持干事创业的志气，树立谋大事创大业的雄心壮志，保持当先锋作表率的工作劲头，紧紧围绕昆明市委、市政府的决策部署，围绕经济发展、民生保障、生态建设、社会稳定等重点工作，踏实工作、埋头苦干，以实际行动取信于民，以工作实绩造福百姓。

（2015年8月5日）

合力打造社会管理创新“升级版”

稳定是社会和谐的基石，没有稳定就谈不上和谐，就不可能有经济政治的繁荣发展。如何创造稳定和谐的社会环境？需要不断提高社会管理和公共服务水平，而社区是城市结构的基本单元，创新社会管理，需要从基层社区治理这个“细胞工程”抓起，夯实基础，创新机制，强化服务，合力打造社会管理创新“升级版”。

经过多年努力，昆明在基层社区社会治理方面探索出了一些好的经验和做法，比如网格化管理、在全省率先成立综治维稳志愿者协会、“五级治理”等，有的取得了阶段性成效，有的正在如火如荼地展开。但是，随着城市化进程的不断加快，一些矛盾和问题会不断“冒”出来，影响社会和谐稳定的不确定因素也会明显增多，因此，实现构建管理有序、服务完善、治安良好、环境优美、社会和谐的社区，还有许多工作要做。只有把管理与服务一同升级，才能满足居民群众对建立和谐家园的美好期待。

社会管理工作是一项系统工程，必须立足大局、齐抓共管、推进治理体系和治理能力现代化，更加注重依靠法治的手段来解决社会矛盾、协调利益关系，逐一破除社会管理中的困难和问题。社会管理工作千头万绪，但就昆明的实际情况而言，首要的工作是在已经成熟经验的基础上，充分发挥综合治理体制机制优势，把工作再往前推进一步，提档升级。当前，就是要进一步加强人口信息规范化管理，建立完善的就业服务机制。

社会管理创新是确立正确方向和科学路径的创造性活动，其本质要求是“一切围着群众转”，以提高群众安全感、幸福感和满意度为目标。社会管理是政府职能的重要组成部分，因此，领导干部要深刻认识维护社会稳定、构建和谐社区的重要意义，强化政治担当，切实履行职能，在维护社区和谐稳定中发挥突出作用。要在服务群众常态化中提升能力和素质，进一步拓展社区服务内容，提升公共服务水平，推动和谐社区建设结出更加丰硕的成果。

居民是构建和谐社区的主体。众人拾柴火焰高，民智民力无穷无尽。要加强资源整合，加大宣传力度，广泛动员社会力量参与社区综治维稳工作，从实现社会善治出发，打造和谐社会人人有责、人人尽责的命运共同体。要调动辖区居民参与社区和谐创建工作的积极性，创新基层基础建设，加强薄弱环节，将服务管理资源向“底端”网格延伸，不断提高社会管理水平，形成卓有成效的社会管理创新生态机制。

（2015年10月15日）

把创新活水引入发展的田间地头

创新是民族进步的灵魂，是国家发展的不竭动力，也是中华民族最深沉的民族禀赋。今天的时代是创新的时代，不创新，就没发展，不创新，就不能实现科学持久的发展，不创新，全面小康和中华民族伟大复兴的中国梦就容易成为一句空话。党的十八大以来，创新驱动发展被提到决定中华民族前途命运的高度，一系列重大新思维、新论断、新要求，吹响了经济新常态下我国依靠创新驱动发展的新号角。

抓创新就是抓发展，谋创新就是谋未来。今年3月，国家出台了加快实施创新驱动发展战略的若干意见，这是党的十八届三中全会召开后围绕实施创新驱动发展战略作出的顶层设计和重大部署。日前，云南省委理论学习中心组专门围绕“深入实施创新驱动发展战略、加快建设创新型云南”主题展开学习研讨；云南省政府与科技部还举行了2015年工作会商会议，两个会议的“核心要义”是：把创新驱动发展摆上核心战略位置，以改革释放创新活力、以创新驱动转型发展，加快把科技创新的“源头活水”引入经济社会发展的“广阔田地”，推动经济逐步走上主要依靠创新驱动、内生增长的轨道，为云南闯出一条跨越式发展路子装上创新驱动的强劲引擎，努力将云南打造成为面向南亚东南亚的科技创新中心。

创新是时代发展的主旋律。近年来，云南科技事业有了长足发展，也取得了一些成绩，但创新力量、自主创新能力和科技整体实力还比较薄弱，高层次领军人才十分缺乏，科技成果向现实生产力转化渠道还不畅通，尤其存在着科技体制改革不到位、创新机制不够活、创新土壤不够深厚等突出问题。云南经济不大、不强、不优，核心还是科技支撑不够有力、创新动力不够强劲。

就昆明而言，近年来，随着科技创新平台的不断优化提升，全市科技创新能力不断增强。目前，昆明市高新技术企业总数已超过500家。2014年全市高新技术企业实现收入约363857万元，利润17980万元以上，对全市产业创新发展起到积极的引领作用。但毋庸讳言，昆明与发达地区相比，科技整体实力仍有不小差距，科技支撑力、创新驱动力都亟待加强，尤其在创新人才、资金投入以及成果转化等方面仍需要“大动作”和寻求进一步支持。

而且，昆明要在全省率先实现全面小康，当好全省发展的火车头和排头兵，成为面向南亚东南亚辐射中心的核心区，非创新不可。只有把中央和省委交给的创新重任扛在肩上、抓在手上，才能给力创新型云南建设。唯有肩挑重担往前跑，才能跑出支撑云南跨越式发展的新路子，尤其在经济下行压力增大、新旧动力转换的关键时期，创新更是昆明稳增长的“新引擎”。

如何实施创新驱动发展战略？需要在深化科技体制改革、加强创新型人才队伍建设、推进协同创新、营造良好创新生态等方面下功夫，更需要领导带头转思维，开拓创新谋发展。发展是解决一切问题的关键。昆明乃至云南要闯出一条跨越式发展的路子来，核心是要推动经济结构调整和产业转型升级，根本出路在于创新驱动。因此，各级政府要牢固树立“一把手抓第一生产力”观念，科技部门要在创新驱动发展中“打头阵、当先锋、做尖兵”，千方百计增加科技投入，强化法规制度保障，统筹好创新“硬件”和“软件”，用改革的火炬点燃创新引擎，把创新驱动发展政策真正落到实处，才能让创新驱动开花结果。

推进创新驱动发展战略是一项全局性的工作，区域是落实创新驱动发展战略的基本载体。面对“四个全面”和“一带一路”战略部署的艰巨任务，今天的昆明发展比以往任何时候都更需要创新驱动。简而言之，加快创新驱动发展不仅是昆明的事，也事关云南乃至全国创新驱动发展战略实施大局。时下，就是要以科技创新为核心，通过实施产业创新、产品创新、企业创新、商业模式创新、管理服务创新、体制机制创新等为主要内容的全面创新，向科技要效益，向创新要动力，推动经济逐步走上主要依靠创新驱动、内生增长的轨道，以全面创新引领经济社会全面发展。

（2015年10月26日）

用“能上能下”利器涵养政治新生态

“为官不为”现象是广为群众诟病的顽疾。为官不为平生耻！做官须做事，做事须尽责，在其位就要谋其政，任其职就要尽其责。这不是多高的标准，多难的要求，而是领导干部的履职“底线”。习近平总书记强调，“干部就要有担当，有多大担当才能干多大事业，尽多大责任才会有多大成就。不能只想当官不想干事，只想揽权不想担责，只想出彩不想出力。”

然而，一些领导干部抱着“不干事就不出事”的心态，过着“一杯茶，一支烟，拿着手机玩半天”的滋润日子，乐做“太平官”；一些干部得过且过，自由自在，独来独往，“占着位子不干事”，尸位素餐；一些干部对上级布置的任务敷衍应付，拈轻怕重，遇事绕着走，难事“闪”得快，缺乏担当意识；还有一些干部作风轻浮，自由散漫，工作拖沓，对群众的事置若罔闻，态度冷漠，高高在上……凡此种种，不一而足。

分析“为官不为”的“病因”，大致有以下几方面：一是党的宗旨意识淡薄。虽然我们常说立党为公，执政为民，党的所有干部都是人民的公仆，但身处领导岗位，一些干部没有做到心中有党、心中有民、心中有责、心中有戒，在岗不在状态。二是缺乏主观能动性。有的干部担心“干事越多出错的概率越大”，因而明哲保身，缩手缩脚，不主动做事，让政策空转。三是有的干部能力不足，水平有限，不会干，不敢干，畏葸不前，自然拈轻怕重，不思进取。四是有的干部在一个位置待久了，新鲜感退化，显出“任职疲劳”，或是看不到“上升空间”，便产生“混日子”的想法，没太多心思带领群众好好工作，当甩手掌柜。加之一些地方长期以来对不作为干部的问责失之于宽、失之于软，怕得罪人，“好人主义”盛行，加剧了一些干部的自我放任、随波逐流。

“为官不为”的原因当然不止以上几方面，但它严重影响改革发展事业的推进，影响党的执政能力建设，长此以往，还影响政府在群众中的形象，也必将失信于民。因此，对“为官不为”要敢于动刀，敢于亮剑，下“猛药”才有望遏制为官不为歪风的蔓延。不然，再美好的蓝图也只是一纸空文，全面建成小康社会就会遇到“肠梗阻”。惩治“为官不为”，让“太平官”不再太平，严格问责是必要的，问责最忌把“鞭子”高高举起轻轻放下；同时要让干部放下顾虑，容许“试错”；更重要的是完善制度设计，将干部作为与机制有效衔接，用“能上能下”利器整治“为官不为”，将问责的“板子”打到痛处，挤压“为官不为”空间，让庸官昏官腾出位子，让愿意作为、敢于作为、有所作为的干部有施展空间。

前不久，中央出台领导干部“能上能下”若干规定，从制度上打通能上能下的血脉循环，特别针对干部能上不能下、能进不能出的问题提出了解决之道，开出了整治良方。对于“不敢担当、不负责任，为官不为、庸懒散拖，干部群众意见较大的”“不适宜担任现职的”领导干部，都将被调整。打破官场“铁交椅”才能涵养政治新生态。近期一些地方加大督查问责力度，“召回”一批干部“回炉淬炼”，一些干部也离开了“铁交椅”。这从一个侧面印证了“权力就是责任，责任就要担当”这句话，也给那些庸官懒官按响了雷达预警：不干事、干不成事，就得让位！

开弓没有回头箭。推进领导干部“能上能下”重点在“下”，难点也在“下”。因此要把原则性规定具体化，更需要各级领导干部支持理解、自觉执行。“下”不是目的，“下”是为了引入活水推动“上”、撬动“干”，进一步增强干事创业的热情。如果为官从政也算作一种职业，那么职业没有贵贱之分。劳动者都是平等的，只是分工不同而已。转换岗位行业，

“官场”也应如此。能上能下应是常态，不是贬黜。既然不能胜任领导岗位，不能“全心全意为人民服务”，或者产生“职业倦怠感”，实在不适合在党政部门任职的，转换一种职业或者去做具体工作，施展自己的才干，又何尝不好？

（2015年12月2日）

激发跨越发展的文艺力量

正值习近平总书记在文艺工作座谈会上的重要讲话全文公开发表之际，基于当下文艺发展所面临的历史使命、省城的责任担当和全面建成小康的现实语境，繁荣昆明文艺创作座谈研讨会以高规格召开，并邀请到全国、全省知名文艺家代表聚于昆明，为繁荣昆明文艺事业建言献策、传经送宝、贡献智慧。推动昆明文艺事业发展迈上新台阶，为昆明在全省率先全面建成小康社会提供强大的价值引导力、文化凝聚力和精神推动力。

文艺是意识形态的重要内容和人们精神世界的独特载体。因此人们常把文艺比作思想文化的火种，时代前进的号角，民族精神的火炬。推动昆明实现跨越式发展，加快建设世界知名旅游城市、区域性国际中心城市和全国高原生态宜居城市，离不开先进文化的弘扬，离不开创新文化的浸润，更离不开文艺事业的繁荣发展。

“文章合为时而著，歌诗合为事而作”。我们处在一个思想多元、利益多元、价值多元的时代，需要强大的价值引导力统一思想、凝聚共识、引领时代风尚和主流价值观。文艺工作者是铸造灵魂的工程师，就要为人民服务，为时代树碑，创作出更多无愧于人民、无愧于时代的优秀作品。从另一角度讲，鼓舞人民群众凝魂聚气、凝心聚力，是文艺工作的崇高使命，是时代的强烈呼唤，更是文艺工作者的神圣职责。创作出更多有血有肉、有情感有温度、有道德有筋骨、有艺术震撼力的精品佳作，才能彰显强大的价值引导力。

“文艺是国民精神所发的火光，同时也是引导国民精神前途的灯火。”

换言之，文化是民族生存和发展的主要力量。当今时代，文艺正在焕发出勃勃生机，文化正在迸发出蓬勃向上的力量。一个国家的发展，一个民族的兴盛，表面看是科学、技术，其背后往往蕴藏着文化基因，或者有着强大的精神力量作支撑。同样，一个地区的发展，也需要文艺发挥凝聚向上力量的作用。

文艺是人的学问，人的艺术。文艺工作作为培育精神的特殊工作，当用优秀的作品诠释弘扬社会主义核心价值观，鼓舞人民群众为实现跨越式发展，为改革发展稳定提供强大的文化凝聚力。这正是推动昆明文艺事业大发展大繁荣的核心要义。

“盖文章，经国之大业，不朽之盛事。”此中所言的文章，今天看来可泛指一切文艺作品。文章是治理国家的重大事业，是流传万代的不朽之事，可见文艺作品的价值非同一般！文艺是人民生活的精神食粮，人民需要文艺，需要精神营养。文以载道，以文化人，这是文艺的使命。人是文化主体，因此要坚持以人民为中心的创作导向，把为人民服务作为文艺工作者的天职，忠实记录、深刻反映、艺术再现昆明发展的巨大变迁，努力创作更多体现昆明特色的文艺精品，以满足群众日益增长的文化需要。这样，文艺就提供了强大的精神推动力，就可凝聚起跨越发展的磅礴力量。

虽是冬天，文艺创作座谈会的举办，犹如一股暖流吹进春城每个文艺工作者的心中。广大文艺工作者必将焕发强烈的责任感和使命感，当好灵魂的工程师，深入生活，扎根人民，以充沛的激情，生动的笔触，植根昆明深厚的文化土壤，把握时代进步脉搏，体悟群众冷暖诉求，以更多优秀的作品感染人、滋养人、引领人，实现文艺工作的艺术价值和时代价值。

昆明市将以此次会议为契机，以习近平总书记的重要讲话为文艺工作的基本遵循和价值航标，自觉肩负起加快昆明文艺繁荣发展的新使命，树立文化引领发展理念，以高度的文化自觉和文化自信，从打造文化强市的高度，加快建设“文化昆明”，营造符合春城气质的艺术氛围，重塑昆明文化的精神品格，让“气候春城”和“文化名城”焕发出更加耀眼的光彩；奋力创作出更多体现昆明特色的精品力作，昆明文艺工作者要深刻领会与会领导和专家提出的意见和建议，围绕昆明经济社会发展的实践组织开展文艺创作和文艺活动，不断创作出体现昆明特色的精品力作；要集中力量把昆明打造成为全国文艺创作的重要基地，相关部门要为文化创新、文化创作创造更好的条件，提供更多的服务，营造更优的氛围，进一步激发文艺力量，为经济社会发展凝魂聚气、凝心聚力，努力开创昆明文艺百花竞放、生动繁荣新景象。

（2015年12月18日）

以人为本提升城市管理水平

近年来，昆明市的城市管理有了进一步的提高，并探索出一些好的做法，积累了一些成功经验。但随着社会的发展，对管理方式和管理水平也提出了全新的考验和挑战。从目前的发展状态和建设美丽家园城市的期望来看，昆明的城市管理明显滞后于城市建设。城市基础设施建设、规模、容量超前意识不够，服务功能缺乏国际视野，城市配套设施规划建设难以支撑城市快速、大规模发展的需要。因此，城市管理成为一个全新的课题摆在管理者面前。

城市管理需要战略眼光。城市管理必须具有科学性、超前意识和战略眼光。反思近两年城市局部为何逢雨必淹、交通拥堵、一些公共设施项目被随意调整挤占、一些道路维护不到位等问题，都是缺乏战略眼光的具体体现，都在不同程度上给市民的工作、生活、出行带来影响，也给国内外游客带来不便。因此，在城市管理思路上要突出统筹规划设施建设，管理理念上既要重近期更要重长远，管理内容上既要重表象更要重内涵，不能为方便管理而主观随意管理。

城市管理需要文化视野。城市基础设施建设和管理方式方法直接反映城市服务功能和水平，最终要体现的是一种人文关怀。从市民的生活需求、文化习俗、文明创建、城市形象来考量，城市管理不单纯是一个社会问题，也是一个经济问题，某种程度上是深刻的文化教化问题。因此为政者在实施城市管理时，要以人的第一需要为出发点，体现更多的人文关怀，关注人的生存发展。而这一切，又依赖于社会的发展和相对完美的制度设计，归根到底靠一种文化理念和思想的进步发展来支撑实现。

城市管理需要民本思想。城市管理需要依法管理、科学管理、系统管理，但管理要强调实际效果，管理的目的是为了创造更美好的生活环境，服务市民百姓。管理需要重典治乱，但处罚是否越重越好？是否符合我们国家当下经济社会发展的实际情况？在严格监管的同时，是否需要注重“柔性执法”？是否更需要提供相应的配套服务？……实际上，在一个多元的社会，每个利益主体都有不同的诉求，管理应该在权衡中达到社会利益的最大化。城市管理需要法治思维，但在管理途径上忌重惩治轻人本。任何时候，触动利益的事，一定要从大局和群众的利益出发，着眼于人性的需要、社会发展的需要，才能有利于和谐社会建设。

总之，城市管理有其自身的复杂性、艰巨性和持久性，但城市管理又是文明社会绕不开的一道难题。管理到不到位，有没有生命力，群众满不满意，关键取决于完备且与时俱进的制度建设，新常态下有序规范高效的人本措施，以及事前事中事后的动态服务等。只有创新思路、迎难而上，不以时久而松懈，不因问题而拖延，才能逐步提高城市管理水平，为市民创造一个良好的生活环境。

（2014年12月1日）

政论社论

■在一次次重大事件、重要关头、重大节点发出“昆明声音”，以深刻的见解、雄辩的逻辑、思想的力量占领舆论制高点，放大主流舆论声量

党的光辉耀春城

——致敬中国共产党百年华诞

一百年风雨兼程，一世纪沧桑巨变。中国共产党迎来自己的百年华诞。“中国共产党的一百年，是矢志践行初心使命的一百年，是筚路蓝缕奠基立业的一百年，是创造辉煌开辟未来的一百年。”在百年奋斗中，我们党团结带领人民完成新民主主义革命，建立了中华人民共和国；确立社会主义基本制度，推进了社会主义建设；实行改革开放，开创、坚持、发展了中国特色社会主义。

特别是党的十八大以来，以习近平同志为核心的党中央团结带领全党全国各族人民，统揽伟大斗争、伟大工程、伟大事业、伟大梦想，提出一系列新理念新思想新战略，出台一系列重大方针政策，推出一系列重大举措，推进一系列重大工作，推动党和国家事业取得历史性成就、发生历史性变革，推动中国特色社会主义进入新时代，中华民族迎来了从站起来、富起来到强起来的伟大飞跃。

回望百年风云，中国共产党坚持初心不改、矢志不渝，带领各族人民历经千难万险，付出巨大牺牲，在中国这片古老的土地上，创造了彪炳史册的人间奇迹，谱写了气吞山河的壮丽史诗，书写了让人民引以为豪的辉煌历史。

风雨百年，青史可鉴。中国共产党的100年历史，是为中华民族的独立、解放、繁荣，为中国人民的自由、民主、幸福而不懈奋斗的历史。历史雄辩地证明，中国共产党不愧为伟大、光荣、正确的马克思主义政党，不愧为中国人民的坚强领导核心，不愧为实现中华民族伟大复兴中国梦的中流砥柱。中国的革命和建设事业必须由中国共产党来领导，这是历史的选择、人民的选择。

（一）

回顾中国共产党带领昆明人民所走过的不平凡历程、战胜的艰难险阻、取得的丰功伟绩，我们感慨万千。在中国共产党的领导下，昆明各族人民坚定不移走社会主义道路，坚定不移改革开放，逐步摆脱落后、走向进步，摆脱封闭、走向开放，摆脱贫困、走向富裕。

1926年11月，中国共产党云南第一个地方组织在昆明成立，点燃了昆明革命的燎原之火。从此以后，在党的正确领导下，昆明从巩固新生政权到经济建设起步，从开始全面建设社会主义到开启伟大转折，全市各族人民不畏艰难、接续奋斗，积极投身社会主义经济建设和改革开放大潮，实现了从一穷二白到迈向经济繁荣的历史性转变。

100年来，昆明人民在中国共产党的坚强领导下，乘风破浪、奋勇前行，在革命、建设、改革各个历史时期，赢得了一个又一个胜利，取得了一个又一个历史性成就。

“虎踞龙盘今胜昔，天翻地覆慨而慷。”经济规模的跨越提升或许更能证明这样的变化：1952年昆明的经济总量只有1.56亿元，2020年增加到6733.79亿元，社会消费品零售总额从1949年的0.92亿元增加到2020年的3070.44亿元……特别是“十三五”期间，昆明经济总量连续突破了5000亿元、6000亿元大关，在全国省会城市中的排名从第17位跃升至第12位。

党的十八大以来，昆明全市上下认真贯彻习近平总书记考察云南重要讲话精神，牢记嘱托、团结奋进，加快推动高质量发展，经济社会发生了翻天覆地的变化，昆明人实现从贫困到奔向小康的历史性跨越，完成从“推开窗户，昆明看世界”到“敞开大门，世界看昆明”的历史性转变。

如今的昆明，综合实力更强了、城乡面貌更美了、生态环境更好了、群众的口袋腰包更鼓了、获得感幸福感安全感更强了。可以说，昆明各族人民从来没有像今天这样扬眉吐气、自信满怀，从来没有像今天这样幸福安康、心情舒畅。

经济发展、社会进步、民族团结、生态文明、人民幸福。昆明呈现出一派生机盎然、欣欣向荣的景象，846万昆明人正意气风发地走在中国特色社会主义的康庄大道上。

岁月不会忘记。2015年1月和2020年1月，习近平总书记先后两次考察云南，作出“一个跨越”“三个定位”“五个着力”等一系列重要指示，为新时代云南发展指明前进方向、明确目标定位、赋予重大使命，也为昆明推进高质量发展和区域性国际中心城市建设提供了根本遵循和行动指南，极大鼓舞了全市干部群众向着更高目标攀登、追求更加美好生活的信心和决心。

牢记嘱托，砥砺前行，昆明用“八个坚持”助力高质量发展行稳致远：

坚持以规划引导发展，精心绘就发展新蓝图；坚持以产业支撑发展，综合实力迈上新台阶；坚持以开放促发展，对外开放打开新局面；坚持以创新驱动发展，动力活力进一步增强；坚持城乡融合发展，城乡面貌呈现新变化；坚持民生优先发展，不断提高群众福祉；坚持打造良好发展环境，优化环境取得新成效；坚持统筹疫情防控与经济社会发展，在大战大考中交出优异答卷。

牢记使命，感恩奋进，昆明用“七个之变”绘就高质量发展新画卷：

格局之变，正向区域性国际中心城市奋进；实力之变，正向高质量发展新阶段奋进；绿色之变，正向生态文明建设排头兵奋进；城乡之变，正向区域协调融合发展奋进；治理之变，正向现代化社会治理体系奋进；民生之变，正向高品质幸福美好生活奋进；作风之变，正向新时代新担当新作为奋进。

（二）

走过千山万水，回望百年征程，从建党的开天辟地，到新中国成立的改天换地，到改革开放的翻天覆地，中国共产党的一百年，是用鲜血、汗水、泪水、勇气、智慧、力量写就的百年。中国共产党带领国家取得的伟大发展成就，向世界展现了社会主义制度的巨大优越性。

从封闭落后向文明进步、从边陲末梢向开放前沿、从温饱不足向全面小康的历史性巨变——昆明人民深深体会到：立党为公、执政为民，中国共产党始终把人民放在最高位置，始终保持同人民群众的血肉联系。只有中国共产党才能始终怀揣初心、牢记使命——为中国人民谋幸福、为中华民族谋复兴。没有共产党，就不会有今天的中国！

党的十八大以来，昆明改革发展的生动实践，更让我们深切感受到习近平新时代中国特色社会主义思想的时代伟力；昆明各项工作取得的新成绩，根本在于以习近平同志为核心的党中央坚强领导，根本在于习近平新时代中国特色社会主义思想的科学指引。

回眸百年，党的非凡成就、艰辛历程、历史经验、优良传统、伟大精神，蕴藏着中国共产党为什么能、马克思主义为什么行、中国特色社会主义为什么好的成功密码，给我们展现了丰富而又深刻的启示：

——必须坚持中国共产党的核心地位。中国特色社会主义最本质的特征是中国共产党的领导，最大优势是中国共产党的领导，党是最高政治领导力量。

——必须坚持继承和发展马克思主义。马克思主义是我们立党立国的根本指导思想。背离或放弃马克思主义，我们党就会失去灵魂、迷失方向。坚持继承和发展马克思主义，是我们开辟未来的根本保证。

——必须坚持广泛团结和共促和平。不断发展壮大新时代的爱国统一战线，寻求最大公约数，画出最大同心圆。高举和平、发展、合作、共赢的旗帜，始终不渝奉行互利共赢的开放战略，推动构建人类命运共同体。

——必须坚持深化改革推动发展。改革开放是当代中国最鲜明的特色，也是我们党最鲜明的旗帜。改革开放只有进行时，没有完成时。发展是第一要务，要坚持以发展为主题，把中国特色社会主义事业不断推向前进。

——必须坚持以人民为中心的思想。以人民为中心、顺应人民的愿望，是中国共产党一直以来遵循的执政理念。中国共产党坚持人民至上，矢志不渝为人民谋幸福，以实际行动践行承诺。这是中国共产党团结带领人民铸就辉煌伟业、永葆青春活力的重要秘诀。

——必须保持同人民群众的血肉联系。中国共产党除了工人阶级和最广大人民群众的利益外，没有自己的利益，更没有自己的特殊利益。江山就是人民，人民就是江山，人心向背关系党的生死存亡。任何时候都要保持与人民同呼吸、共命运、心连心。

（三）

历史、现实、未来，总是一脉相承。从嘉兴南湖、井冈山、延安、西柏坡，一步步走出了一个崭新的共和国，走进中国特色社会主义新时代。全面建设社会主义现代化国家，不断巩固“富起来”、实现“强起来”，还有很长的路要走，无异于一次新的长征。

胸怀千秋伟业，恰是百年风华。办好中国的事情关键在党，继续推进中国特色社会主义伟大事业关键在党。中国共产党是中国人民的主心骨和定盘星。道路决定命运，踏上全面建设社会主义现代化国家新征程，最重要的就是坚定中国特色社会主义道路自信、理论自信、制度自信、文化自信，感党恩、听党话、跟党走！

百年征程波澜壮阔，百年初心历久弥坚。朝着“中国春城、历史文化名城、国际大健康名城、区域性国际中心城市”的目标定位稳步迈进，必须以习近平新时代中国特色社会主义思想为根本遵循，牢记总书记的殷殷嘱托，把政治担当、历史担当、责任担当挺在前面，走好昆明新时代的长征路：

积极主动融入新发展格局，全面提升在国内国际双循环中的嵌入度；坚定不移深化改革创新，充分激发高质量发展的动力活力；坚持不懈提升对外开放能级，着力打造高水平开放的国际化城市；持续用力构建现代产业体系，有效提高经济质量效益和核心竞争力；久久为功推动城乡融合发展，切实增强区域发展的整体性和协调性；毫不放松抓好生态环境保护，加快推动生产生活方式绿色转型；多措并举改善人民生活品质，稳步提升群众的幸福感满意度；综合施策提升社会治理效能，全力维护社会大局和谐稳定；坚持和加强党的全面领导，不断提高党领导贯彻新发展理念、构建新发展格局的能力和水平。

新时代的逐梦蓝图已经展开，新征程的奋进巨轮扬帆启航。昆明将以习近平新时代中国特色社会主义思想为指导，认真学习贯彻习近平总书记考察云南重要讲话精神，落实省委、省政府昆明现场办公会的总体要求，紧盯昆明市“十四五”发展主要目标和二〇三五年远景目标，围绕到2035年在全省率先基本实现社会主义现代化的美好蓝图，再接再厉、苦干实干，加快把昆明打造成为产业发达的经济繁荣之城、创新创造的活力绽放之城、开放包容的现代大气之城、兼容并蓄的人文魅力之城、和谐宜居的绿色健康之城，为谱写好中国梦的云南篇章作出昆明贡献。

风雨百年路，砥砺新征程。为了“百年梦想”，展望美好明天，奋进吧！

（2021年7月1日）

天翻地覆慨而慷　风雨无阻谱华章

——昆明70年历史巨变启示录

70年披荆斩棘，70年栉风沐雨，70年沧桑巨变。在中华人民共和国成立70周年之际，让我们回眸昆明大地感天动地的发展来路、历史巨变、宝贵经验和深刻启示，感悟巨大历史成就背后的根本原因和主要动力；让我们追寻历史足迹，聆听岁月回声，感触时代脉搏，畅想美好未来。

这是波澜壮阔的70年，这是激荡人心的70年。70年来，在党中央和云南省委的坚强领导下，昆明市委团结带领全市各族人民勇担历史使命，抢抓战略机遇，艰苦奋斗、顽强拼搏，勠力同心、砥砺前行，全市经济社会发生了翻天覆地的变化，各族人民用勤劳与智慧，绘就了一幅波澜壮阔的历史画卷，谱写了一曲气壮山河的奋斗史诗，走出了一条彪炳史册的人间正道。在70年的岁月长河中，昆明人民矢志不渝、砥砺奋进、勇往直前，谱写了一曲曲激荡人心的时代乐章。

（一）

1949年12月，昆明解放了！五华山上五星红旗冉冉升起，昆明从此翻开了历史新篇章，开启了发展进步新纪元。

伴随着中华人民共和国的成长脚步，乘着改革开放的浩荡东风，一代代昆明儿女在中国共产党的坚强领导下，勠力同心、艰苦奋斗，开拓进取、自强不息，以敢教日月换新天的豪迈气概，精心绘制了属于这里并将载入史册的画卷，昆明大地发生了翻天覆地的变化。

——70年来，我们万众一心、团结奋进，实现从一穷二白到迈向经济繁荣的历史性跨越。

——70年来，我们解放思想、抢抓机遇，实现从贫困到奔向全面小康的历史性跨越。

——70年来，我们凝心聚力、统筹发展，城乡面貌实现从破旧落后到美丽现代的历史性跨越。

——70年来，我们深化改革、扩大开放，完成从“推开窗户看世界”到“敞开大门融世界”的历史性跨越。

昆明，这座新中国成立初期的边陲小城，正逐步发展成为一座面向南亚东南亚的区域性国际中心城市，一座开放包容、生机盎然、春光无限、充满活力的现代化城市。这座城市无时不在汇聚世界目光，向中外宾朋展示着千年古城美丽迷人的风采。

70年来，历经一次次的格局改变，昆明从狭窄的“翠湖时代”发展到“滇池时代”，成为城市建成区面积达400多平方公里的新一线城市。一路走来，昆明实现了前所未有的巨变，焕发出前所未有的活力，如同一颗璀璨的明珠，闪耀在滇池之畔、彩云之南。

追随着党的十八大奋进号角，我们启动了又一轮劈波斩浪的全新航程。我们坚持以习近平新时代中国特色社会主义思想为指导，深入贯彻落实习近平总书记对云南发展的重要指示精神，按照“一个跨越”“三个定位”“五个着力”的要求，科学谋划了“国际昆明”的成长坐标，高质量推进区域性国际中心城市建设，谱写了经济发展、社会进步、民族团结、生态文明、人民幸福的新篇章。

我们坚持服务融入国家战略，区域性国际中心城市建设迈出坚实步伐；我们坚持新发展理念，综合实力显著增强；我们坚持共建共享，群众福祉不断增进；我们坚持基础先行，城市功能逐步完善；我们坚持绿色发展，生态环境持续改善；我们坚持全面深化改革，全社会创造活力竞相迸发；我们坚持各民族一家亲，民族团结进步开创新局面；我们坚持全面从严治党，党的建设稳步加强。

我们可以自豪地说：在昆明历史上，没有任何一个70年，经济建设有如此辉煌的成就；没有任何一个70年，民生有如此显著的改善；没有任何一个70年，各民族如此团结进步；没有任何一个70年，有如此和谐安宁；没有任何一个70年，市民的获得感、幸福感、安全感有如此充实满足。

（二）

70年筚路蓝缕，70年日新月异，70年春华秋实。70年的历史性成就和历史性变革，生动诠释了“只有中国共产党才能领导中国，只有社会主义才能救中国”的真理，生动诠释了中国特色社会主义制度的优越性能够释放出巨大能量，生动诠释了“只有改革开放才能发展中国、发展社会主义、发展马克思主义，只有中国特色社会主义道路才能引领中国走向繁荣富强”的发展真谛。

70年来翻天覆地的变化，充分彰显了中国共产党领导和中国特色社会主义制度的政治优势，进一步增强了中国特色社会主义道路自信、理论自信、制度自信和文化自信。正是有了中国共产党的正确领导，昆明大地才处处焕发生机、迸发活力，一步步朝着富强民主文明和谐美丽的美好生活城市奋进，一步步朝着各民族团结奋斗、共同繁荣的幸福昆明奋进。

70年的成功实践告诉我们：辉煌成就的背后，其根本原因在于中国共产党的坚强领导和各族人民的团结奋斗。党中央、国务院亲切关怀，云南省委、省政府正确领导，历届昆明市委、市政府带领全市各族人民顽强拼搏、开拓创新，是昆明经济社会跨越发展的动力源泉，也是社会和谐稳定的坚定基石，更是全市各族人民过上美好幸福生活的根本保障！党的十八大以来昆明改革发展的生动实践，更让我们深切地体会到，昆明各项工作取得的新成绩，根本在于以习近平同志为核心的党中央坚强领导，根本在于习近平新时代中国特色社会主义思想的科学指引。

70年的不懈奋斗，为我们加快发展奠定了坚实基础；70年的成功实践，给我们展现了丰富而又深刻的启示：

——必须始终坚持全面从严治党，全面加强和改进党的建设。中国共产党领导是中国特色社会主义最本质的特征，是党和国家事业不断发展的坚实基础。昆明社会各项事业的发展，一刻也离不开党的领导。坚持和完善党的领导，是党和国家发展的根本所在、命脉所在，是昆明人民群众的利益所在、幸福所在。

——必须始终坚持发挥自身优势，把昆明的发展纳入国家和全省的发展大局。主动服务和融入国家发展战略，是党中央赋予昆明的新的历史使命，是推动昆明高质量发展、实现富民强市的迫切需要，也是与全国同步全面建成小康社会的必然选择。

——必须始终坚持以经济建设为中心，牢牢抓住发展第一要务不动摇。解放和发展社会生产力，是社会主义的本质要求和根本任务。坚持发展第一要务是70年积累的最宝贵经验之一。发展才是硬道理，是党执政兴国的第一要务。加快发展是解决一切问题的根本出路。

——必须始终坚持深化改革扩大开放，不断激发体制机制的巨大活力。发展没有止境，解放思想也没有止境，改革开放是一切发展进步的动力源泉。一部昆明发展史，就是一部改革史、开放史、奋进史，哪里有改革开放，哪里就有经济发展的新天地、新气象。昆明每一步大跨越背后，都有改革开放助力，唯有改革开放，昆明才有未来。

——必须始终坚持正确的发展方向，找准城市发展坐标，一张蓝图绘到底。科学的城市发展定位是引导城市发展的指南针，是提升城市竞争力的重要途径，对于一个城市的持续、快速、健康发展具有重要意义。建设区域性国际中心城市，就是着眼未来竞争、立足昆明实际，谋求长远发展确立的奋斗目标。城市定位发生的历史性嬗变，必将有力地促进昆明的发展变化。

——必须始终坚持以人民为中心的思想，不断满足人民群众日益增长的美好生活需要。改善民生是最大的政治，只有好的时代，才有好的政治；只有好的政治，才会将“以人民为中心”的发展思想作为根本立场。坚持以人民为中心的发展思想，就是要从人民群众的根本利益出发谋发展、促发展，做到发展为了人民、发展依靠人民、发展成果由人民共享。

（三）

70年，在漫漫历史长河中，不过是短暂的一瞬间，昆明大地却发生了令人瞩目的历史巨变，滇池之滨焕发出欣欣向荣的无限生机，各族人民逐步过上了安康和谐的幸福生活。昆明70年来的沧桑巨变，人民生活的深刻变化，是我们伟大祖国走向繁荣富强，实现中华民族伟大复兴的一个缩影，是中国特色社会主义伟大事业在云岭大地的具体实践。

弹指一挥间，壮丽70年，辉煌成就已彪炳史册。“雄关漫道真如铁，而今迈步从头越”，美好未来更须奋勇开拓。厘清历史的宏大背景，是为了让我们深化对人类社会发展规律的认识，不断提升精神境界；憧憬无限美好未来，是为了让我们铆足干劲、攻坚克难，众志成城、成其久远。70年辉煌对中国近代历史而言是一个感叹号，对民族复兴伟业而言只是一个逗号！

“天若有情天亦老，人间正道是沧桑。”如今的中国，正以势不可挡的崛起姿态、昂首阔步的发展势头，走在新时代的大路上。山再高，往上攀，总能登顶；路再长，走下去，定能到达。初心、使命、责任、重托，再次把昆明推向了发展的潮头。站在历史的方位上展望未来，昆明蕴含着无限希望，梦想必将在砥砺奋进中一步步变为现实。

站在新的历史起点上，昆明正蓄势待发，续写辉煌篇章。新时代的昆明，将着力构建高质量发展经济体系，切实增强区域性国际中心城市的经济支撑；着力优化城市发展格局，切实增强区域性国际中心城市的载体支撑；着力推进生态优先绿色发展，切实增强区域性国际中心城市的生态支撑；着力深化改革开放，切实增强区域性国际中心城市的动力支撑；着力增进民生福祉，切实增强区域性国际中心城市的民生支撑；着力加强党的全面领导，切实增强区域性国际中心城市的组织支撑。

区域性国际中心城市，承载着一座城市的梦想和希望。着力打造“一个枢纽”，加快建设“四个中心”，全面提升“三大品牌”，到2030年，基本建成区域性国际中心城市；到本世纪中叶，全面建成区域性国际中心城市——“国际昆明”的美好蓝图，正激发起春城儿女追梦逐梦的奋斗激情，昆明正向着产业发达的经济繁荣之城、创新创造的活力绽放之城、开放包容的现代大气之城、兼容并蓄的人文魅力之城、和谐宜居的绿色健康之城阔步前行。

抚今追昔、继往开来，一代人有一代人的使命，一代人有一代人的长征。今天，我们距离实现中华民族伟大复兴中国梦的目标从未如此之近；今天，昆明人比以往任何一个时候都更加信心百倍。我们将高举中国特色社会主义伟大旗帜，在习近平新时代中国特色社会主义思想的指引下，以更加昂扬奋进的姿态，不忘初心、牢记使命，解放思想、开拓创新，锐意进取、真抓实干，在新时代的伟大征程中，当好全省经济社会发展的排头兵和火车头，奏好区域性国际中心城市建设新乐章，为实现中华民族伟大复兴的中国梦书写更加辉煌壮丽的时代华章！

（2019年9月30日）

喜看春色满昆滇

特殊的时空节点，总与难忘的记忆紧紧相连。

2015年1月19日至21日，怀着对边疆各族人民的深厚感情和深切牵挂，习近平总书记亲临彩云之南，深入灾区群众、走进工厂车间、前往高铁南站……每到一地，都要问改革、谈发展、说民生。他谆谆嘱托：“主动服务和融入国家发展战略，闯出一条跨越式发展的路子来，努力成为我国民族团结进步示范区、生态文明建设排头兵、面向南亚东南亚辐射中心，谱写好中国梦的云南篇章。”

总书记的殷殷嘱托、切切关怀、深深期许，为云南发展注入了强大动力和时代内涵，也为昆明各项工作提供了根本遵循和行动纲领。总书记为云南擘画的新蓝图、确立的新坐标、明确的新定位、赋予的新使命，点燃了4800万昆滇儿女共筑中国梦的奋斗激情，激励着广大干部群众鼓足干劲、勇往直前，以优异成绩谱写新时代高质量发展的新美篇章。

流年安暖，岁月含情；时序更替，华章日新。时至今日，整整五年时间，39.4万平方公里的云岭大地上，春风化雨、硕果累累。

“三个定位”根系四下延展，渐渐深入昆明发展土壤的每一个角落，广大干部群众饱含激情，充满干劲，在扬鞭奋蹄中奋笔书写跨越发展的“昆明答卷”。

——五年来，昆明始终牢记总书记的嘱托，主动作为、一马当先，负重奋进、勇担使命，把省会“窗口”越擦越亮，充分担当起在全省经济发展大局中的火车头和排头兵作用，提出在全省率先迈进全面小康大门的奋斗目标，为谱写好中国梦云南篇章奏响跨越发展最强音。

1800多个日日夜夜，沿着总书记指引的前进方向，按照“一跨越”“三个定位”“五个着力”要求，昆明主动服务和融入国家发展战略，高扬区域性国际中心城市建设风帆，砥砺奋进在跨越发展大道上：经济社会发展取得新成就，生态文明建设开创新局面，文化强市建设迈上新台阶，全面从严治党展现新气象，民生保障得到新加强。

岁月无痕，记录着前行的足印；时光荏苒，刷新着开放的容颜。面对波澜壮阔的城市发展进程，昆明主动融入国际发展城市潮流，坚持国家站位，树立全球视野，瞄准国际标准，开启逐梦之旅，重塑城市形象，丰满城市气质，增强城市活力，当好引领云南开放合作的龙头、中国面向西南开放的“眼睛”——区域性国际中心城市建设迈出坚实步伐。

我们着力打造区域性国际综合枢纽，加快建设区域性国际经济贸易中心、科技创新中心、金融服务中心、人文交流中心，全面擦亮世界春城花都、历史文化名城、中国健康之城“三大品牌”。我们以生态文明建设引领高质量发展，勠力同心把昆明建设成为和谐宜居、富有国际范的现代化城市，建设成为春天永驻、幸福平安的美丽家园城市。

——五年来，昆明始终秉持“生态兴则文明兴”的深邃历史观，深刻理解“人与自然和谐共生”的科学自然观，牢牢把握“绿水青山就是金山银山”的绿色发展观，坚持“生态立市、环境优先”不动摇，坚持“量水发展、以水定城”理念不改弦，更加自觉地推动绿色发展、循环发展、低碳发展，不断擦亮高质量发展的生态底色。

在下好区域性国际中心城市这盘大棋中，我们坚持生态优先、绿色发展理念，围绕打造成为生态文明建设排头兵示范城市和“美丽中国”典范城市目标，注重改善生态、优化环境、提升品质，演绎了绿色与发展的“价值转换”，探索走出一条以绿色发展为导向的高质量发展新路子。

我们坚持把滇池保护治理作为头等大事和“一把手”工程，按照科学治理、系统治理、集约治理、依法治理的思路，扎实推进滇池流域水环境综合整治，滇池水质创下了30年以来最好纪录。我们以滇池治理为突破口，提升昆明生态文明建设水平，推动生态文明水准上台阶，促进城市全面和谐可持续发展。

——五年来，昆明各族群众始终牢记总书记嘱托，共同浇灌民族团结之花常开长盛，收获着民族团结进步的一个个金灿灿果实：昆明先后两次荣获“全国民族团结进步模范市”荣誉称号，2017年被确定为“少数民族流动人口服务管理示范城市”。先后成功创建12个国家级示范单位、3个中国少数民族特色村寨、3个国家级民族团结教育基地，64个省级示范单位、567个市级民族团结进步示范单位。石林、禄劝、寻甸先后成为“全国民族团结进步创建示范县”。2019年，昆明荣膺“全国民族团结进步示范市”，民族团结之花越开越绚丽。

…………

五年，发展是全方位的、开创性的，变化是显著的、深层次的。老百姓由衷赞叹，这五年，是获得感幸福感安全感持续增强的五年，也是昆明发展“润物无声”的大好时期。2018年，昆明荣获“国际花园城市”E类金奖，斩获“世界春城”全球第一，摘得全球避暑名城中国榜首，入围“中国美好生活指数十佳城市”；2019年，跻身新一线城市行列。蓝天永驻、碧水长流、青山常在、花香满城，已成为昆明人引以为傲的“标配”，昆明成为国内外游客向往的“诗的远方、梦的故乡”！

回溯新时代云岭大地的每一点变化、每一步跨越，都离不开以习近平同志为核心的党中央的坚强领导，离不开习近平新时代中国特色社会主义思想的正确指引；更彰显出一个日理万机的大国领袖对边疆民族地区的特殊关怀、对各族同胞的真挚情意。

足迹之光照边疆，照亮发展前行路。五年后的今天，天地一新。

高质量打赢全面小康收官战，高标准推进市域治理现代化，全力推动区域性国际中心城市建设迈上新台阶，为谱写好中国梦云南篇章作出更大贡献，蓝图那么清晰，梦想如此之近。

越是梦想飞扬，越要埋头苦干！

感恩总书记关怀，不负总书记重托，开启新征程，续写新篇章，展现新气象。

让我们只争朝夕、不负韶华，昂首阔步、勇往直前，创造跨越发展的崭新业绩，书写更加精彩的时代华章！

（2020年1月19日）

扬帆奋进开新局

——写在昆明市第十二次党代会开幕之际

秋风送爽，丹桂飘香。在这满载收获和喜悦的季节里，我们迎来了中国共产党昆明市第十二次代表大会。这次大会是在全市深入贯彻落实习近平总书记考察云南重要讲话精神关键时期，在刚刚度过我们党百年华诞的伟大历史时刻，在两个百年交汇的重大时间节点，召开的一次重要会议，是全市广大党员和干部群众政治生活中的一件大事，是在更高起点上贯彻新发展理念、融入新发展格局，承前启后、引领未来的一次盛会。

这是奋进的大会，是汗水的礼赞；这是团结的大会，是战前的集结。未来几天，来自全市各条战线的党代表们，将以高度的历史使命感和政治责任感，高举旗帜、凝聚共识、不负重托、担当使命，出良策、定大计，议大事、谋发展，共同描绘昆明现代化建设新征程上的壮美画卷。

回首往昔，我们步履铿锵。面对错综复杂的国际形势、艰巨繁重的改革发展稳定任务，昆明市委团结带领全市各族人民，坚持以习近平新时代中国特色社会主义思想为指导，深入贯彻落实习近平总书记考察云南重要讲话精神，按照中共云南省委的决策部署，牢记嘱托、攻坚克难，开拓创新、砥砺奋进，以区域性国际中心城市建设为抓手，统筹推进政治、经济、文化、社会、生态文明和党的建设，各项事业取得新进步，如期实现全面小康奋斗目标，开启现代化建设新征程，书写了一份可圈可点的“昆明答卷”。

（一）

刚刚走过的5年，是昆明发展极不平凡的5年，也是成果丰硕、令人自豪的5年，更是很多人生活发生深刻变化、梦想照进现实的5年。

——这5年，发展蓝图科学绘就。提出了“建省会、拓格局、转思维、重民生、从严管”的工作思路；确立了“加快建设区域性国际中心城市”的奋斗目标，制定出台促进条例、系列工作方案和专项规划；科学谋划“十四五”发展任务和二〇三五年远景目标；在全省率先制定高质量发展综合绩效评价体系，出台实施推动高质量发展政策措施，高质量发展迈出坚实步伐。

——这5年，综合实力大幅提升。重点发展大健康、大旅游、大文创，加快发展高新技术产业和现代服务业，大力发展先进装备制造业，着力构建具有昆明特色的现代产业体系。全市GDP连续突破5000亿元、6000亿元大关，达到6733.79亿元，在省会城市中排名从第17位上升到第12位。滇中新区GDP在19个国家级新区中排名从第 15 位上升到第13位。

——这5年，改革开放硕果累累。坚持向创新要动力、向改革要活力、向开放要潜力。30余项首创性、特色化改革亮点纷呈，荣获改革开放40年经济发展最成功城市、2020年中国国际化“营商环境质量十佳城市”……中国（云南）自贸试验区昆明片区挂牌运行，南博会、农博会成为品牌展会，昆明对外开放的层次和水平不断提升。与世界177个国家（地区）有贸易往来，同“一带一路”共建国家和地区中的60余个城市开展贸易活动。

——这5年，城乡面貌焕然一新。主城建成区面积不断扩大。全市人口增加到2020年的846万人，常住人口城镇化率明显提高。实现县县通高速、乡乡通油路、村村通硬化路，建制村通邮、通客车、光纤宽带网络和4G网络实现全覆盖。“十三五”以来，滇池全湖水质由劣Ⅴ类提升到Ⅳ类、为近30年来最好水平，主城空气质量优良率长期位居全国省会城市前列，森林覆盖率达到52.62%，荣获“国家森林城市”称号，成功创建为全国文明城市，荣膺联合国人居署“国际花园城市”金奖。

——这5年，民生福祉显著改善。历史性解决了区域性整体贫困问题，夺取了脱贫攻坚战全面胜利。人均期望寿命从77.92岁提高到80岁。坚持将一般公共预算支出的70%以上投向民生领域，为百姓织就了一张密实的“保障网”，市民对教育、医疗卫生、公共文化服务等方面的满意度大幅提高。城乡居民人均可支配收入年均分别增长7.1%和9%，连续3年上榜“中国十大美好生活城市”，成为“民族团结进步示范市”、全国市域社会治理现代化试点城市。

——这5年，政治生态持续好转。坚决肃清白恩培、秦光荣、仇和等余毒流毒影响，党风政风明显好转。整顿提升软弱涣散基层党组织4613个，近2万个基层党组织完成支部规范化建设达标创建，被中组部确定为“全国城市基层党建示范市”。坚持好干部标准，匡正选人用人风气，通过比选择优、竞争上岗等方式，选用了一大批领导干部。一体推进不敢腐、不能腐、不想腐，全市纪检监察机关立案5348件，党纪政务处分5099人，全面从严治党猛药去疴，反腐败斗争压倒性态势已经形成并全面巩固。

特别是党的十八大以来，昆明认真贯彻习近平总书记两次考察云南重要讲话精神，以感恩之心干事业，以进取之心谋跨越，加快推动高质量发展，经济社会发生翻天覆地的变化，“七个之变”绘就发展新画卷：格局之变，正在向区域性国际中心城市奋进；实力之变，正在向高质量发展新阶段奋进；绿色之变，正在向生态文明建设排头兵奋进；城乡之变，正在向区域协调融合发展奋进；治理之变，正在向现代化社会治理体系奋进；民生之变，正在向高品质幸福美好生活奋进；作风之变，正在向新时代新担当新作为奋进。

如今的昆明，综合实力更强了、城乡面貌更美了、生态环境更好了、市民的腰包更鼓了、老百姓的日子更好过了、全市上下的精气神更足了……

（二）

5年来有目共睹的变化，是以习近平同志为核心的党中央坚强领导的结果，是习近平新时代中国特色社会主义思想和习近平总书记考察云南重要讲话精神科学指引的结果，是全市广大党员干部和各族人民共同团结奋斗的结果，也是我们继续开创美好未来的根本保证。

昆明5年来经济社会发展的实践充分证明，坚定不移办好昆明的事情——

最根本的是始终坚持中国共产党的领导。正是在党的坚强领导下，我们才能战胜一个又一个风险、夺取一个又一个胜利，取得彪炳史册的成就。

最重要的是始终坚持中国特色社会主义道路。正是始终高举中国特色社会主义伟大旗帜，我们才能统一有效开展各项工作，确保了各项事业沿着正确方向前进。

最主要的是始终坚持以人民为中心。正是心里始终装着人民，以百姓心为心，党才能得到群众的支持和拥护，依靠人民战胜一切艰难险阻。

最首要的是始终坚持发展第一要务不动摇。正是始终坚持以经济建设为中心不动摇，聚精会神搞建设、一心一意谋发展，才能创造出许多令人刮目相看的成就。

最关键的是始终坚持把全面从严治党贯穿始终。正是坚持党要管党、从严治党，以刀刃向内的勇气进行自我革命，才能为各项事业的发展提供坚强政治保障。

5年来栉风沐雨、砥砺前行的奋斗历程，我们深切地感受到：

加快发展是第一要务；改革开放是不竭动力；人民至上是价值取向；保护生态是政治责任；团结奋斗是进步基石。这些行之有效的坚守，既是5年工作经验的总结，也是今后做好工作的有力保障，更是继续前进的不竭动力。唯有倍加珍惜，并在今后的实践中牢牢坚持和不断完善，才能在新征程上展现新气象、创造新业绩、作出新贡献，不断满足人民日益增长的美好生活需要。

5年来栉风沐雨、砥砺前行的奋斗历程，我们收获了深刻启示，积累了宝贵经验。立足新发展阶段，贯彻新发展理念，融入新发展格局，推动高质量发展，昆明面临着难得机遇，也面临着严峻挑战。“机遇”是解读历史进程的一把钥匙。只有客观分析宏观环境变化蕴含的新机遇新挑战，才能找准突破口和主攻方向，牢牢占据发展的制高点，紧紧抓住发展的主动权。

站在新的历史起点上，尤其要正确认识昆明在全国、全省发展大局中的地位和作用，找准主动服务和融入新发展格局的结合点和切入点，争创竞争新优势，开创发展新境界。全面对标党中央、省委决策部署，聚焦问题短板，明确目标任务，以“赶考”的清醒和坚定书写好新时代的新答卷。

一座城市有一座城市的梦想，心怀远方、脚踏实地，在习近平新时代中国特色社会主义思想指引下逐梦前行，到2035年，昆明要建成区域性国际中心城市，基本实现经济体系现代化、城乡发展现代化、公共服务现代化、生态文明现代化、市域治理现代化，在全省率先基本实现社会主义现代化。

“十四五”时期，将持续创建民族团结进步示范区，致力打造美丽中国建设先行区，始终当好全省高质量发展引领区，努力成为国内循环的重要节点和国际循环的门户枢纽，加快推进区域性国际中心城市建设，为把云南建设成为我国民族团结进步示范区、生态文明建设排头兵、面向南亚东南亚辐射中心作出更大贡献。

牢记嘱托谋发展，砥砺奋进谱新篇，不辜负党中央、云南省委以及昆明市人民的期望和重托——

必须以推动高质量发展为主题，坚定不移贯彻新发展理念，在经济、社会、文化、生态等各领域都体现高质量发展要求，推动质量变革、效率变革、动力变革，着力提高发展质量和效益。

必须以打造高能级城市为重点，主动服务和融入新发展格局，加快打造国内循环的重要节点和国际循环的门户枢纽，切实增强昆明的国际要素集聚能力、生产服务功能和开放辐射作用。

必须以创造高品质生活为目标，始终坚持以人民为中心的发展思想，提升城市功能品质，提高基本公共服务供给质量，推动全市人民共同富裕取得更为明显的实质性进展。

必须以推进高效能治理为保障，把安全发展贯穿城市发展各领域、全过程，提升市域治理体系和治理能力现代化水平，着力打造高效能治理的边疆民族省会城市样板。

必须以深化高水平党建为引领，全面贯彻新时代党的建设总要求和新时代党的组织路线，勇于自我革命，从严管党治党，把党建设得更加坚强有力，以高水平党建引领推动高质量发展。

（三）

初心如磐、使命在肩。党代会，是一个节点，也是一个全新的起点。站在“两个大局”交织、“两个百年”交汇、“两个五年”交接的关键时刻，昆明将深入学习贯彻习近平新时代中国特色社会主义思想和习近平总书记考察云南重要讲话精神，深入贯彻落实省委、省政府昆明现场办公会精神，紧盯发展蓝图，接续奋斗、埋头苦干，当好全省经济社会发展的排头兵和火车头，奋力开创昆明生态化国际化现代化发展新局面。

——旗帜鲜明讲政治，以实际行动践行“两个维护”。把学习习近平新时代中国特色社会主义思想与学习习近平总书记“七一”重要讲话精神等结合起来，扎实抓好党史学习教育，增强“四个意识”、坚定“四个自信”、做到“两个维护”，不断提高政治判断力、政治领悟力、政治执行力，始终在思想上政治上行动上同以习近平同志为核心的党中央保持高度一致。

——担当作为勇攻坚，当好全省经济社会发展的排头兵和火车头。按照省委、省政府昆明现场办公会研究确定的各项任务，全力推进中国春城、历史文化名城、国际大健康名城、区域性国际中心城市建设，加快培育新材料、大健康、数字经济等支撑昆明未来30年发展的支柱产业，力争到2025年全市经济总量突破1万亿元，到2035年全市经济总量在2020年基础上翻两番，真正走在前列、作出示范。

——驰而不息优环境，着力打造生态宜居幸福家园。深入学习贯彻习近平生态文明思想，牢固树立绿水青山就是金山银山理念，更加注重综合治理、系统治理、源头治理，按照“退、减、调、治、管”多管齐下的要求，统筹山水林田湖草，整体推进滇池保护治理。持续强化大气、土壤污染防治，加大生态保护修复力度，努力走出一条以生态优先、绿色发展为导向的高质量发展之路。

——改善民生增福祉，持续提升群众获得感、幸福感、安全感。坚持以人民为中心的发展思想，围绕群众关心关注的就业、教育、医疗、城市管理等热点难点问题，不断扩大就业容量、提升就业质量，持续深入实施“三名”工程，促进优质医疗资源扩容升级和城乡区域均衡布局，扎实推进城市建设十大工程，努力让老百姓的钱袋子更鼓一些、上学就医更方便一些、工作生活更舒心一些，推动全体人民共同富裕取得更为明显的实质性进展。

——坚定不移从严管，持续营造风清气正的良好政治生态。认真贯彻落实新时代党的建设总要求和新时代党的组织路线，把严的主基调长期坚持下去，坚决扛起管党治党政治责任，织密建强党的基层组织体系，着力打造高素质专业化干部队伍，持之以恒正风肃纪反腐，推动党的建设展现新气象、新作为，为昆明社会主义现代化建设营造良好环境。

宏伟蓝图承载着富民强市的美好愿景，奋进号角吹响高质量发展的时代强音。过去5年，昆明用高质量发展的过硬成果，为开启区域性国际中心城市建设新征程奠定了坚实基础，为全省高质量跨越式发展作出了积极贡献；未来5年，新一届昆明市委将把习近平总书记考察云南重要讲话精神，转化为推动昆明发展的具体举措和实际行动，把新发展理念作为破解发展难题、增强发展动力、厚植发展优势的行动指南，勠力同心、奋楫笃行，跑好新的一棒，奋力谱写昆明高质量发展新篇章。

潮平两岸阔，风正好扬帆。我们坚信，有习近平新时代中国特色社会主义思想的科学指引，有党中央和省委的坚强领导，有全市各族人民群众的不懈奋斗，昆明现代化建设的宏伟蓝图一定能一步一步变为现实。

以思想凝聚力量，用力量砥砺前行，我们一定能迎来昆明更加美好的明天！

（2021年9月26日）

扫黑除恶：高擎利剑保安宁

亮剑！亮剑！亮剑！一个个黑恶分子被绳之以法，一起起黑恶案件被依法处理，一批批黑恶势力迅速土崩瓦解……一年多来，扫黑除恶专项斗争正以强大攻势席卷黑恶，如浩荡春风涤荡污浊。“扫黑”犹如一把大“扫帚”，扫出了声威、扫出了气势、扫出了社会正气，赢得了民心、赢得了民意。

黑恶不除，民无宁日——这是一场事关人心向背、治乱兴衰的战略之举；这是一场保障国家长治久安、人民安居乐业的关键一招。站在“两个一百年”奋斗目标进入历史交汇期、中国特色社会主义进入新时代的高度，以习近平同志为核心的党中央审时度势，作出开展扫黑除恶专项斗争的重大决策部署，按下了扫黑除恶启动键，吹响了铲除黑恶冲锋号。

平安是人民幸福安康的基本要求，然而一段时间以来，一些黑恶势力欺行霸市、强买强卖、聚众滋事、横行乡里、敲诈勒索、开设赌场……百姓敢怒不敢言！肉霸、菜霸、乡霸、村霸、路霸、街霸、南霸天、北霸天……目无法纪，胆大包天！共产党执政的人民天下，怎能让“恶霸”横行于世、残害百姓！

百姓深恶痛绝的黑恶势力，是群众获得感幸福感安全感的现实威胁，是群众追求更加美好生活的心腹之患。如果在迈向伟大复兴的征程中，连安全感都得不到充分保障，何谈全面实现小康？何谈高质量跨越式发展？何谈对公平正义和民主法治的更高期待？民有所呼，政有所应：决不能让黑恶势力成为拉低民众“三感”的一大“元凶”，决不能让黑恶势力成为决胜全面小康路上的绊脚石！

出重拳、挥利剑，割“毒瘤”、挤“脓包”。党中央一声令下，昆明以雷霆万钧之势，打响了一场扫除黑恶的人民战争，迅速掀起了扫黑除恶专项斗争的高潮。

2018年，全市群众安全感同比上升6.62个百分点，满意率达到了91.62%。

——群众获得感是检验扫黑除恶的根本标尺。人民群众安全感和满意度的显著增强，是以人民为中心的工作导向的集中体现。人民群众是黑恶势力的直接受害者，对扫黑除恶工作最期盼、最有发言权。民之所望，政之所向。一切为了人民，一切依靠人民。扫黑除恶拿出实际战果，就是对群众满怀期待的最好回应。

扫黑除恶专项斗争初战告捷，取得了阶段性成效，有了一个良好的开端，浩荡之势已然形成。然而将扫黑除恶推向深入，夺取扫黑除恶的压倒性胜利，面临的形势依然复杂严峻，今后的任务依然艰巨繁重。“大扫除”是行动的纲领，一年治标、两年治根、三年治本是“总蓝图”，有黑必扫、有恶必除、有乱必治、有“伞”必打是工作要求……

中流击水、乘风破浪。彻底铲除黑恶势力生存的土壤，必须以更坚定的决心、更有力的举措、更昂扬的斗志，持续发力，久久为功。更加聚焦涉黑涉恶问题突出的重点地区、重点行业、重点领域，把打击锋芒始终对准群众反映最强烈、最深恶痛绝的各类黑恶势力违法犯罪，全面彻底挖掉这个危害人民群众和社会安全的“毒瘤”，为百姓安全保驾护航、为民众福祉添砖加瓦。

坚决打赢扫黑除恶这场硬仗，深挖彻查“保护伞”是关键。从专项斗争一打响，中央就提出，要把扫黑除恶与反腐败斗争、基层“拍蝇”更加紧密地结合起来。坚决打掉黑恶势力“关系网”“保护伞”，破除基层黑恶势力与腐败之间的共生关系，斩断其盘根错节的黑色利益链，避免形成基层治理的“真空”，推动“边扫边治边建”基本要求落到实处。

黑恶势力之所以能够长期称霸一方、鱼肉百姓、胆大妄为、为非作歹，往往是因为头上有“保护伞”，甚至不止一把“伞”。是背后的“保护伞”助长了他们的嚣张气焰，啃噬着群众的获得感，更侵蚀着党的执政根基。因此，“保护伞”不除，“根”就不断。黑恶势力扫不干净，百姓就难有一片清朗的天空，党的执政根基就有可能动摇——基础不牢，地动山摇！

多起案件表明，黑恶势力往往通过拉帮结派、行贿送礼、请客吃饭等方式，想方设法与公职人员勾结在一起，而一些贪图好处或抵抗力弱的官员被纷纷“拉下水”，心甘情愿地充当“保护伞”，使黑恶势力有恃无恐、胆大妄为：欺行霸市、非法讨债、暴力贿选、强收“保护费”，以及有组织地从事“黄、赌、毒”等活动。扫黑除恶就是要重拳出击，打掉这些“黑伞”！

17天留置6名涉黑涉恶公职人员——3月1日，昆明，奔雷激荡，一条消息传遍朋友圈，释放了“折断保护伞、拆掉黑后台，维护风清气正政治生态”的强烈信号，彰显了绝不让“关系网”漏网、“保护伞”受“保护”的威力。“线上线下”一体推进，扫黑打“伞”同频共振。

打蛇打七寸，挖树先挖根。“撕开口子、揭开盖子、挖出根子”，黑恶势力的存在，根本原因与生存的土壤和环境有关。只有瞄准黑恶势力的“七寸”，打掉“保护伞”，才能真正让黑恶势力无“伞”可遮、无处可藏。严查“保护伞”，“一案三查”是有效“破伞”的关键制度性安排：既查办黑恶势力犯罪，又追查黑恶势力背后的“保护伞”，还倒查党委、政府的主体责任和部门的监督管理责任。

从“打黑除恶”到“扫黑除恶”，一字之变，体现广度、深度、力度，彰显决心、信心、雄心。扫黑除恶，就要对藏污纳垢的地方彻底清扫，像秋风扫落叶一样全面扫，力求不留死角，扫出朗朗乾坤、盈盈正气。对黑恶势力、黑帮团伙要发现一起、查处一起，以实际行动维护社会安定有序、人民安居乐业、国家长治久安。

——这是一场人民战争，依靠群众，战必胜之。这是一项民心工程，毫不动摇地践行以人民为中心的发展思想，以更强的民本思维赢得人心、始终以人民为依归，就能汇聚起最大合力，铲除黑恶势力滋生蔓延的土壤。扫黑除恶注定是一场攻坚战持久战，以更强的斗争精神赢得斗争胜利，不断完善斗争思路对策、政策举措，才能夺取专项斗争的全面胜利。

民心是最大的政治。任何时候，任何条件下，人民群众反对什么、痛恨什么，就要坚决防范和纠正什么。人民对美好生活的向往，是我们的奋斗目标。有黑必扫、除恶务尽，是我们向市民许下的庄严承诺，更是对"美好生活城市"的真切表达。

勠力同心者胜，持之以恒者赢。站在扫黑除恶专项斗争向纵深推进的当下，答好扫黑除恶的"昆明试卷"，为广大市民创造更加安居乐业的良好环境，为高质量推进区域性国际中心城市建设创造和谐稳定的社会环境，各级各部门正在以只争朝夕、舍我其谁的担当，努力践行执政为民、以民为本的庄严承诺，以更加优异的成绩向新中国70华诞献礼。

（2021年4月18日）

在高质量建设区域性国际中心城市道路上笃定前行

岁月不居，时节如流。刚刚送走充实的2018年，我们迎来了崭新的2019年。2019年开年之际，昆明市委十一届六次全会召开。会议以习近平新时代中国特色社会主义思想为指导，深入学习贯彻党的十九大和十九届二中、三中全会精神，进一步贯彻落实习近平总书记对云南工作的重要指示精神，按照中央经济工作会议、云南省委十届六次全会的安排部署，团结动员全市党员干部群众，深化改革强动能，扩大开放增优势，聚力创新促转型，高质量推进区域性国际中心城市建设。

刚刚过去的2018年，是全面贯彻党的十九大精神的开局之年。昆明市上下在以习近平同志为核心的党中央的坚强领导下，深入贯彻习近平总书记对云南工作的重要指示精神，坚定不移把发展作为第一要务，坚持稳中求进工作总基调，贯彻新发展理念，落实高质量发展要求，坚持以供给侧结构性改革为主线，统筹做好稳增长、促改革、调结构、惠民生、防风险各项工作，保持了经济持续健康发展和社会大局稳定，开创了区域性国际中心城市建设新局面。

2019年，是中华人民共和国成立70周年，是决胜全面建成小康社会第一个百年奋斗目标的关键之年，抓好今年经济社会发展至关重要。迈进新一年，我们要把握发展大势，保持战略定力，科学谋划高质量推进区域性国际中心城市建设的方向和路径。当前宏观形势严峻复杂，我们要用辩证的思维看待形势的变化与不变，用发展的眼光分析面临的机遇与挑战，用全局的视野把握工作的整体与局部，用统筹的方法协调发展的速度与质量。观大势、谋大局，牢牢把握谋划和推进工作的主动权。

全会在充分肯定成绩的同时，也深刻分析并指出了昆明经济社会发展的重点问题、改革创新的难点问题、扩大开放的焦点问题、群众关切的热点问题、决胜小康的关键问题、干部队伍的突出问题等一系列问题。科学谋划高质量推进区域性国际中心城市建设方向和路径，就不能忽视当前发展中出现的各种矛盾和问题。要把坚持问题导向作为促进高质量发展的第一前提，把发现问题、分析问题、解决问题作为推动工作的核心环节和基础工具。

这些问题的提出，既为我们推动工作树立了更加具体的目标，也为我们改进工作、完善措施、考量成绩提供了更加明确的标准。面对矛盾和问题的挑战，面对时代发展的要求，我们必须在思想上高度重视、在措施上精准有力、在行动上脚踏实地，把工作着力点放在解决矛盾和问题上，在不断发现问题、解决问题中把工作推向前进。要增强政治定力，坚持久久为功，持续提神振气，开拓进取、担当作为，创造性地贯彻落实中央的方针政策和工作部署，在高质量建设区域性国际中心城市的道路上迈出新的步伐。

使命催人奋进，奋斗正当其时。这次会议为2019年各项工作发出动员令，吹响了高质量建设区域性国际中心城市的冲锋号。全市各级各部门要继续全面深化改革、全面扩大开放、全面促进创新，努力实现“八个新突破”：在增强改革成效上实现新突破；在扩大开放优势上实现新突破；在转变发展方式上实现新突破；在提升城市品质上实现新突破；在推进乡村振兴上实现新突破；在保护生态环境上实现新突破；在增进民生福祉上实现新突破；在创新社会治理上实现新突破。

高质量推进区域性国际中心城市建设，关键靠人、核心在党。全市各级党组织要准确把握新时代党的建设总要求，持之以恒推动全面从严治党向纵深发展，狠抓干部作风建设，充分调动和激发广大干部的积极性、主动性、创造性。着力夯实基层基础，以提升组织力为重点铸就坚强有力的战斗堡垒。打造风清气正的政治生态环境，为经济社会高质量发展提供思想指导、价值引领和政治保证。以党建的高质量为区域性国际中心城市建设提供有力保障。

动能转换风鹏正举，创新转型踏浪而来。让我们更加紧密地团结在以习近平同志为核心的党中央周围，在云南省委的坚强领导下，按照“五个坚持”“六个稳”要求，深化改革强动能，扩大开放增优势，聚力创新促转型，高质量推进区域性国际中心城市建设，以优异成绩庆祝中华人民共和国成立70周年，奋力谱写社会主义现代化新征程的壮丽篇章！

（2019年1月8日）

奏响“国际昆明”新华章

——写在第4届南博会暨第24届昆交会开幕之际

踏着夏日的足音，第4届中国—南亚博览会暨第24届中国昆明进出口商品交易会盛装向我们走来。在这个美丽的季节里，来自海内外的嘉宾，再次驻足昆明这片热情好客的土地，共享机遇、共襄盛会。滇池之畔，孔雀开屏，文化在这里交融，政见在这里沟通，经贸在这里合作，商机在这里产生。让我们共同分享春城昆明倾力烹制的精美“盛宴”吧！初夏的昆明，花更艳了，天更蓝了，地更绿了，水更清了，路更畅了，昆明给中国和世界带来一份别样的精彩……

一流的场馆、一流的设施、一流的管理、一流的服务、一流的环境，是昆明对八方宾朋作出的庄严承诺，更是昆明对习近平总书记为云南“三个定位”的具体践行——努力使云南成为面向南亚东南亚辐射中心，加快建设区域性国际中心城市。

作为云南的省会和唯一特大城市，昆明肩负着全省经济社会发展火车头和排头兵的时代重任，无疑要为谱写好中国梦的云南篇章作出应有贡献。全力办好南博会暨昆交会，使之成为中国与南亚东南亚国家和地区乃至世界各国互利共赢的多边外交平台、经贸合作平台和人文交流平台，既是昆明主动服务和融入国家发展战略的务实之举，也是昆明抢占新一轮开放战略高地、谋求跨越发展的必然选择。

亲诚惠容、合作共赢是昆明跨越发展的重要主题。昆明要跨越，优势在区位、出路在开放。昆明市委、市政府下定决心：主动服务和融入国家重大战略，推动形成助力滇中、融入国内、联通周边、接轨国际的发展大格局。加快打造面向南亚东南亚开放的经济贸易中心、科技创新中心、金融服务中心和人文交流中心，努力把昆明建设成为立足西南、面向全国、辐射南亚东南亚的区域性国际中心城市。依托南博会这样一个重要的国际交流平台，昆明的对外开放拥有了更高的定位、更广的胸怀，同时也拥有了更加辽阔的空间、更加深远的发展前景。

南博会的举办为昆明与南亚国家之间的经贸交流搭建起了良好的合作平台，为云南打造面向南亚东南亚辐射中心搭建起了一座重要桥梁，更为昆明建设区域性国际中心城市装上了一个新引擎——让城市的辐射力和吸引力通过跨国界交融获得前所未有的放大效应。

过去三年，南博会已经成为一个集聚经贸交流、对话合作功能于一身的平台，同时也是全球商贾竞争、沟通、合作的大舞台。从高层论坛到服务贸易，从商品贸易到投资合作，从经贸合作到文化交流，在各方的共同努力下，南博会播种友谊、凝聚梦想、绽放繁荣，向南亚乃至全世界递交了一份“8＋1>9”的完美答卷。随着南博会成为云南承载“辐射中心”定位的一个重要平台，它让我们更加清晰地认识到世界的发展趋势，如何把区位优势、资源优势、环境优势转化为发展优势，在彼此的交往中，催生我们跨越前行的勇气，共同奏响和谐发展的时代乐章。

未来几天，散发着开放气息又颇显“国际范”的靓丽昆明将再次拥抱世界。随着国际产能合作馆、东盟馆、南亚馆、国际馆、日韩港澳馆、台湾馆等17个展馆的盛装亮相；LG集团、起亚、华润、华为、中建等一批世界500强企业的绚丽登场；国际产能合作论坛、中国—南亚技术转移与创新合作大会、东盟华商会、中国—南亚智库论坛等一系列精彩纷呈的活动也将相继开启……

昆明将借南博会东风，全面深化改革开放，不断提高开放型城市建设水平，推进对外开放的广度和深度，在互联互通、人员往来、通关便利化等方面取得实质性进展；着力构建交通联动、产业联动、市场联动的合作机制，共同打造开放、包容、均衡、普惠的区域经济合作架构。

让南博盛会串联起喜马拉雅山两侧的一盏盏发展明灯，照亮区域深化合作之路，拥抱光明灿烂的美好未来！

昆明新的经济增长点将在这里扬帆起航！

相约昆明，相约未来！

（2016年6月13日）

融媒特稿

■以高质量的思想产品给人以启迪、启发、启示，要求立意新、视角新、语态新，让内容更符合传播规律、更契合现实脉动、更贴合受众需求

收假首日，省委书记、省长调研滇池治理深意何在?

“草木蔓发，春山可望”。

春节收假后的第一个工作日，云南省委书记和省长就率队专题调研检查滇池保护治理工作。

这其中蕴含着何种“深意”?

春节期间，昆明滇池吸引了大量游客。

人勤春早，这是深入学习贯彻习近平生态文明思想的具体践行，也是促进云南争当生态文明建设排头兵的有力举措，更是为把云南建成中国最美丽省份新春伊始发出的总动员令。

为何收假后的第一天，书记、省长就把调研地点选在昆明，而且是生态文明建设?

省情明摆在那儿，昆明作为云南的省会城市，也是云南“独一无二的”大城市，不仅要当好全省经济社会发展的火车头，也要争当生态文明建设排头兵，更要勇当高质量跨越式发展急先锋。说白了，就是各项工作要走在全省前列，各方面要发挥引领、示范、带头作用，即发挥“领头羊”的作用。

——这是厚望、期许，更是要求、鼓劲!

从调研讲话中可以看出，书记、省长对滇池保护治理取得的成绩表示肯定。认为近年来昆明市坚持把滇池保护治理作为头等大事和“一把手”

工程来抓，采取一系列有力举措，各项工作取得较好成效。

书记、省长对各项工作的认可，为我们推进滇池治理注入了动力、增添了力量，增强了我们解决生态修复难题的勇气，激发了全市人民治理好母亲湖的坚定决心和信心。

当然，治理成效实实在在、有目共睹、媒体聚焦：金线鲃重现滇池、消失多年的海菜花死而复生、蓝藻水华程度明显减轻……

这一切，源于滇池水质“成绩单”的逐年刷新：

2016年，滇池全湖水质首次从劣V类提升为V类，摘掉了“劣V类”帽子；2017年，滇池全湖水质稳定保持V类；2018年，滇池全湖水质又从V类升至IV类，为30余年来最好水质。2018年，滇池仅在7月23日发生过重度蓝藻水华，发生中度以上蓝藻水华的时间共计6天，与“十二五”初期的2010年相比减少了131天。与2017年同比，滇池水质由中度富营养好转为轻度富营养，无可辩驳地印证了滇池水质的不断变好。

唯进步，不止步，才能收获更加丰硕的果实。书记、省长的讲话字里行间又透露出一种更高的工作要求、希望取得更大的工作成效、承担更重的政治责任。书记的“原话”是这样讲的：

滇池保护治理工作任重道远，要进一步增强紧迫感、责任感、使命感，提高政治站位、扛起政治责任，把滇池保护治理作为检验“四个意识”树得牢不牢、“两个维护”落实得坚决不坚决、习近平生态文明思想贯彻得到不到位的重大政治任务，坚决打赢保护治理硬仗，让滇池这颗“高原明珠”早日重现秀美风光和迷人风采。

把滇池保护治理提到“重大政治任务”这样的高度。

很明显，这是对推进滇池治理赋予新使命，要求开创滇池治理新局面，实现滇池治理新突破。

务必提高政治站位、明确目标任务、主动担当作为、克服千难万险，把滇池保护治理作为头等大事和民生工程、民心工程抓紧抓好抓实，以滇池治理为突破口，提升昆明生态能力建设水平，推动生态文明水准向更高层次迈进，促进社会的全面发展，不断满足人民群众对美好生活的新期待。

换句话说，不管形势有多严峻，任务有多艰巨，全力以赴把滇池治理好的坚定信念不能变，滇池治理作为昆明工作重中之重的地位不能动摇。要敢于担当，以问题为导向，围绕问题抓落实，拿出具体措施和办法，发现问题、直面问题、解决问题。加强生态环境突出问题整治，全面开展生态保护修复，坚决守住绿水青山这一宝贵财富。

一直以来，滇池治理工作备受关注。滇池清、昆明兴。把滇池治理好，让“高原明珠”焕发出生机活力，是昆明人长久的期望，也是云南争当生态文明建设排头兵必须要做好的考题。

春节期间，大量游客被昆明的碧水蓝天吸引。

但滇池治理同世界其他湖泊治理一样，有其长期性、复杂性和艰巨性，不可能一蹴而就、立竿见影，治理任务依然任重道远。

对此，省委书记提出“三个要”：

要坚定贯彻“共抓大保护、不搞大开发”战略导向，正确处理生态环境保护和经济发展的关系，统筹抓好城市发展与滇池保护治理工作，调整完善流域产业规划和布局，同步抓好制度建设和立法工作，推动滇池流域绿色发展、高质量发展；

要坚持把改善提升滇池水质作为首要任务，强化入湖河道综合整治，加大黑臭水体治理力度，狠抓面源污染治理，多管齐下解决流域水环境问题；

要坚持“山水林田湖草是生命共同体”的理念，全面开展生态修复，深入开展城乡园林绿化，不断改善流域生态环境，切实筑牢生态安全屏障。

“三个要”是下一步滇池保护治理的基本遵循，也是开创生态文明建设新局面的行动指南。

如何在具体工作上实现新突破，昆明市委十一届六次全会已作出新部署。

那就是紧紧围绕滇池治理“十三五”规划目标，全力以赴打好滇池保护治理三年攻坚战。

今年，要全力推进滇池保护治理三年攻坚行动，突出抓好以滇池为重点的水污染治理。健全完善滇池保护治理投融资体系，加快第十四污水处理厂等重点项目实施，确保滇池治理“十三五”规划项目启动率达到90%、已建工程设施充分发挥效益。抓好农业面源污染治理，控制城市面源和雨季合流污染，全面深化河长制“一河一策”，推进主要入湖河道及支流沟渠治理，实现水质提升与污染总量削减目标，确保滇池草海、外海水质分别稳定达到Ⅳ类和Ⅴ类。

同时，抓好滇池、螳螂川、普渡河流域国考不达标断面整治，巩固黑臭水体整治效果，确保年内主要河道全面消除劣Ⅴ类水体。此外，要建立产业准入负面清单制度，推行排污许可、生态环境损害赔偿制度，构建完善自然资源资产产权制度、生态补偿制度、生态文明绩效评价考核及责任追究制度等，为生态文明建设提供有效保障。

生态环境的改善会释放出让人“眼前一亮”的生态效应、经济效应和文化效应。

就在书记、省长调研滇池治理工作的当日，来自昆明市旅发委的数据显示，今年春节假期，昆明接待游客1014.08万人次，同比增长29.42%；实现旅游总收入64.42亿元，同比增长35.99%。

抢眼的数据，纷至沓来的中外游客，就是昆明围绕滇池做好“水文章”、推动生态文明建设结出的硕果。

一年之计在于春，书记、省长吹响了打好污染防治攻坚战“集结号”，确保滇池治理和生态文明建设各项任务落到实处，是全市上下的共同政治责任。只要我们凝心聚力，抓住机遇，锲而不舍、久久为功，一步一个脚印，一年上一个台阶，就一定能够让滇池早日成为生态之湖、人文之湖和希望之湖。

（2019年2月12日）

市委书记为何要在这件事上给基层干部“撑腰鼓劲”？

“上午发通知、下午要情况”、加班加点“整材料 ”、忙于接待像“演戏”、“5+2”、“白+黑”、“周六保证不休息，周日休息没保证”……这些对基层干部工作现状的描述一点都不夸张。

在一般人眼中，很难想象基层干部竟然承受着如此大的工作量、工作强度和工作压力。是基层干部愿意这样做吗？答案是否定的甚至是反感的。

1月7日，在昆明市委十一届六次全会第二次全体会议上，市委书记掷地有声：必须下决心给基层干部“松绑减压”，把干部从一些无谓的事务中解脱出来！

会议一针见血地指出，我们一些领导和单位，不管是大是小、有无必要，动不动就开会，而且点名要求“一把手”参会。各种检查考核名目繁多，基层应接不暇、难以招架。还有一些部门方法简单、作风粗鲁，凡事都只知道要“痕迹管理”，检查就要看台账，考核就要查档案，致使基层干部加班加点补材料、“造痕迹”、“凑业绩”，苦不堪言。

过去常说“上面千条线、下面一根针”，现在基层干部说“上面千把锤、下面一根针”“上面千把刀、下面一颗头”。很多基层干部整天疲于应付各类检查、督察、考核，哪还有时间干工作、抓落实？必须下决心给基层干部“松绑减压”，把干部从一些无谓的事务中解脱出来。

现实中，随着信息化建设全覆盖，电脑办公的普及，大部分工作都在网上办理。上面千条线、下面一根针，各个部门的工作，只要收到“指令”，都不敢马虎了事，而且几乎每项工作又都以下达任务或签责任书的形式责令完成，谁敢敷衍应对？有时，各种检查考核指标接踵而至，为了应对检查，一些基层干部不得不连续工作十几个小时甚至彻夜不眠，加班加点连轴转，有一肚子的苦水要倒！

一些政府和上级机关热衷于“文来文往，以布置代替落实”，习惯以会议贯彻会议、以文件落实文件。大事小情总爱发个通知，大小工作都想列个图表，大小问题都得发个指导意见，还要求层层书面上报，着实让基层干部心烦。

更为奇葩的是，个别主管部门自己“开发”App，要求基层人员每天“打卡”或点赞，一定时期还要考核。有的光打卡点赞还不行，还要求打卡点赞次数，并且要在规定时间内截图上传，留下工作痕迹。尽管多数人极不愿意，但迫于无奈，只好硬着头皮去做，不少人被逼成了“点赞侠”。

为什么有的上级部门敢随意下达一些不该摊派的“任务”？说白了，是权力滥用、官僚主义的表现，是新的形式主义，是层层“甩锅”的结果。

如何为基层干部“松绑减压”？昆明市委书记给出了具体的对策措施：

切实消除“文山会海”，最大限度精简会议、文件、报表资料，尤其是“上午发通知、下午要情况”，这种令基层反感至极、有悖正常工作规律的极端做法，必须坚决叫停。

严格控制各级开展监督检查的总量和频次，不能一味要求基层填表格报材料，不能简单以留痕多少、上报材料多少评判工作好坏，更不能工作刚安排就督查检查、刚部署就进行考核。

同时，要慎重应用问责追责机制，不能无视实际情况、不问青红皂白就草率地实施问责和追责，做到准确、全面、客观，有效保护好基层干部干事创业的积极性。

市委书记的一席话，让会场内响起了热烈的掌声。书记的讲话，温暖着无数基层干部的心窝，为基层干部“撑腰鼓劲”，让基层一线干部工作起来更有底气。

基层干部身处执政一线，是落实党的方针政策的前沿阵地，也是直面广大群众的第一道窗口。他们工作在群众身边，与群众同坐在一条板凳上，老百姓的大事小情、温饱冷暖他们最清楚。再说，从中央到省、市、县各级改革措施的出台、惠民政策的实施、各项工作的推动、最终的执行都要落实到身处一线的基层上来，琐碎、忙碌可想而知！

同时，基层干部也是普通人，也有家庭父母，身处不同的角色，也需要关心和呵护。对基层干部从政治上、工作上、生活上给予关注支持、体察体谅，切实让他们解除后顾之忧、甩掉思想包袱，才能轻装上阵干事业、集中精力抓落实。

切实为基层干部“松绑减压”，保护和激发他们干事干活的精气神，最大限度地调动他们的主动性、积极性和创造性，是当前各级党委和政府需要高度重视的一件大事。当然，给基层干部减负，关键在“上边”。上级领导干部要带头身体力行，率先垂范，多做事，少作秀。按照市委的要求，扑下身子抓落实，一级做给一级看，把昆明改革开放和各项事业继续推向前进。

（2019年1月8日）

疯狂的渣土车谁来管？多个部门为何“驯服”不了一只“大黄蜂”？

渣土车被人们形象地称为“大黄蜂”，渣土车给人留下的印象并不那么“友好”：频频闯红灯、超速成常态、强占单车道、声音哐哐当、满大街“拉稀”……一些“大黄蜂”的疯狂足以挑战人们的认知底线，也给相关管理部门发出了“警示”。

几天前高海公路发生一起“大黄蜂”夺命的惨烈交通事故，让网友再次聚焦“大黄蜂”的安全问题。26日23时50分左右，高海公路辅路晖湾收费站附近，一辆渣土车撞上一辆轿车和面包车，导致4人当场死亡，人行天桥严重受损。4条鲜活的生命瞬间消逝，令人痛心不已！

从近期媒体报道和昆明市民的反映来看，在广福路、滇池路、彩云北路、环湖东路等路段，“大黄蜂”夜间超速、闯红灯、开远光灯，甚至逆行等交通违法行为随时可见。这些路段已然成为“大黄蜂”的重灾区，让人担惊受怕。

渣土车造成交通事故，此前媒体曾多次报道过。在全国范围内，渣土车“吃人”的事件更是屡见不鲜。中原某市，疯狂的渣土车一年夺命62条。渣土车安全隐患突出、污染城市环境、影响居民生活，成为舆论共同声讨的对象。“装得像坦克，开得像火车”“人命收割机”“马路杀手”……一些地方，渣土车的横行于路、肆意妄为已到了不治理就不足以“平民愤”的地步，市民意见很大，治理的呼声也越来越强烈！

为何会有那么多的渣土车一窝蜂地赶在深夜出行？明摆着，晚上人少车少、影响小，也正因为如此，一些司机不计后果多拉快跑，几乎成为运输行业的“行规”。而且深夜或凌晨正是交管部门执法力量相对薄弱的时候，一些并未正式注册却从事渣土运输的“黑车”，开始出门挑灯夜战“连轴转”，多拉快跑“把钱赚”。钻空子、打擦边球的渣土车、大货车不止一辆两辆，成了运输行业“公开的秘密”。

也许有人要问，昆明不是已经安装了若干个监控探头，并推广新型智能渣土车了吗，为何还不能充分发挥监管效用呢？如果监控到一些未注册、钻空子、打擦边球的大货车，相关部门及时查处了吗？查处的数据在哪里？有没有给市民一个交代？阶段效果如何？

这些疯狂渣土车为何总视法律于不顾而如此“疯狂”？说白了，是经济利益驱使。一些司机为逃避监控，甚至故意遮挡和污损号牌，监控“技管”形同虚设。加上大多数驾驶员安全意识淡薄，存在侥幸心理，夜里闯红灯成了“家常便饭”。几年前的一天深夜，城内某主干道上，居然发生两辆渣土车相撞的“闹剧”——原因在于信号灯即将交替瞬间，双方司机无视交规，加大油门上演“速度与险情”，加之夜间通视条件差，不该发生的惨状发生了！

一直以来，对于渣土车肇事事件，舆论有着一致的谴责基调。认为诸如此类的交通事故，大都是不把安全当回事的表现，习惯直接归因于有关部门互相推诿扯皮、各自为政、各吹各打。渣土车的“失疯”暴露管理上的“失调”。人们在带着无奈发发牢骚的同时，也一直追问：为什么那么多部门“驯服”不了一辆渣土车？是监管的一时疏忽还是公权责任的长期缺失？是不想管不愿管还是不敢管？背后是否存在以罚代管甚至充当保护伞等深层次问题？

怎样才能让这些庞然大物遵章守纪？有市民呼吁加大夜间执法力度，有人建议建立“黑名单”制度，有人建议给渣土车限速让其快不了，有人建议对违法者实行上限处罚……这些，当然是必要之举，但更为重要的是，何时才能形成监管合力，破除“一亩三分地”的利益考量，坚决扛起安全监管责任，切实把人民群众生命财产安全放在第一位？尤其如何把监管力量下沉到基层，下大气力查找堵住安全漏洞，确保不放过任何一个安全隐患，这，恐怕才是亟待破解的堵点痛点难点！

安全是人民群众的第一要求、是全面发展的重要内容、是各级政府应当肩负的重大责任。监管者须举一反三，汲取惨痛教训，从灵魂深处反思落实安全监管责任是否到位，工作作风是否到位，有没有把突出隐患排查出来治理好、把影响安全生产的源头性问题解决了。安全生产重于泰山，共同织牢安全防护网，不是一句空话。给疯狂的渣土车套上“缰绳”，形成常态长效的监管机制，应该立即行动起来，全面开展隐患集中排查整治，确保不放过任何一个危险环节，坚决防范和遏制各类重特大事故发生。这是对人民最好的交代，也是对逝者家属最大的安慰！

（2019年8月5日）

“创文”时间过大半，昆明能否交出新答卷？

“创文”是精神文明建设的龙头工程，承载着一座城市的不懈追求。如果把“创文”比作高考，最终要想如愿以偿，必须从一开始就迈出坚实步伐，而高一高二正是打基础的关键两年；如果高一高二松松垮垮，等到高三来“突击”，哪怕不吃不喝不睡觉，大抵是来不及了。

时下，昆明的“创文”时间已过大半，严格说是近2/3，马上进入“高三”，到了一个承上启下的关键时间节点。如果来一次“期中考”的话，可能会暴露很多问题；同时也是“找问题、补短板”的极佳时机。

“创文”三年，决战在中盘。日前召开的昆明市创建全国文明城市总指挥部2019年第二次工作调度会强调，要清醒看到存在的问题与挑战，继续保持滚石上山的劲头，进一步深入查找和分析存在的问题，采取有力措施尽快补齐短板，持续有力推进“创文”工作，确保取得新的更大成效。

“创文”总指挥部还分为3个组，围绕“六个不滑坡”和重点领域，对主城区“创文”工作进行实地检查，详细了解“创文”工作开展情况，现场督促解决存在的问题。

“找问题、补短板”，目的只有一个：全方位提升城市建设管理水平，持续巩固文明城市创建成果，推进“创文”工作实现长效化、常态化，不断满足广大群众对美好生活的追求，切实增强市民获得感、幸福感和满意度。

众所周知，创建全国文明城市是一项程序规范、标准严格的系统性工程，考核周期为3年，考核指标多达188项，涵盖政务环境、法治环境、市场环境、人文环境、生态环境、社会环境、未成年人成长环境、社会志愿服务工作等方方面面。如果哪一项“闪失”了、丢分了，都是“伤筋动骨”的事儿。

关键之年需要关键之举。增强责任感和紧迫感不是挂在嘴上的一句空话，而是要把文明创建从“要我做”变为“我要做”，以问题为导向、狠抓薄弱环节，深入分析创建工作的短板和不足，列出清单、明确责任，挂牌督办、销号整改，确保责任无缺失、管理无漏洞、创建无死角、工作全覆盖。

如果搞“突击式”“运动式”“一阵风式”的创建，既不科学合理，也必然背离创建为民、创建利民、创建惠民的价值取向。只有以“不破楼兰终不还”的魄力和气概、“咬定青山不放松”的坚韧和执着，久久为功，“创文”才可望打一个“翻身仗”，文明之花才会在春城绽放。

经过近两年的努力，昆明市“创文”工作重点突出、措施有力，有章法、有亮点、有成效，全民参与、全域创建的格局基本形成，城市文明程度得到了持续改善，创建工作取得了突破性进展。各级各部门按照“确保六个不滑坡，推进六个持续提升”的工作要求，坚持以创建促进发展、以创建改善环境、以创建造福群众，深入推进“创文”工作，取得了阶段性成果。所有这些，市民都看得见。

但毋庸置疑，一些老问题“反弹回潮”，一些新问题又“悄然冒出”，严重影响着城市文明形象。比如：行人闯红灯、共享单车乱停乱放、斑马线上不礼让行人、车窗抛物、小摊小贩占道经营、养犬遛犬我行我素、一些地段脏乱差要等到媒体曝光才有人过问……种种不文明行为，是不容回避的治理难点痛点堵点。

有一句话说得好：“文明的重要功能之一是驯服人的动物本性。”

我们为什么要“创文”？初衷就是以提升群众生活质量为出发点，推动由“创建文明城市”向“建设城市文明”整体跃升，把昆明建设得更加文明、更加美丽、更有特色、更有品位，让“创文”释放出更持久更强大的生命力，为区域性国际中心城市建设奠定坚实基础。

我们为什么要“创文”？不是因为它轻而易举，而是因为它困难重重。如果轻而易举就能荣膺桂冠，那还有什么意义和价值呢？正因为有挑战，才必须迎难而上，为圆梦而拼搏！

成绩不说跑不掉，问题不说不得了。背街小巷环境综合整治、农贸市场提质升级、智慧交通管理方法探索、未成年人健康成长良好环境营造等问题虽然解决起来需要时间，有的甚至很棘手，但是否按照“时间表”“任务书”扎实推进，需要各地和相关部门自己先打个“?”，问问自己能得多少分。

而这些工作都是“高考”内容，每一项都是“得分”大项。只有从大处着眼，从小处入手，不遗漏任何一个环节，不忽视任何一个细节，每一个阶段的考核才会得高分，也才能为3年的总分夯实“宝脚”。全力以赴，背水一战，才可望务求必胜、志在必得！

“创文”马上进入冲刺阶段，如果不下决心“动大手术”，一些老毛病就可能“久治不愈”、后患无穷。有问题并不可怕，可怕的是对问题视而不见，对陋习熟视无睹；或者抱着等到明年再“最后一搏”的心态。这样的“指导思想”会带来什么样的后果，可想而知！

以问题为导向解决问题，按照“错题本”上的题目立行立改，深入查找短板和不足，研究下一步的对策措施；瞄准远期目标，按创建要素发力，才能巩固创建成果。推动“创文”工作向广度深度拓展，提升城市建设管理水平，为推进城市治理体系和治理能力现代化注入持续动力。用文明引领昆明，才能让“美好生活城市”更加美好。

（2019年11月11日）

岁末严冬，能否让农民工吃下“定薪丸”？

欠薪，几乎成为近些年来年底“例行”的话题，也是年关舆论关注的焦点。每当看到“跳楼讨薪”、集体下跪讨薪之类的新闻时，总给人辛酸无奈的感觉，也在不断地刺激着社会的神经。不管身处哪个行业的工作者都可以想想，辛辛苦苦劳动一年，如果讨薪无果，只能在寒风中无助地等待回家的过年钱——情何以堪！

欠薪，不管有多少原因，其本质是对劳动权利的蔑视，对劳动者的不尊重，更是对劳动法的粗暴践踏。农民工被欠薪，意味着对底层劳动者付出的全盘藐视；恶意欠薪，更意味着对农民工以劳取酬尊严的无情剥夺。欠薪，不仅违背市场规则，更违背道德良心。每一笔薪水账的背后，都是一笔“诚信账”，更是一笔“良心账”。

媒体上关于各地开展根治欠薪冬季攻坚行动、打响治理欠薪攻坚战的消息不时见诸报端。一方面令人欣喜，相关部门把工作做在前面，力求让所有农民工拿到工钱，高高兴兴回家过年；另一方面，各地都在打响声势浩大的攻坚战，说明治理欠薪、禁绝欠薪的难度还很大，似乎还有很长的路要走，不免让人又有些担忧：如何走出“边清边欠”的尴尬、如何让农民工吃下“定薪丸”？

为什么总要“一窝蜂”地凑到年底来解决欠薪，监管部门平时干什么去了？是平时疏于管理、工作不到位、工作力度不够大吗？应该说，不完全是这样。就拿本地来说，今年5月27日以来，云南就部署开展根治欠薪夏季专项行动。针对突出问题，集中排查欠薪隐患苗头、历史欠薪存量案件、政府投资工程项目及国企项目农民工工资支付情况。

专项行动战果明显、功不可没——连续几批公布欠薪“黑名单”，为5400多名劳动者讨回工资待遇5600余万元，还推动形成监管合力，建立了一些长效机制。比如，进一步推动按月足额支付工资、农民工实名制管理、农民工工资专用账户、农民工工资保证金及维权信息公示等保障措施。

从夏天开始加大力度解决欠薪，“冬病夏治”，不失为一个好办法，也赢得农民工的纷纷点赞。进入冬季，相关部门又决定自11月中旬至2020年春节前，在全省范围内开展根治欠薪冬季攻坚行动。各级人社部门与住房和城乡建设、交通运输、水利等行业主管部门将组成联合执法检查组，对辖区内用人单位工资支付情况集中排查。重点排查招用农民工较多的工程建设领域和劳动密集型加工制造等行业，对可能欠薪的企业打打预防针。

攻坚行动无疑是一记重拳，将发现一起查处一起。相信执法部门会成为农民工的代言人，为不少农民工讨回“血汗钱”。但，明年呢？为什么欠薪问题，年年整治年年有？“欠薪戏”年年上演？无疑，这是摆在相关部门面前一道严峻的课题。近些年，从国家层面看，“恶意欠薪”已纳入刑法；从各地看，都出台过不少文件，比如签订劳动合同、推行工资保证金制度、欠薪停工制度等。但一些制度、法规到了一些地方、一些单位、一些人那里，为何就成了“稻草人”呢？

——关键是对法规制度的执行不力，对欠薪治理机制建设和责任未落实。换句话说，部分地方政府对欠薪的执法力度与制度措施的制定初衷仍有不小差距，形成了反复抓、年年抓，年年抓、年年有的“局面”。

客观上，欠薪问题有它的复杂性。比如，一些餐饮、装饰等小微企业，一旦遇到没钱开工资的问题，公司负责人迅速撤离经营场所，玩人间“蒸发”，给薪资追缴带来极大难度；一些施工单位为取得承包权，恶意竞争压低价格，再将工程和劳务关系层层发包，延长了风险链条，而一旦工程款等前端环节出现合同损失，施工方便以扣减工资方式弥补亏空，最终使“拖欠链”末端的农民工成为受害者；一些企业经营出现困难，没有更多办法，导致企业负责人“跑路”，农民工工资被拖欠……

不管欠薪背后隐藏着什么、问题有多复杂、难度有多大，目前对策措施早已找到，那就是多部门联动，不能局限于年终“救火式”的集中整治，而要把功夫下在日常。对症下药、综合施策，推行强有力的约束和保障机制，持续实行“黑名单”制度，对损害群众利益的企业形成多方威慑，让欠薪企业“一处违法，处处受限”。

根治欠薪顽疾，维护好广大农民工的合法权益，彰显的是公平正义，是社会治理的应有之义，更是各级政府应切实肩负的责任。只有构建欠薪监管常态长效机制，法律法规和相关措施形成制度上的刚性，用人单位和个人不敢欠薪不能欠薪，才能让农民工吃下“定薪丸”，欠薪才不会成为媒体年底关注的老话题，更不会看到政府工作人员为讨薪四处奔走的新闻。

一句话，釜底抽薪才能解决欠薪。

（2019年12月12日）

两会快评

■聚焦关键领域关键内容设置议题，主动发声精准发声，让人透过两会窗口，感知世界春城花都、历史文化名城的前行步伐、发展方略、治理之道

直面问题彰显担当意识

“成绩不说跑不掉，问题不说不得了”。综合实力不强，发展速度不快，创新能力不强，与一些省会城市相比，经济总量差距持续拉大；城市规划管理水平不高；社会事业发展滞后，公共服务供给总量不足；企业和群众办事难问题仍较突出；作风建设还有差距……政府工作报告在肯定成绩的同时，也直言昆明存在的“短板”，把问题摊开来讲。

敢于“露短”需要直面问题的决心和勇气。随着宏观形势的变化、改革开放的推进、经济社会的发展，昆明面临的问题越来越复杂、矛盾越来越突出。一些是长期积累的问题、一些是新出现的问题，一些是新老叠加的问题，一些是表面问题，一些是深层次问题，问题绕不开、躲不过。敢于提出问题，勇于直面问题，善于解决问题，才是对发展尽职、对人民负责的表现。

敢于“露短”彰显求真务实和勇于担当的执政理念。“露短”是对自身的解剖，是对现实的客观分析。只有认清自身的“短处”，才能扬长补短。增强忧患意识、危机意识、责任意识，找准工作着力点，以抓铁有痕、踏石留印的精神，以逢山开路、遇河架桥的勇气，变压力为动力、化挑战为机遇，敢啃硬骨头、敢打攻坚战，多措并举补“短板”，砥砺奋进谋跨越，以发展赢得民心，用成绩取信于民。

敢于“露短”其实是一种以问题为导向的方法论和实践论。问题是时代的声音，问题就是实际、就是方向、就是“有的放矢”的靶子，以问题为导向才能解决问题。直面问题不会掩盖成绩，而是为了更好地发展。找到发展中存在的问题，才能精准施策。问题摆在那里，如果发现不了、解决不掉，就会成为阻碍发展的绊脚石。哪些问题需要立马办、哪些问题需要深入调研、哪些问题需要下大力气，做到心中有“数”，聚焦难点、突出重点、找好切入点，才能逐一踢开发展路上的绊脚石。

一个时代有一个时代的责任。把解决事关昆明全局的关键问题、制约昆明发展的重点问题以及人民群众反映强烈的突出问题，贯穿于工作始终，下决心补齐“短板”，才能让全市人民共享改革发展成果。

（2017年3月20日）

70%以上财政投向民生折射出什么?

民生二字一头连着党和政府，一头连着百姓的锅碗瓢盆。关注民生，就是关注芸芸众生，就是关注百姓的获得感和幸福感。政府工作报告中一个百分比引起人们的普遍关注：一年来，昆明市加大财政民生投入，民生支出达500亿元，占一般公共预算支出的72.6%；而且连续6年一般公共预算支出的70%以上用于民生。

“70%”用于民生意味着什么、折射出什么？尽管面临巨大的经济下行压力，如此大的占比投向民生，无疑是坚持民生为要的具体体现，意味着百姓的幸福指数有所增加，获得感进一步提升，市民对政府的工作更加认可。因为，改善人民生活、增进百姓福祉是政府工作的出发点和落脚点，也是检验政府工作的标准。从这个意义上看，“70%”投向民生似乎有了答案。

“70%”的背后也折射出以人民为中心的发展思想未动摇、未松劲。如果把全面小康比作一幅壮美画卷，民生就是最厚重的底色。有目共睹的是，扶贫、医疗、就业、教育、养老、社保等各方面工作正向前推进，以人民为中心的发展思想正转化为实实在在的利好，铭刻进昆明百姓每一天的生活里，辉映在千万群众的笑脸里。

“人民群众对幸福生活的向往就是我们的奋斗目标，老百姓关心什么、期盼什么，我们就要重视什么、关注什么，让人民群众有更多获得感。”多谋民生之利、多解民生之忧——这是治国理政的“民生逻辑”和“人民至上”的执政情怀。

保障和改善民生没有终点。昆明市政府工作报告中还提出，今年继续办好10件惠民实事，持续增进民生福祉。脱贫攻坚、基础设施、城乡环境、“公交都市”、就业创业、关爱妇女儿童……不管哪件事都需要大量投入。政府工作报告还承诺，严控“三公”经费，把每一分钱都花在刀刃上，用政府的“紧日子”换取群众和企业的“好日子”。

拳拳爱民之心、谆谆惠民之情贯穿在报告的字里行间。秉持以人民为中心的发展思想，擘画好一个个砥砺奋进的民生图景，兑现好一个个周详细微的民生安排，昆明人民就会奔向更加幸福美好的明天！

（2017年3月21日）

振兴实体经济要“实打实”

在人们的印象中，实体经济是指那些关系国计民生的部门或行业，这没错。其实，实体经济是人类社会赖以生存和发展的基础。大力发展实体经济，对提供就业岗位、提高供给质量、改善群众生活、实现经济持续发展和社会稳定具有重要意义。

昆明市政府工作报告在安排2017年十项工作时，前三项都是聚焦经济工作的，而第一项就是打好工业经济攻坚战，大力振兴实体经济。可见，实体经济在昆明发展中的地位和作用。可以说，真正的强市之路在于振兴实体经济。振兴实体经济，报告提出了一些具体的对策安排，每一条都“实打实”。比如，培育80户小升规企业；完成工业园区基础设施投资120亿元；市领导结对帮扶100户重点企业；新增规模以上工业企业60户……

振兴实体经济是昆明的现实需要，是奋力推进区域性国际中心城市建设的必然选择。昆明的经济总量不大，与一些省会城市相比，工业投资占比较小，新兴产业发展滞后，经济总量差距持续拉大。面对这一严峻现实，必须下大力气发展实体经济，才能逐步补齐短板，迎头赶上。

从大环境看，面对经济下行压力的加大，只有壮大实体经济，夯实经济根基，才可望行稳致远、稳中求进，为跨越发展打下基础。只有不断做强实体经济，提升经济质量和核心竞争力，才可能在转变经济发展方式上取得新进展，在改善民生福祉上取得新突破，为“进”创造条件。

振兴实体经济将获更多政策支持。中央经济工作会议提出，今后一个时期，着力振兴实体经济。中国从低收入国家变成中等收入国家，成为世界第二大经济体，靠的是实体经济，今后要跨入高收入国家也只能和必须依靠实体经济。可以预见，系列扶持政策将“不期而至”。

当然，要让好政策落地生根、开花结果，需要营造良好的环境，让各类市场要素，特别是人才和资金更多地聚集实体领域。还要在减税降费、创新驱动、“放管服”三方面“实”起来，让企业能够赚到钱，让人们对做实业有信心、能致富、有奔头，这样才能使实体经济保持长久活力、焕发勃勃生机。

（2017年3月22日）

提升城市品质要从“根子”入手

城市是我们永恒的家园，城市品质也成为两会上的高频词。近几年来，昆明城市基础设施不断完善，城市空间格局初步形成，城市品质不断提升，荣获“国家森林城市”“国家卫生城市”“国家节水型城市”称号。主城区空气质量优良率保持在95%以上，“春城绿”“昆明蓝”成为城市靓丽名片……

但与发达城市相比，昆明的城市规划建设管理水平亟待提高是一个不容置疑的事实：城市规划重形式轻内涵、重编制轻执行，城市建设缺乏统筹谋划、功能布局不合理、特色不鲜明，城市管理体制机制创新不够、管理水平不高。在城市扩张的同时，存在着交通拥堵、排水不畅、地下管网老化易损、地上网络纵横蔽空、“马路拉链”随处可见等现象。

这些“城市病”大都有规划不科学、不尊重规划或规划缺位的问题，因此必须舞好规划龙头，从“根子”入手治疗“城市病”。需要以战略眼光去谋划，全面系统研究，前瞻性规划，高标准设计，高品质建设，走出一条符合实际的城市发展道路。把上千年的历史文化传承好、保护好，把昆明建设好、管理好，回应春城人民对美好居住环境的期待。

加快建设品质春城，承载着一座城市的梦想。然而，建品质春城是一个永恒的课题。高品质城市应当是和谐宜居、富有活力的现代化城市，即“经济繁荣、环境优美、社会有序、生活美好、人际融洽、全体市民共享发展成果”的城市。而现代化需要具备政治、经济、文化、科教、基础设施、环境、居住方式的现代化以及人的现代化，即人的观念和素质的现代化。

昆明市政府工作报告提出，今后五年努力提升城市品质，打造和谐宜居的现代化城市。当前，昆明最紧迫的问题是树立规划引导发展理念，最重要的问题是抓好滇池治理和文化保护，最热点的问题是妥善处理好老旧小区改造，最关键的问题是转变管理理念。提升城市品质就是要以问题为导向，坚持规划引导发展，着力转变城市发展方式，着力塑造城市特色风貌，着力提升城市环境质量，着力提高城市管理水平，建设经济繁荣、富有活力、人民幸福、环境优美的宜居宜人新都市。

（2017年3月23日）

抓文明创建就是抓生产力

文明城市创建是一种动力，是城市建设发展的引擎。两会期间，文明城市创建引起代表、委员的普遍关注。市政协会议闭幕时还发出倡议，做文明城市创建的倡导者、建言者、推动者和示范者，积极投身到创建活动中来。

文明城市创建不仅仅是为了拿块“牌子”、得个“荣誉”，提高城市形象品牌价值，其本质和意义在于改善人居环境、提升城市核心竞争力和综合软实力。提高城市建设管理水平，加快城市转型升级，通过以创促建，提升城市品位，让市民分享发展红利，提升幸福感、自豪感和参与度。

文明城市创建需要全面提升城市管理水平，而提升城市管理水平正是加速国际化进程的一个抓手。文明城市创建对经济社会发展所产生的现实意义和深远影响，已经远远超出原本意义上的群众性精神文明建设活动。实践证明，它可以为经济社会发展提供一种可持续发展的生产力要素，为实现经济又好又快（持续、健康、快速）发展提供重要“资本”。

从这个意义上说，文明创建也是生产力。全国文明城市指标有100多项，需要瞄准目标，按创建要素发力。道理很简单，改变城市形象，改善营商环境，就能凝聚发展正能量。城市活力四射、宜居宜业，就能筑巢引凤，吸引更多人到昆明投资兴业、旅游观光、休闲度假。人多人气旺，人是生产力中最活跃、最积极的因素。人才和资金等各类市场要素纷纷“奔来眼底”，创建就成为经济社会发展的助推器。

浇灌文明之花，需要价值引领，提高市民对创建的重要性认识。市民是文明城市的参与者、建设者，也是直接受益者。文明创建不单是政府的事，实际上是一个人人有责、共建共享的过程。市民是城市的主人，群众是创建的主体。某种程度上，市民的参与度、支持率和满意度决定创建的成功率。

进一步提高参与度，把创建价值根植到每个社会成员心里，高举文明创建大旗，激发群众的创建热情，就能形成合力，就会迸发出无穷无尽的创建动力，走出一条在创建中提升、在提升中共享、在共享中认同的良性道路。

文明是无形资产，是优势资源，是发展引擎。创建可以促发展，创建可以促和谐，归根结底创建也是一种生产力。

（2017年3月24日）

把任务清单变成美好现实

民生是为政之要，必须时刻放在心头、扛在肩上。把民生二字装进心里，就是坚持以人民为中心的发展思想。细读今年的政府工作报告，字里行间洋溢着一定要让群众有获得感的诚意。重民生成为两会的鲜明特色。

昆明市政府工作报告在十项工作安排中，有产业发展、脱贫攻坚、改革开放、“五网”建设、城乡人居环境提升等，这些工作粗看是围绕经济工作“攻坚”，实际上各项工作的背后，列出的是一份与百姓息息相关的“民生套餐”任务清单。

报告务实关键要让群众有获得感。报告承诺，今年要继续办好10件实事。农村水利设施建设、“公交都市”创建、就业创业推进、关爱妇女儿童健康、新建养老设施、公厕改造新建……随着一张张民生清单、一项项民生实事小目标的实现，必将汇入大目标的洪流，带给普通百姓实实在在的获得感。

“人民对美好生活的向往就是我们的奋斗目标”，这是执政为民理念的鲜明体现。“民为邦本，本固邦宁”。一系列具体的民生举措，就是要最大限度地增进群众的获得感，凝聚起全面建成小康社会的强大合力，汇聚成推动昆明跨越发展的强大动力。

民生工作是一切工作的出发点和落脚点。要把民生工作当成推动改革发展、促进和谐稳定和各项工作的有力抓手，把任务压实，把工作做细，让老百姓在得到更多“看得见、摸得着”的实惠的同时，创造新的发展动能，助推经济转型升级。

改善和提高群众生活质量，每一件实事都不是挂在嘴上就能兑现的。每一项惠民措施的落实，除需要详尽的考虑和安排外，当务之急就是打起精神、迎难而上，撸起袖子、真抓实干。有些事情可能会比较“棘手”，一些事情在推进中必然会遇到“痛点”。需要想办法、动脑筋、下功夫，把任务清单变成美好现实，以苦干实干赢得群众认可。

政之所兴在顺民心。如果民生之举出现梗阻，群众获得感就会大打折扣，就很难感受到民生政策的温度。因此，要时刻站在群众的立场上想问题、谋好事，与群众坐在同一条板凳上，多办一些惠及广大民众的实事，多解决一些群众牵肠挂肚的问题，才能让群众有满满的获得感和幸福感。

（2017年3月25日）

为高质量提案“点赞”

每年“两会”期间，一些高质量提案备受关注。什么叫高质量提案？简单说就是能够协助党委、政府解决民生问题，努力增进人民福祉，给老百姓带来实惠的提案；或者说能推动一个地区经济社会发展和各项事业进步的提案。

高质量提案往往凝聚着政协委员的心血和汗水，是带着泥土气息或承载着群众期盼诉求的“力作”。高质量提案往往切入点好、有的放矢、富有见地、关注度高、效果明显。比如，群众比较关心的就医、就学、就业、交通、环境、卫生等接地气的民生提案就比较受欢迎。当然，一些着眼经济社会长远发展、聚焦社会长治久安，在深入调查研究基础上，花了大力气的“基础”提案、“主流”提案也是高质量提案。质量是提案工作的生命，提案的质量和数量，从一个侧面折射出委员的素质和履职能力，体现出委员手中公共资源的利用水平。政协委员关注各行各业，通过深入基层、深入实际、调研走访，对社情民意和某个方面存在的问题最有“发言权”，因此提案具有针对性和现实意义。

这几年，昆明市政协委员围绕昆明经济社会、文化建设、生态文明等建言献策，发表了不少真知灼见，为推动各项事业发展作出了积极贡献。比如去年，纪念护国运动100周年系列活动、为制定“十三五”规划建言、为稳增长促发展献策，以及对城市规划、滇池治理、古滇文化旅游名城项目等，委员们提出一系列高质量的意见建议，一些意见建议就源于高质量提案的“聚合”。

这不，报到当日，就收到提案180多份，比去年同期增加了近60份，可见委员们高涨的参政议政热情。据了解，昆明未来5年的发展成为委员们今年关注的焦点，其中有关注脱贫攻坚、全面率先小康、海绵城市以及滇池治理等内容的，同时也有关注医疗、教育、社保等民生内容的提案。“两会”期间还会收到更多提案，其中不乏一些高质量提案，让我们提前为这些高质量提案“点赞”。

（2016年1月13日）

民生安排充满更多“获得感”

昆明市政府工作报告中，处处可见种种细微的民生安排，昆明百姓对增添福祉又有了更多期盼：新增城镇就业10万人以上；确保各类社会保险参保率95%以上；新开工城镇保障性住房、棚户区改造住房1万套；新建、改造菜市场20个；实施16条断头路、19条道路、12个节点综合整治；每个乡镇（街道）至少建成一所公办幼儿园、促进高中教育普及发展；加快推进分级诊疗和城市公立医院改革；争创国家医养结合试点示范城市；启动建设基层综合性文化服务中心；健全社区公共服务综合信息平台；建成200个省市级美丽宜居乡村……

“如果将小康比作一幅壮美画卷，民生就是最厚重的底色。”今年是“十三五”开局之年，政府不但要着力抓好经济社会发展工作，还要努力实现民生安排“开门红”。政府工作报告从就业社保、教育均衡发展、卫生计生服务、公共文化服务、和谐社会环境营造、美丽乡村建设等方面做出周到详细的任务安排，实实在在的举措都是具有极高含金量的“干货”，都是让百姓充满更多“获得感”的大动作。

老百姓关注国家大事，但居家过日子，更关注柴米油盐这些紧扣民生的小事。百姓要过上好日子，首先要解决好衣食住行问题，尤其要解决好就医、就学、就业、住房、社保、社会治安、食品安全、交通拥堵等热点难点问题，让老百姓得到更多“看得见、摸得着”的实惠。市民群众的“获得感”来自于对自身和周边生活环境的点滴变化，老百姓多了幸福感、安全感、稳定感，社会才会和谐健康发展，群众才会积极支持拥护和配合政府的工作，也才能行稳致远。“民为邦本，本固邦宁”说的就是这个意思！

民生问题一头连着党和政府，一头连着百姓的锅碗瓢盆。民生问题本质上说就是对人的关怀。关注民生、解决好民生问题，就是心中有百姓，替百姓说话，为百姓谋福祉。让百姓过上好日子，这是我们党对人民作出的庄严承诺，也是我们一切工作的出发点和落脚点。因此政府出台的每一项政策举措和制度安排，都要从人民群众的利益出发，从细微处着眼，实抓实干。老百姓对美好生活的期盼，就是政府努力的方向，也是检验政府工作的标准。

（2016年1月15日）

内外兼修方能彰显“国际范儿”

区域性国际中心城市建设成为今年“两会”代表委员热议的话题。那么，区域性国际中心城市的概念和内涵是什么？有哪些“硬指标”？

区域性国际城市一般是指某一国际区域内与其他城市之间具有较高经济、政治、文化交往程度的国际化城市。区域性国际城市具有明显的国际关联性特征，主要是城市功能辐射效应、资源配置效应、综合实力排位、城市基础设施、第三产业、交流合作等。而区域性国际中心城市，加了“中心”二字，意味着要成为全球城市网络体系中的重要节点城市，在区域资源配置中起关键作用，突出对周边地区经济社会发展起辐射、引领和带动作用。

区域性国际中心城市建设不仅仅需要一些外在的“标志性”的东西，比如大马路、大广场、大草坪、高楼大厦、城市综合体等，更需要注重城市的内涵、品质、个性、气质；更重要的是要有产业作支撑，要有创业创新的动力和吸引力，要有平台和支点，否则国际城市就极易成为一个空壳。区域性国际城市重在“内外兼修”，提升自己的核心竞争力，才能提高城市的知名度、美誉度、影响力和辐射力。

城市国际化是城市发展到高级阶段的产物，是经济全球化的结果，也是现代城市发展的动力。昆明加快建设立足西南、面向全国、辐射南亚东南亚的区域性国际中心城市，面临巨大的挑战和考验，同时也迎来前所未有的机遇，目前已具备一些国际化要素。随着“一带一路”倡议的实质推进和长江经济带建设的提速，加快建设区域性国际中心城市，必将成为昆明城市建设史上最为重要的一个里程碑。

（2016年1月16日）

谋求改革最大公约数

改革是不断解放和发展生产力的过程，也是各级政府转变职能，适应发展需要、顺应发展形势、满足民生福祉不断增长调整的过程。改革是最大动力，也是最大红利。推进全面深化改革事关未来五年甚至更长一段时期昆明的发展全局和百姓期待，因而全面深改成为“两会”期间众多代表、委员热议的话题之一。

全面深改迈向深水区，越向前推进，任务越艰巨繁重，越要强化每个人的责任与担当。

昆明全面深改取得的成绩从政府工作报告中一目了然。2015年，“三证合一”“一照一码”登记制度改革取得突破，新登记注册企业增长49.4%。市级政府部门权力清单、责任清单向社会公布。投融资、财税、教育、卫生、社保等领域改革稳步推进。未来五年，昆明将深化经济体制、行政体制以及农村综合等重点领域改革，以全面改革释放发展红利，让人民群众共享改革发展成果。

然而，深层次触动“奶酪”的改革注定是一场持续的攻坚战，需要胆识勇气，需要敢于“吃螃蟹”、涉险滩，需要冲破藩篱，勇于担当。推进全面深改，待解的难题很多，关键时刻要看领导干部的肩膀。“务求实效”是全面深改的关键词，凡是上级确定的改革事项，要树立“一盘棋”的大局观，跳出地方、部门、行业一己之利的狭隘视角，坚决消除“中梗阻”“肠梗阻”，不能搞选择性落实、象征性执行，草草收场、应付了事。

“十三五”大幕开启，涉及各级各部门各单位的深改之事都要有人去管、去盯、去促、去干。改革不能喊喊口号，浮于表面，发份文件了事。改革要责任到人、结果倒逼、挂图作战，用实际行动做好大文章，回应人民群众分享改革实惠的新期待。

（2016年1月17日）

答好更好更快发展这份“考卷”

2016年昆明市“两会”开幕之际，因省委省政府召开推动昆明市改革发展座谈会和省委主要领导到昆深入调研，代表委员在会议期间又增加了关注的焦点，其中之一便是“云南要实现与全国同步全面建成小康社会，需要昆明市更好更快发展”。

更好更快发展表面看是一句“老话”，却有着丰富内涵和现实要义。

更好更快发展是对经济建设规律认识的深化，是在注重质量和效益的基础上求得发展速度。其内在要求是通过改革创新，处理好速度与效益的关系，提高发展的质量和水平，促进经济提质增效，实现经济社会可持续发展。

目前昆明市的现实情况是，经济体量不大，发展质量不优，发展速度不快，产业结构不合理，产业竞争力不强。因此，更好更快发展或者说闯出一条跨越式发展的路子来，核心是推动经济结构调整和产业转型升级，根本出路在于改革开放和创新发展。当务之急是把握产业发展规律，明确产业发展方向，充分发挥产业园区的空间优势，抓好产业转型和优化升级，加速新兴产业聚集，加快发展高精尖产业，促进产业结构和经济结构向“开放型、创新型”和“绿色化、信息化、高端化”转型。

当下要按照“一产做特、二产做大、三产做强”的思路，加快产业结构转型升级，着力构建主业突出、特色鲜明、竞争力强的产业体系。要通过全面改革创新，不断释放经济社会发展的体制活力和内生动力，让改革创新成为推动昆明经济社会发展的强大引擎。

更好更快发展的核心要义是绿色发展。要大力发展绿色低碳循环经济，以滇池治理为突破口，推进生态文明建设迈向更高层次，还要着力推进城乡区域协调发展和补齐短板，答好更好更快发展这份“考卷”。

（2016年1月18日）

让春城和谐宜居更美好

城市的核心是人，把昆明建成和谐宜居、富有活力的现代化城市，让城市生活更加幸福美好，是一个永恒的课题，承载着一座城市的梦想，也道出全市人民的心声。

作为国家级历史文化名城，昆明有着一千多年的建城史。近些年来，昆明的城市面貌发生了巨大变化，城市空间格局初步形成。城市基础设施不断完善，绕城高速、新机场建设、轨道交通等顺利建成或加快推进。城市品质不断提升，荣获“国家森林城市”“国家卫生城市”“国家节水型城市”称号……但与发达城市相比，城市规划建设管理水平亟待提高也是一个不容置疑的现实。

城市发展需要积淀。深刻反思昆明城市建设管理中存在的问题，是当前和今后一个时期需要着力破解的一道整体性的民生难题。擦亮“春城”品牌、做好建设宜居宜人新都市这篇大文章，是各级政府的重要职责。如何谋划好昆明的“成长坐标”，让规划建设管理上水平，前提是尊重城市发展规律，关键是坚持好“五大统筹”。以问题为导向，严肃正视问题，这是解决问题的始点。要尊重民意、用好民智、借助“外脑”，对城市发展进行全面系统研究，前瞻性规划，高标准设计，高品质建设，一张“蓝图”干到底，少些抱怨、少走弯路、少留遗憾。

眼下，要改变昆明城市规划建设管理中历年的积弊，加强基础设施建设，完善城市的“血肉之躯”，建设海绵城市，健全城市运行安全保障体系，祛除大开大挖、大拆大建等“城市病”。全面提升城市现代化、精细化管理水平，让生活在昆明的人们，切实感受到这是一座春城、花城、阳光之城、幸福之城、快乐之城、和谐宜居之城！

（2016年1月19日）

民生提案永不过时

2014年立案的提案中，民生提案“唱主角”，有300多件直接或间接涉及民生问题。这些提案涉及群众关心关注的就医、就学、就业、住房、社会保障、社会治安、食品安全、交通拥堵等热点难点焦点问题，着力协助党委、政府解决民生问题，努力增进人民福祉。昆明市政协十二届五次会议开幕，又有一批接地气、关注民生福祉的提案提交，体现了委员以人为本、关注民生的人文情怀，反映了委员肝胆相照、履职尽责的赤诚忠心，也折射出春城百姓对增添福祉的更多期盼。

提案好不好，关键看质量。质量是提案工作的生命。一些立足长远、关注经济可持续发展、聚焦社会长治久安并带有全局性的“基础”提案、“主流”提案自然是好提案；但老百姓最关心的还是衣食住行和柴米油盐酱醋茶这些紧扣民生的小事。提案若能推动有关方面帮百姓解决一些小事，就能间接地转变工作作风、提高行政效率，促进经济社会全面发展。而且，提案往往是委员对某个领域、某个方面、某个行业长期关注，在深入一线、深入群众调查研究的基础上提出来的，不是敷衍了事而为之，践行的是建言献策、为民代言的宗旨。从这个意义上说，民生一头连着党和政府，一头连着百姓的锅碗瓢盆，民生提案永不过时。关注民生，就是关注芸芸众生，就是心中有百姓，替百姓说话，为百姓谋福祉。

提案最能检验和考察政协委员的素质和履职能力，体现委员手中公共资源的利用水平。委员要不断提高参政议政能力，把参政议政的意识转化成为群众代言的动力，把提案当成履行政治协商、民主监督、参政议政的主要手段，固化为履行职责的一个较好方式，让每一件提案有的放矢、富有见地、更有价值。

（2015年1月19日）

报告是“干货” 传递“好声音”

14000多字的昆明市政府工作报告，全面客观、简明扼要地总结了市政府一年来所取得的成绩，科学提出了今年经济社会发展的方向和目标任务，深刻地分析了存在的主要问题，提出了要着力抓好的八个方面的工作。可以说，整个报告不掺杂水分、没有套话空话，让人看到的是实实在在的“干货”，一股清新的文风扑面而来。

讲成绩恰如其分。一年来，全市经济实力不断增强、城乡统筹稳步推进、发展活力不断增强、生态建设取得实效、社会事业协调发展、政府自身建设得到加强。六方面的成效是向代表、委员汇报一年来的主要工作，也是向市民交出的一份来之不易的答卷。

讲问题不遮不掩。由于对经济发展新常态认识不足，在经济下行压力持续加大的情况下，加之主观努力不够，导致经济增长低于预期，地区生产总值、固定资产投资、地方财政收入和城乡常住居民人均可支配收入等指标的增长没有完成既定目标。报告直面困难和问题，勇于面对瓶颈矛盾，积极呼应群众关切。比如，经济持续发展的动力不足；城乡区域发展差距较大；城市规划建设管理水平不高；就业、教育、医疗、住房等社会保障方面存在薄弱环节；滇池治理任重道远；社会矛盾多发易发、交错叠加等。

讲发展倍加务实。2015年是全面深化改革的关键之年，也是全面完成“十二五”规划的收官之年，做好2015年的工作十分重要。为此，报告提出了五个“更加注重”，即更加注重科学发展、更加注重改革开放、更加注重民生改善、更加注重生态保护、更加注重民主法治。五个“更加注重”是努力方向、总体要求；而今年工作的八个“着力”更是振奋人心、催人奋进：着力增强发展动力、着力加快产业转型升级、着力加强规划建设管理、着力推进新型城镇化、着力全面深化改革、着力扩大对外开放、着力生态文明建设、着力保障改善民生。

仔细研读本次政府工作报告，不难发现通篇结构紧凑，内容丰富，重点突出，目标明确，尤其是一个“实”字贯穿始终。“实”体现在文风朴实、内容平实、措施实在，且实事求是、切实可行，传递出政府面对新常态决心苦干实干、攻坚克难的“好声音”，也让大家对刚刚启程的2015年充满期待。

（2015年1月20日）

共同装扮昆明“国际范儿”

昆明市政府工作报告提出加快建设区域性国际中心城市目标，随着“一带一路”倡议和“桥头堡”建设的推进，加快建设区域性国际中心城市，可望成为昆明城市建设史上最为重要的一个拐点。

城市国际化是城市发展到高级阶段的产物，是经济全球化的结果，是现代城市发展动力。区域性国际中心城市一般是指与某一国际区域内与其他城市之间具有较高经济、政治、文化交往程度的国际化城市。具有明显的国际关联性特征，主要是城市功能辐射效应、资源配置效应、综合实力排位、城市基础设施、第三产业、交流合作等。

按照区域性国际城市的内涵、外延、指标，昆明建设区域性国际中心城市无疑任重道远。众所周知，昆明的基础设施建设还有许多难题待解，城市规划建设管理还不尽如人意，产业布局有待清晰完善，加上长期余留下来的交通拥堵、道路反复“开肠破肚”等问题，制约了城市品质和城市面貌的快速提升。虽经过近年不断建设和改造，面貌有所改观，也形成了一些具有国际化的要素，但在短期内实现区域性国际城市品质的整体提升，仍是一项艰巨而复杂的任务。

国际城市不只需要高楼大厦、大马路、大广场、大草坪、CBD等一些“标志性”的东西，更需要注重城市内涵、城市品质、城市文明等“内外兼修”的核心指数，以提高城市知名度、影响力和辐射度。建设过程中，应多些科学态度和人文意识，少些盲目决策和浮躁心态，不能为了国际化而国际化。要找准定位，寻求全新的平台或支点，通过自身的历史文化特色，突出城市味道，彰显城市性格，要以文化为核心，给文化让路，走“绿色通道”。要寻找突破口，通过城市“国际化”解决人、财、物、信息和整体文化的跨国界交融问题，使城市的辐射力和吸引力能够通过跨国界交融得到提高，逐步形成“国际范”。

区域性国际城市建设的主体是人，受益者也是人。建设过程中，公共服务发展，城市管理先进，城市更加宜居，市民综合素质也将越来越高……这一切，都需要你我共同营造、共同装扮、共同创建。

（2015年1月22日）

发展仍是新常态下第一要务

发展是人心所向，是解决所有问题的关键。面对经济下行压力持续加大的情况，政府工作报告确定了新常态下今年的经济指标，决心以新思维、新作为、新状态，以发展的新成效回应全市人民的新期待，年底交出一份令人满意的答卷。

对昆明来说，经济总量不大、质量不优、持续发展动力不足、发展不平衡、不协调等“立体式问题”依然突出，但不管面临多少困难与挑战，充满多少艰辛，如何爬坡过坎，推动发展仍然是第一要务。新常态带来经济运行新特征、新规律、新要求。新常态也是发展的新难度、新挑战，没有捷径可走，只有主动适应，沉着应对，科学把握，积极作为，才能抢占先机，推动经济转型升级、提质增效。

发展是改善民生、扩大就业的前提和基础。不保证一定的发展速度，没有“硬指标”的约束，就没有公共投入的增长，建立和完善社会保障体系就成一句空话，民生问题就难以解决好。

发展是社会和谐稳定的坚实基础。稳定和发展互为依存、相互促进。没有稳定的社会环境，就谈不上良好的发展环境，全面深化改革也无从谈起，再美好的蓝图也难以实现，取得的成果也会消失。只有通过持续不断的发展，把蛋糕做大，才能更好地解决发展中产生的一些问题。

发展的核心要义是质量和水平。发展往深处着力就是“绿色”发展。发展不能简单地以GDP论英雄，必须把保障和改善民生作为出发点和落脚点，解决好老百姓反映强烈和迫切需要解决的问题。这些问题解决好了，发展的基础才会更加坚实，群众的幸福感才能不断提升。

发展是历史使命和义不容辞的责任。推进昆明经济社会平稳较快发展，是提振精神、应对危机、迎接挑战，发挥“中央处理器”作用的迫切需要。发展是硬道理，只有发展才能不断增强城市的综合实力，更好地发挥省会中心城市的辐射带动作用，当好引领云南科学发展的火车头、排头兵。

新常态下必须克服松劲懈怠情绪，摒弃被动应付的消极心态，要以只争朝夕、时不我待的精神增强紧迫感和危机感，牢牢扭住经济建设这个中心，才能抓住发展新机遇，培育新的增长点，守住经济增长的底线。昆明市政府工作报告指出，着力增强发展动力，促进经济平稳健康发展，要强化投资拉动、增强消费带动、突出创新驱动。“三动”可谓抓住了发展的“牛鼻子”，展现出主政者着眼长远的战略眼光和处变不惊的决策定力：力争把经济下行压力转化为科学发展动力，尽快扭转经济下行局面，全力确保社会稳定，实现经济社会持续健康发展。

（2015年1月23日）

实时关注

■紧盯热点焦点难点表达观点，接地气、说人话、有态度，做到既关注宏大主题，也观照小事难事烦心事；从小切口切入，有的放矢，短小精悍

未来，学习是最好的养老

你想过如何养老吗？上一所老年大学，既可以学到养生保健、文艺体育、心理健康、生命尊严等方面的知识，又可以参加读书、展演、游学、志愿服务等多种活动，在活动中交到很多朋友。就算学跳广场舞，也有专业的老师指导，会跳得很规范、很优美——“两全其美”，何乐而不为呢！

最新数据显示，目前我国有超过1000万的老年人在“上学”。这些人把大部分的时间花在学习上，以“充电”的方式来养老，提高生活品质。老年大学也因此成为老年人提高生命质量和生活质量的重要途径。不少老年人感慨：学习是最好的养老！

在昆明，每年的老年大学报名季，现场都异常火爆，老年大学“一座难求”成为普遍现象。与此同时，在火热的市场需求下，昆明市老年教育也得到迅速发展。目前，包括社区、农村在内，全市已有600多所老年学校，在校人数10万多人，成为国内老年大学入学率率先达到10%的城市之一。

不久前昆明市发布的关于加强老年教育工作实施意见指出，积极应对人口老龄化趋势，促进昆明市老年教育事业健康快速发展，保障老年人受教育的权利。通过资源整合，力争2022年各县区至少有一所老年大学，有效缓解“上学热，办学难”的现状，基本形成覆盖广泛、灵活多样、特色鲜明、规范有序的老年教育新格局。

（2022年1月8日）

环保假整改是另一种“污染”

环保督察绝不是走过场、一阵风，而是会一盯到底，不见效果不收兵。近日，中央环保督察组对第一轮受督察的省区反馈“回头看”情况，在充分肯定整改成效时，也指出了尖锐的问题：一些地方和部门敷衍整改、表面整改、假装整改。

公开报道显示，有的地方玩“数字整改”；有的地方搞“突击治理”；有的地方当“甩手掌柜”，将整改任务转给县级；有的地方转移责任，将企业恢复生产审核权限下放至乡镇；有的地方侵占自然保护区却弄虚作假……

凡此种种，将问题一个个揪出来公之于众。为何原本针对性极强且行之有效的整改举措却打了折扣、挂了空挡？背后暴露出一些地方和部门，没有把群众的诉求当回事，没有将环保督察当成“利剑”，置若罔闻、阳奉阴违，严重违背了中央要求，干扰了污染治理。

从深层上看，政治站位不高，对污染防治工作的紧迫性、艰巨性、长期性认识不足，没有真正践行生态文明理念是根本原因。更为可怕的是，这种行为削弱环保督察的刚性执行力，影响了政府的公信力，败坏了政风，甚至会影响一个地方、一个部门的政治生态。

试想，如果一个地方能从造假当中尝到甜头，一个部门靠“突击两下”就能应付检查，一个企业可从环保花招中“借鉴模仿”……这些恶劣行为不是另一种“污染”是什么？长此以往，如“雾霾”一样的风气不弥漫到其他领域才怪！

（2018年10月28日）

城市步道不能“霸道”

城市步道是为满足市民健康生活需要而建，也是高品质城市的重要组成部分。近年来，很多地方都建起了城市步道。不管是清晨还是傍晚，总能看到不少人在步道上跑步锻炼、健身运动。“行走步道，共享美好”——不少市民发出由衷感慨！

但在建设过程中，个别地方存在“赶时髦”“一窝蜂”“为建而建”等问题。一些群众反映，有的步道在“一开始设计时”就有问题；有的“一意孤行”地建；有的在“某某领导调研后”不得不建；还有的在本来就比较狭窄的道路上强行“开道”，致使上下班高峰期交通拥堵严重。

此外，一些步道建好后，原来的路面变成了单行道，周边居民回家，要顺着单行道绕很远才能到家。另外，在原本就狭窄的路面凭空“增添”一条步道，压缩了有限空间，增加了拥堵的几率和时间，犹如设置了“路障”。有公交车司机反映，建了步道后，遇到拐弯处，车子要打好几把方向才能掉过来。

城市步道涉及规划建设管理等方方面面，在建设之前，需要进行深入细致的调研、科学合理的设计，还要听听各方声音：是要步道还是要通畅？人的锻炼重要还是公交通行重要？……但一个基本原则是，建步道不能为道路“添堵”，既要建好，也不能影响通行，让开车的、骑车的、走路的都“怨声载道”。

（2022年12月2日）

用搜题App好不好，答案在哪?

"手机一拍，答案就得""作业有问题，就问题拍拍""小猿搜题，拍一下就学会"……诸如此类的广告早已让人厌烦。尽管如此，不少学生仍然乐此不疲，甚至产生了高度依赖。

原因很简单，遇到不会做的题目，只要手机一拍，答案唾手可得，作业轻松搞定，大大提高学习效率。对身处网络时代的中小学生来说，手机上存有两三个搜题App，实在太方便了。也因此，当前搜题App的功能还在不断升级，成为很多在线教育平台的"引流利器"，渗透率持续走高，"用户体验"越来越好。

有家长担忧：这样的App到底是帮孩子学习还是害孩子，万一孩子不加思考，投机取巧抄作业，不是助长惰性吗？老师更有切身感受，一些老师感慨：交上来的作业都是对的，一到考试就不会！很多学生通过搜题直接获得答案，根本没有学习思考的过程。由于难以判断学生的真实水平，教学更难开展了！

学生"甘之如饴"，家长老师忧心忡忡，能不能搞"一刀切"？搜题App同任何新技术一样，都是一把双刃剑，关键看如何使用。于搜题App而言，对于自控力强的孩子来说，是个好东西；对于自控力弱的，一旦长期依赖，必然形成惰性。如何有限度地合理使用搜题App，无疑是一道待解的难题。这道题的答案估计难搜了！

（2021年10月6日）

安装“天眼”关乎“头”等大事

高空抛物，不论是从道德层面还是法律层面，都是应该受到谴责追责的事情。而治理高空抛物，比较头疼的就是证据的固定获取。由于科技手段有限，取证难的问题普遍存在，导致案件处置费力耗时。

按照2021年3月1日起施行的刑法修正案规定，一旦高空抛物造成他人损害，在无法确认加害人的情况下，应当由可能加害的建筑物使用人共同“买单”。这种规定表面看不尽合理，实际上是一种“无奈之举”，是一种特殊情形下相对合理的分散损失的方法，有利于保障受害人的权益。

如何减少遏制“祸从天降”，目前主要还是靠科技手段助力，固定证据，找到“肇事者”，才便于“精准追责”。据报道，呈贡两小区安装高空监测设备，128只“天眼”抓拍高空抛物，成为昆明市首个高空抛物监测全覆盖试点项目。自5月试运行以来，“天眼”共抓拍到3起高空抛物事件。不仅如此，“天眼”还发挥出“预警”作用，除前端实时抓拍外，后端还配有专职人员负责监测，实时预览抛物事件，一旦有“动静”，平台会自动报警。

高空抛物是具有高度危险性的行为，严重危害公共安全，“高空抛物罪”已单独入刑。相信随着预警监控系统等技术的广泛应用，将有更多地方用“天眼”为居民撑起头顶安全“保护伞”。

（2021年7月11日）

窨井“吃人”要追查“职务犯罪”

昆明又发生窨井“吃人”事件，2岁男童不幸落入窨井，大学生下井救人，双双遇难。悲剧的发生，再次把窨井问题推到风口浪尖，市民在追问：是谁打开的窨井？是谁在管窨井？为什么那么多单位管不好一个窨井？为什么窨井“吃人”的事时不时发生？……

记得好多年前，一些城市就出台规定，窨井管理纳入城市总体管理，不全搞属地管理。其核心是，在做好常态化管理的同时，不管哪里的窨井出现问题，按“就近原则”先弄好再回查责任，不推诿扯皮。这无疑是把人民生命安全放在首位的规定，也取得了一些成效，窨井伤人的事件有所减少。但运行了多年后，仍然没有完全解决窨井伤人问题。

小小窨井盖，折射出社会治理能力和治理水平。日前，最高法、最高检、公安部联合下发意见，就办理涉窨井盖相关刑事案件作出系统规定，依法惩治涉窨井盖犯罪。意见共有12条，对盗窃、破坏窨井盖和失职渎职等行为将依法处罚，明确“偷井盖”可构成故意杀人罪。

此次出台的意见也给相关管理者敲响了警钟，明确坚决打击相关职务犯罪，将负有监管职责的国家机关工作人员，或者受委托行使行政管理职权的公司、企业、事业单位工作人员，以及其他公司、企业、事业单位的工作人员统统纳入进来，对构成玩忽职守罪、滥用职权罪、过失致人重伤罪、过失致人死亡罪的，坚决依法追究刑事责任。

（2020年5月26日）

让工地围挡绽放美丽“表情”

提起工地围挡，给人的印象就是那种单一沉闷的蓝色金属挡板，既不美观，安全、隔音、挡灰沙的效果也有限。基于此，2019年9月18日起，昆明在主城范围内开展工地围挡提质改造工作，其中要求围挡（围墙）设置公益广告面积不得低于50%。

遗憾的是，两个月过去，抽查情况显示，14个工地围挡只有2个合格。欣喜的是，合格的工地除更换绿色的仿草坪景观式围挡外，还设置了以“创文”内容为主的公益广告，并增设了昆明本地文化表达。一堵堵文化墙以全新面孔展示出丰富多彩的表情，看上去十分美观生动，俨然一道城市文明风景线。有网友点赞：施工围挡点竟成网红景点！

抽查不合格的12个工地大多数属于大型房地产企业，在围挡广告宣传上只重视企业广告设置，往往是天花乱坠的“卖房子”口号，对公益广告设置缺乏主动性。同时，充分暴露出相关辖区、相关部门对此项工作监管的缺失，对有关要求的置若罔闻。

工地围挡，不仅关乎城市形象，更关乎文明添彩（公益广告设置是“创文”实地测评的指标要求）。如何办？首先当然是将不合格名单通报全市；其次是限期整改，对拒不整改者，实施问责，对围挡“样板间”可进行奖励；更为重要的是，面对主城区诸多工地，有必要开展拉网式摸底排查，并形成常态长效监管机制，随时抽查、随时“回头看”。

（2019年12月13日）

“车窗抛物”应从重处罚

只要你留意，城市主干道上，不时会有人从车窗扔出烟头、果皮、卫生纸、矿泉水瓶……这样的不文明行为给城市“丢脸”。该怎么办？光靠教育显然效果有限，而且缓慢；必须加大处罚力度，才能让抛物者“长记性”，从点滴纠正自己的不文明行为。

一些城市对“车窗抛物”实施阶梯式处罚措施，罚款额度高达几百元甚至上千元，拒不执行者还将被列入失信名单，以后申请银行贷款、乘坐飞机及火车软卧、高消费等都将被挡在门外。这样做的目的在于通过高额处罚，一步步纠正一些人的不文明行为。至于如何取证，一种以城管、交警等执法部门“抓到”的现行为准；另一种鼓励市民“随手拍”参与举报。

市民的文明程度直接折射出一座城市的文明程度。创建全国文明城市是篇大文章，做好这篇文章并不容易，但从一人一事、从日常细小行为的改变开始却不难。文明创建是一个“人人有责、共建共享”的过程，也是一个润物育人的过程。

昆明正举全市之力、集全民之智，全力打好创建全国文明城市攻坚战，推动市民文明素质和城市文明程度明显提升，不妨试试其他城市的一些好做法。用“重药”改变一些人的陋习，促进文明习惯的养成；调动群众力量；积极参与到文明城市创建中来。

（2017年4月9日）

为狂奔的电单车上把“锁”

电单车管理是一个全国性的问题。由于昆明的天气、地势等方面的原因，加上电单车自身的轻便、灵活、快捷，成为市民出行的主要交通工具。由于电单车普遍“跑得快”，加上有的块头大，载客载物、加装雨篷等，给交通安全带来不少隐患。每年因电单车横冲直撞造成的交通事故达数十万起，有的直接致人死亡。

如何让电单车别再那么“任性”狂奔，宣传教育是必要的，严管重罚也是必要的。但要叫电单车“慢下来”，还得从根本上“动手术”，从源头上监管，才能为狂奔踩脚刹车。

这下好了！工信部、国家标准委近日将电动自行车安全技术规范“国标”向社会公示。新标准对车速、重量、外形、电池等关键指标作出规定，而公示中最突出的亮点就是明确电单车为“短途代步”工具，最高时速不能超过25千米，要求强制执行。

这样一来，等于为电单车的骑行上了把“安全锁”。无数交通事故表明，超速是电单车的“杀手”。把车速控制在合理范围内，本来是骑行者的事情；但骑行者把控不了，越跑越快，只能寄希望于从技术上“一刀切”了。

当然，新标准实施前，会为企业的产品升级预留半年到1年过渡期；目前消费者使用的不符合新标准的车子，也将通过纳入机动车管理、自然报废、以旧换新、折价回购等方式，在几年内逐步化解。期待新“国标”的出台，为广大市民创造一个更加安全、和谐的交通环境。

（2018年1月29日）

“反向扫码”是个暖心操作

在新冠疫情常态化防控要求下，不管是去商场、到药店、上医院、进公园，对年轻人来说，“扫码”是举手之劳；但对老年人来讲，就不是一件轻而易举的事。因为不少老年人使用的是老年机，没有扫码功能。一部分老年人即使使用智能手机，使用起来也不像想象中那样“智能”，要么没有电，要么连不上网，要么码显示缓慢甚至打不开……如果不扫码，又几乎“寸步难行”。

如何给老年人“带着二维码”出门，切实解决他们的实际困难？日前，就有地方创新“适老化”改造，运用数字技术手段，为无智能手机人员生成二维码，并制卡发放。老年人外出，只要带上这张薄薄的卡片，“我扫你”变为“你扫我”，免除了以往到哪都要详细登记姓名、住址、联系电话和身份证号所带来的麻烦。而且每次排队登记，不仅耽误时间，还会造成聚集风险。有时排队登记的人多，老人们站久了颇受折磨。

二维码卡片还可为学生、建筑工人等群体使用。一张小小的卡片，一个小小的改变，既方便了百姓，又让防疫工作变得精准高效。比如医护人员在做核酸采集时，对未使用智能手机的老年人，要扫身份证或录入身份信息，还要核对信息防止文字识别错误，这样一来，无形中拉长了时间。有了小卡片，不仅方便医护人员，还提高数据录入的精准度，采集速度也提高了。“反向扫码”是换位思考的结果，是人性化服务的体现。特别的人文关怀引来全网点赞，网友建议全国推广。

（2022年4月25日）

无人机“盯”违建值得点赞

在很多人的印象中，近几年，我们生活的城市几乎总在拆违建，年年拆，年年拆不完。为何拆不完？一是有不小的存量，二是依然有增量。如何把违建消除在“萌芽”状态，需要管理创新，更需要科技助力。

在这方面，安宁市使出了关键一招：通过无人机监控违法违规建筑，有效提高了城市管理效能。2018年以来，累计拆除了33.39万平方米违法违规建筑。拆除多少违法违规建筑不重要，更不是拆得越多越好，值得称道的是这种手段的创新和超前——发挥科技引领在城市管理中的作用。

违法违规建筑不是一天两天“长成”，拆除也不是三下五除二就能搞定的事情，往往要花费大量的人力物力甚至财力。如何把违建“扼杀”在摇篮，是需要下大力气解决的一道难题。靠人力去盯去管，显然效率有限。不少地方，正因为人力有限，盯不过来、管不过来，才无可奈何地让违建“野蛮生长”。

可以说，这样的管理手段即使费了九牛二虎之力，违法违规建筑也永远拆不完。因为不管盯得如何紧，也无法完全实现“第一时间发现、第一时间制止、第一时间查处”的效果。这种监管实际上是“被动监管”，执法成本高不说，执法效率也可想而知。从用无人机“盯”违建这一做法，给城市管理带来明显启示：不充分发挥科技力量，管理就难免处在低水平状态。

（2019年6月24日）

留守儿童要真正“有人守”

放假啦，城里的孩子可以舒舒服服地宅在家里放松几天，干自己想干的事，早晚也有父母陪在身边。经济条件好一些的家庭，还可以跟着父母外出“兜一圈”，看看大好河山，领略异域风情，感受外地文化。

但在乡下，大多数孩子就享受不到这种待遇了。有的要干农活，有的要放牛羊，有的要做家务；有一部分留守儿童更可怜，他们的父母长期在外务工，假期也回不来看自己一下，只好跟着爷爷奶奶、外公外婆继续生活。得不到父母的关爱，假期俨然是一个没有“爱”的假期。

截至2019年6月底，云南共有农村留守儿童39.96万人。这部分儿童尤其需要得到各级政府和社会的关爱。如何让留守儿童得到更多的关爱，需要全社会共同努力，想办法、出实招，真正拿出“温暖人心”的对策举措。据报道，目前云南全省留守儿童已基本签订《委托监护责任确认书》，表明留守儿童有人“守”了，责任落实到人了。

关心关爱留守儿童，是各级政府的责任，也体现着社会发展和文明进步。从长远来看，让留守儿童度过有爱相伴的美好时光，需要结合各地实际，建立留守儿童数据库，做到底数清、情况明、档案齐，逐步构建起家庭、学校、社会共同关爱的责任体系，解除外出务工父母的后顾之忧。

（2019年8月13日）

毕业聚餐：撕掉攀比外衣

眼下正值毕业季，学子们总想找点方式纪念一下四年同窗之谊，合影留念、结伴出游、三五成群地聚在一起小搓一顿……都是不错的方式。但如果为了争面子，大摆筵席、相互攀比，就有点任性了！

也许有人会说，我有钱，你管得着？你真有钱吗？可能！但如果你把请客的行情“炒”高了，缺钱的同学不是很无奈吗？作为学生，绝大多数人是在花父母的钱；更何况，同学来自四面八方，家庭经济条件千差万别，如果有钱就挥洒“个性”，其实是在为难同学。更何况，如果感情依靠吃请来加固，难说不会变味走样！

实际上，平时大多数同学都还是比较注意消费的，到了毕业时刻，同学们将各奔东西，宿舍聚、小组聚、社团聚，关系好的同学轮番请客，表示一下，这也是情理之中的事，犯不着大惊小怪。

毕业一聚，吃不是主题，主要是表达心情。但在这样的特殊场合往往容易忽视或顾不上节约二字，个别同学为了撑面子，虽多次网贷、负债累累，仍然选择在星级酒店订上一大桌，表示自己的盛情；有的同学则认为，反正马上就要分道扬镳了，一生就这么一次，铺张一下也是应该的。

如果抱着不甘落后的想法，说破了，是一个面子问题；说白了，是在为“毕业经济”作贡献！既然是同学，留下校园回忆的方式有很多，毕业聚餐只是一种形式，切勿弄得形式大于意义，那就任性了！

（2017年7月6日）

“字”得7乐

■把好舆论时机和节点，一字一议，共情共鸣，把理说到人心里去；融媒时代，提供有力量、有温度、有情怀、有特色的产品，是新闻人的“看家本领”

吃，重在品尝浓浓的“年味”

中国的“吃文化”闻名于世，吃，永远是一种美好的享受，吃，是春节的“主旋律”，但过年怎么吃，却很有讲究。

吃个气氛。和家人在一起，团团圆圆、其乐融融，那才叫过年。过年吃什么，其实不重要。中国人几千年的集体记忆和文化习俗，在人们头脑中已打下深深的烙印：和家人在一起才叫过年！过年成为真正意义上的大团圆，而且也只有这个时候才有一个“法定”的大团圆机会。节前朋友圈流行一句话“家里什么都不缺，就缺我了”。可见，家人能团聚，共享气氛，吃什么都是饕餮盛宴。

吃个仪式。记得小时候吃年夜饭，有很多规矩和仪式。比如一番敬拜自然感恩天地、祈求来年风调雨顺后，年夜饭上，大人往往告诉小孩，要先吃长菜（煮熟的一整叶白菜），寓意“常吃常有”，其次再“动”鱼肉，意为“年年有余”，最后还要吃葱蒜，意指“聪明伶俐，会算数学，学业进步”……各地习俗不同，仪式也多种多样。各种仪式让人们增加一种浓重的仪式感，这可能正是“年味”所在。

吃个健康。在很多人的记忆中，过年就是吃好的。在物质极度匮乏的年代，由于生活水平低，过年能吃上大米白面、鸡鸭鱼肉，就是最幸福不过的事了。如今，人们的生活水平提高了，在吃的方面，天天犹如过年。在饮食上，城乡已没有多少差距。当然，既然是过年，现在也会备办很多年货，吃的就更丰富了。不过吃得再多再好，再怎么“弘扬”

饮食文化，老祖宗告诫我们，过年一定不要铺张浪费，一定要管住自己的嘴。这不仅仅是提倡“有限福祉”的生活方式，更是倡导一种健康的生活理念。

（2016年2月8日）

喝，用节日的力量改变陋习

春节是中国人一年中最隆重的节日，即使在贫穷年代，或者平时不怎么喝酒的人家，年夜饭上及过年几天里酒也是必不可少的。有的地方吃完年夜饭，还有饮酒守夜的习俗。今天就来和大家说说“酒话”。

春节是家人团聚的大好时光，亲朋好友在一起，难免要喝上几杯。喝酒是为了庆祝佳节、共贺新春，也是借酒互相祝福，增进亲情友情和感情。然而凡事皆有度，如果喝“过头”，自然就不是什么好事了。最大的坏处在于伤身体，偶尔还会发生“乐极生悲”的事，欢乐随之荡然无存。

亲朋好友聚在一起为什么容易喝多？大致有三种原因：一是氛围使然，二是友情使然，三是陋习使然。一些地方的人喜欢喝酒划拳，增添热闹气氛，一划就是一个晚上，不喝多才怪！还有，很多人常年工作生活在外，想回老家与同学朋友相聚，往往也只有在过年的时候才有机会，这时不多喝几杯，好像觉得感情不够深——“感情深一口闷”，因此容易喝多；还有一些地方过年喜欢“劝酒”“拼酒”，常常使用“激将法”——“你不喝就是看不起我”……各种玩法花样翻新。比如，餐桌上转鱼头，喝鱼头酒，鱼头对准谁谁喝……几圈转下来，大家都会喝得晕晕乎乎的。

大过年的，说了一些“酒话”，仿佛有些啰嗦，其实只是一个善意的提醒，喝酒图个开心、图个高兴，既要喝好喝尽兴，又不能喝伤喝倒了。喝“高”了，你的胃也非钢筋铁桶做的，肯定受不了。有医院曾作过统计，过年几天，因饮酒过度的“病号”占总就诊人数的一半左右，“120”急救车每天都要出诊好几趟。喝酒是一种习俗，一种文化，希望大家沉浸在节日喜庆气氛中的时候，抛弃陋习，自己节制，过一个健康、快乐、祥和的春节。

（2016年2月9日）

住，把文明留在酒店

随着国人腰包渐鼓，越来越多的人爱上了旅游，“说走就走”成为一种生活方式。近年来，很多人选择在外地城市甚至出国游过春节。外出必然要住宾馆酒店，而住在一个陌生的“小窝”里往往不像在家里面那么随意自在。俗话说：在家千日好，出门一日难。因此“住”是一个需要引起“注意”的问题。

中国人多，旅游人次和旅游消费近年来均为世界第一，每到“黄金周”大假，一些热点城市宾馆酒店总是客人爆满，同时偶尔也会爆出一些不文明行为：随地吐痰、高声喧哗、随意抽烟、大声开着电视、把小物品带走不还、把马桶当成垃圾桶什么都往里倒；更有甚者，一时找不到自己的物品就怀疑是服务员拿走了而大叫大嚷；还有人用枕巾擦皮鞋；把被褥床单弄脏也不吱声，直接退房走人……如此这般，不一而足。留在酒店的不是文明，而是“丢人”。

前几年，有国外城市特意用中文提示，请勿随地吐痰、请勿大声喧哗、请勿在房间抽烟等等，国人觉得自尊心很受“打击”，少数人的不文明行为损害了文明古国和泱泱大国形象。但仔细想想，那些外国城市为何要用中文提示，答案不言自明。其提示很刺眼，也很令人反思！

不文明“顽疾”需要治理，但重要的是从一点一滴提高自身的文明水准。其实，随着国人生活水平和文化素养的提高，外出旅游已非奢侈品，现在越来越多的游客已开始注重自己的言行举止了，不文明行为也在减少。一些不文明现象的出现，多数是游客一种生活习惯一时难以改变使然。比如习惯大声说话、比如烟瘾大的人不经意间点上一支……

春节假期，文明不能“放假”。文明的中国人在过节的时候更应该自觉地约束自己的行为，为创造一个良好的旅游环境尽点滴心力。同时，环境影响人的行为，如果你带头营造一个干净、整洁、文明、卫生的环境，相信其他人也会跟随你变得更加文明。愿文明住店从你我做起，愿文明春风从春节吹起！

（2016年2月10日）

行，平安是最美的风景

平安是福、金钱买不来平安、平安是最美的风景……人们对平安的描述不胜枚举，可见“平安”在人们心目中有多可贵！

春节出行最重要的就是平安，尤其是交通安全。而酒后驾车严重威胁着交通安全，不得不引起人们的十二分警惕。中国有着特色的酒文化，人们常说“无酒不成席”。新春佳节，走亲访友、家庭聚会、相互宴请，免不了小酌几杯，但酒足饭饱之后，一些人便把“喝酒不开车”的常识抛在脑后。近几年每年春节，交警都会查到“酒驾”甚至“醉驾”者；也曾因此酿成一起起惨不忍睹的悲剧，给节日喜庆气氛蒙上一层层悲剧的“阴影”。

其实，酒后不驾车是完全可以避免的，可是部分人有一种奇怪的思维支配：喝酒后担心的是会不会被交警逮到，而不是安不安全，会不会闯祸，会不会危害到自身和别人的安全。一些人认为，节日期间，交管部门“打烊”了，交警都去过节了，酒后也不会查到；或者认为只要少喝一点，开慢一点就不会出事；抑或认为自己神通广大、社会地位高、关系网密切，即使查到了，辖区内的违章都能“摆平”……抱着这些侥幸和特权心理上路，可以预见，安全隐患“一路随行”。更有甚者，被交警查到醉驾，大喊大叫、大哭大闹，甚至大打出手，有的乞求“下不为例”。殊不知，影响正常执法也是违法；殊不知，人世间有些事没有“下不为例”。

大过年的，为了你和家人的幸福平安，为了公众能欢乐祥和地过个好年，拜托你“喝酒不开车、开车不喝酒”；也不要“过度盛情”地劝别人多喝几盅，喝出问题或许你要担责。还要给你提个醒，节日期间，各地公安交管部门不仅“不打烊”，还会严把出城、上高速、通往景区等重要路口路段，向酒驾、超速、占用应急车道等行为亮起“红灯”。

当你端起酒杯，开怀畅饮之际，请把车钥匙交给没有喝酒的同伴或朋友。无论多美好的“祝酒词”，无论多温柔的“劝酒语”，请你绷紧节日安全这根“弦”，没了安全就没了欢乐！

（2016年2月11日）

游，文明“行囊”随身携带

每逢节假日尤其“黄金周”，不时会冒出一些与旅游有关的负面新闻，比如在建筑物上刻字、随意踩踏花草、肆无忌惮地攀爬雕塑、不顾景区人员的劝说乱留影拍照……这些不文明行为虽然只是少数，却给节日美好的风景增添了不和谐的色彩。每每遭到人们的唾弃和谴责，进而上升到道德、社会公德、国人素质、国际形象的层面来“热炒”。少数中国游客在海外的不文明行为拉低了当地居民对中国人整体形象的认知。

其实，要管住这些不文明行为也不是什么“天大”的事，主管部门、景区管理者、游客自身都有责任。推行“游客黑名单”制度就是一个好“发明”——对于好面子且崇尚诚信的中国人来说，该制度可对旅游不文明行为产生“刚性约束”和“震慑作用”。刚开始时，某某某被“拉黑”仿佛让人觉得不近情理，但这一举措恰恰倒逼文明旅游建立一种约束机制，促使文明旅游成为人们自觉遵守的一种新常态。

“黑名单”是苦口良药，也是一种有益的探索。而要建立一个文明舒心的环境，旅游经营者的作用也不可小觑。如果导游、景区管理者、经营者尽职尽责、服务到家、工作到位，游客不文明行为也会减少。事实证明，一些旅游不文明行为，都与经营管理有关。在一个轻松愉快的旅游环境中，游客或许更容易收敛自己的行为，哪怕随意丢一个塑料袋，也会去找个合适的地方。

旅游文明是社会文明程度的集中体现，文明出游是个综合性工程。要让广大游客出门就打好文明“行囊”，并成为一种普遍习惯扎根人们的意识，根本的路径还在于加强社会公德、文明礼仪、法治观念、公共行为等多方面的宣传教育。依靠全社会努力，循序渐进地培养公民的行为规范，形成文化自觉、自省和自律，推动人的文明水准向高层次迈进，助推出游更文明更有品质。

春节大假很多人都喜欢陪家人出去走走，感受一下节日气氛，欣赏一下优美的风景或异域风情。游玩中留下“不雅”或“丑陋”总是令人“汗颜”和不齿的事情。因此，拜托各位游客：文明出游从我做起。今天，你就是文明旅游的践行者，你就是“行走的正能量”的释放者，你就是节日里一道美丽的风景。

（2016年2月12日）

购，如何不那么“猴”厉害？

过年了，购新衣、购年货、购各种各样自己喜欢的东西……“购”成为节日的一个关键词，拉动了万众狂欢的消费经济。购什么东西本无可厚非，但“狂购”“抢购”，也就是俗称的“扫货”“爆买”就要悠着点了。过节，多家电商“不打烊”，虽有很多优惠，也有不少打折，但促销是商家的本意，这个你懂的。今天要聊的是“爆买”，也就是春节到国外“扫货”的话题。

不久前，《日本经济新闻》报道称，中国游客“爆买”一词获日本流行语2015年度大奖，中国游客的“买买买”给日本带来了无限商机。去年中国出境游人数达到1.2亿人次，从欧美到东南亚，中国游客一贯购物的大手笔拉动了当地旅游和相关产业。春节7天，必然又有数百万中国游客在国外过节，各地商家也纷纷做好了迎接中国游客“爆买”的准备，他们对中国游客的购买力抱着十二分的热切期待。如果你真的跑到别人的地盘去大把撒钱，购买了一大堆诸如电饭煲、马桶盖、化妆品之类的东西，那么，恭喜你，你在给世界各地商家“发红包”了！

春节出境游，游山玩水之余，买一些境外的特色商品，收获一份好心情，也算满载而归。因此出境游倒不建议你“精打细算”，只是建议你花钱稍微理性些，不要那么“任性”。殊不知，中国下调部分进口商品关税，价廉物美的东西也无需“漂洋过海”。其实在国外购物也不是买什么都划算、都是占便宜捡漏子，更不是什么商品都质优价廉。更重要的是，当你面对琳琅满目的商品，相信购物与消费陷阱在很多地方都一如既往地存在，而且“地方特色”鲜明。比如粗制滥造的仿制品、以假乱真的名牌货、夸大其词的保健品、路边私人兜售的小物件，甚至“只对中国人开放”的“买一赠一”免税店物品……

有人戏称，中国春节的经济现象为“买全球”。春节大假，撒向全球各地的“中国客”必定是一支庞大的消费生力军，国外许多商店里也一定活跃着许多“中国买家”的身影，但东西该不该买，心中要有数，要想想钱究竟花在什么地方更值得。购物消费，还要多处留心，买得舒心、放心才会开心。更何况，春节出境游是以“游玩”为主，购物热情可适当降降温、打打折。否则，出境游就变成地地道道的“购物游”了，还有多少意思呢?

（2016年2月13日）

娱，玩出味道　为快乐“加分”

娱，是春节大假里的主题词之一。娱乐的方式多种多样，有的人喜欢打扑克搓麻将；有的人喜欢上网聊天；有的人愿到公园赏美景；有的人举家外出到国外领略异域风情；有的人到电影院看几部大片……过年几天，想必你也跟很多人一样，玩得很“嗨”。不过，这些娱乐都是一些惯常的玩法，有一些“小众”的娱乐却特别有意思、有味道、有价值。

“自助活动”取乐。过年，往往乡村的味道更浓，很多地方都有舞龙、唱戏、逛庙会等习俗，活动丰富多彩，十分热闹，众人同乐。有位朋友谈起过年7天的活动，那真是不一样：他一大家子几十口人都在外地工作，每年都要回乡下老家过年。过年几天，从初一开始到收假，每天都“自制”一个活动，比如初一登山比赛，初二祭祖拜年，初三拔河比赛，初四篮球决战，初五敬老院献爱心，初六每人植一棵树……听了这家人过年活动的“节目单”，有意思吧！

还有一些人喜欢“充电”独乐，这也不失为一种娱乐的好方式。过年7天，有一整段的时间可以做点自己认为最有意义的事情。有的人喜欢“窝”在家里看电视，不少人则关起门来读一两本好书。因为平时工作忙，不管上班的、做生意的、跑业务的……很少有大把的时间来读想读的书。过年7天，真是“千金难买”的黄金时光，可好好感受书香、阅读新年，与故事情节、名人经典对话，不失为一个有“味道”的大年！

其实，过年最大的快乐莫过于给老人和孩子“送乐”。笑脸永远是年节中最浓的亮色。带孩子去耍耍游乐园、坐坐过山车、登上摩天轮、进入古堡探秘、看场3D电影，他们会很开心很快乐。微信上一位网友说，他过年最大的快乐就是让父母快乐。他“娱乐”的方式一是带父母出去走走看看，感受一下节日的氛围，更多的是陪老人聊聊天，讲讲工作和生活中的开心事，让父母为自己开心快乐；二是给父母一点“压岁钱”，那不仅仅是钱，而是心、是祝福、是感恩。他说，或许父母比我们有钱，他们根本不在乎你给多少钞票，但必定在乎孩子的那份心意，在乎那种多年养育的一点点成就感。

或许，这正是中国人不管走多远，每年过年都要回家与父母团聚的核心价值所在。其实，一家人在一起不管玩什么都会很开心；或者玩什么并不重要，和家人在一起，就能享受过年的幸福、温馨与欢乐。

（2016年2月14日）